Claudia Barth

Über alles in der Welt – Esoterik und Leitkultur

Eine Einführung in die Kritik irrationaler Welterklärungen

Alibri Verlag
Aschaffenburg

2003

Alibri Verlag
www.alibri.de
Aschaffenburg
Mitglied in der Assoziation Linker Verlage (*aLiVe*)

1. Auflage 2003

Umschlaggestaltung: Stefan Groß, München
Druck und Verarbeitung: GuS Druck, Stuttgart

ISBN 3-932710-36-3

Inhalt

I. Moderner Irrationalismus in Deutschland

II. Deutsche Heilssuche

I.
Moderner Irrationalismus in Deutschland

Revival des Aberglaubens

Als ich kürzlich beim Zahnarzt im Wartezimmer saß, blätterte ich in einem dort ausliegenden Buch. Der Autor Thorwald Dethlefsen erklärt darin, dass klinische Krankheitsbilder durch bestimmte psychisch-emotionale Defizite verursacht würden. Ich hatte Zahnweh wegen einer alten Plombe und war der festen Hoffnung, diesem Leiden würde im Jahre 2002 rasch und ohne Umschweife abgeholfen werden. Der Autor dieses Buches jedoch sah in meinem Weh eine wunderbare Möglichkeit, mein seelisches Defizit zu bearbeiten und zu spirituellem Wachstum zu gelangen. Abraten würde er mir, die Zahnschmerzen einfach auf medizin-technischem Weg zu beheben. Ich trüge in mir verdrängte Aggressionen, weil ich sinnbildlich nicht mehr richtig zubeißen könne, und sei sozial überangepasst. Nun wird mir ja oft das Gegenteil vorgeworfen, aber möglicherweise ist mein Hang zur Kontroverse ja auch nur eine Übertragung nicht gelöster seelischer Spannungen? Wer weiß.

Das Buch verleitet zum Grübeln über die eigenen psychischen Schwierigkeiten und Problemchen. Ähnlich wie bei einem „guten" Horoskop findet hier jeder Mensch etwas, das auf ihn zutrifft, denn wer hatte nicht schon einmal sowohl Zahnschmerzen als auch Probleme mit der Selbstsicherheit? Krankheit sei etwas Notwendiges und Berechtigtes, das man annehmen und nicht bekämpfen sollte. Sie sei unser persönliches Schicksal – *Krankheit als Weg*. Als ich an der Reihe war, entdeckte meine Zahnärztin gleich drei auswechslungsbedürftige Plomben in meinem Mund. Bevor sie die Betäubungsspritze ansetzte, wies sie mich darauf hin, dass die Krankenkasse generell keinen Plombenersatz mehr voll übernehme, und dass ich etwa 200 Euro selbst bezahlen müsse. Natürlich wusste ich um die drastischen Kürzungen im Gesundheitswesen, aber trotzdem war ich für eine Sekunde sprachlos angesichts dieses Preises. Und allmählich dämmerte mir ein Zusammenhang zwischen dem Buch im Wartezimmer, das mir die Schuld für meine Krankheiten ganz individuell selbst anlasten will, und der Auflösung gesellschaftlicher Solidarverbände. Wenn Gesundheit unbezahlbar geworden ist und die Hoffnung auf ein anständiges Leben genommen, vielleicht versuche auch ich es dann eines Tages mit Ergebung in das heilige „Schicksal".

Sinnsucher, Sterndeuter, Scharlatane

Seit dem Umbruch 1990 ist im gesamten gesellschaftspolitischen Bereich ein konservatives Roll-Back zu verzeichnen. Die Kluft zwischen Arm und Reich klafft immer weiter auseinander, die Gewaltbereitschaft in der Gesellschaft nimmt zu, Krieg findet wieder innerhalb Europas statt. Deutschlands außenpolitisches Machtgebahren wird von einem grassierenden mörderischen Rassismus im Inneren begleitet. Antisemitismus herrscht abermals in einem Ausmaß, das vor zehn Jahren noch nicht für möglich gehalten wurde.

Mit dem Erstarken des rechts-nationalen Lagers und der Niederlage der sozialistischen Gesellschaftsordnungen ging die Selbstauflösung ehemals linker, fortschrittlicher, emanzipatorischer Gruppierungen und Projekte im Westen einher. Die meisten der in der Folge der 1968er Rebellion gegründeten Gruppen und Organisationen lösten sich entweder auf oder wandelten sich zu systemkonformen, staatstragenden Verbänden. Die große Masse der ehemals gesellschaftskritisch „alternativ" engagierten Menschen, Friedens- und Umweltbewegten, vollzog einen Rückzug ins Private.

Angesichts dieser konfliktträchtigen Verhältnisse scheint es bei klarem Kopf verwunderlich, weshalb Prognosen, die ein neues Zeitalter der weltweiten Harmonie anbrechen sehen, massenhaft Glaubwürdigkeit finden. Doch im geschichtlichen Rückblick lässt sich erkennen, dass gerade während gesellschaftlicher Krisenzeiten Behauptungen von Übersinnlichem, apokalyptisch-mystische Verkündungen eines neuen Zeitalters/Reiches, der Glaube an die Vorherbestimmung des eigenen Lebens prosperieren. Hohe Arbeitslosenrate, politische Verunsicherung und Zukunftsangst stehen in Zusammenhang mit der Zuflucht zu irrational-esoterischer Sinnstiftung.

Das *New Age*, die moderne Form der Esoterik, speist sich aus dem Gedanken, zum Jahrtausendwechsel sei ein Neues Zeitalter (New Age) angebrochen. Die Erde trete aus dem astrologischen Einfluss des Fisch-Gestirnes heraus und in das des Wassermannes ein. Dadurch vollziehe sich ein weltweiter Wandel, der zum Zusammenleben in gegenseitiger Liebe, Verständnis und umfassender Harmonie führe. Jede und jeder Einzelne könne sich auf dieses neue Zeitalter vorbereiten und ihm mit der eigenen Energie zum Durchbruch verhelfen.

Esoterik

Unter Esoterik wird generell eine nach innen gerichtete, geistige Geheimlehre verstanden, die sich mit Übersinnlichem, rational nicht Erfassbarem und Okkultem beschäftigt. Ihre Bedeutung ist angeblich nur ihrer Anhängerschaft zugänglich, sie entzieht sich der rationalen Auseinandersetzung. Statt zu lernen, werden ihre Ideologieelemente in Zeremonien und Ritualen „erfahren". Den Begriff „Esoterik" prägten okkult[1]-magische Zirkel im 18. Jahrhundert für ihre spiritistische Praxis selbst. Das esoterische Wissen[2] wurde in Gegensatz zu dem rein äußeren Faktenwissen, der „Exoterik", gesetzt. Es unterlag strenger Geheimhaltung und wurde nur Auserwählten in mehreren aufeinanderfolgenden Einweihungsgraden (Initiationen) mitgeteilt.

Erst Ende des 19. Jahrhunderts erfuhren die esoterischen Lehren eine gesellschaftliche Öffnung. Die Spiritistin H.P. Blavatsky fasste die bis dato geheim verbreiteten Gedanken zusammen und veröffentlichte sie. In der Folge fand die Esoterik rege Verbreitung und erhielt ihre moderne Ausprägung.

Die am weitesten verbreitete Form des Glaubens an schicksalsbestimmende metaphysische Kräfte ist heute die Astrologie; sie ist „Einstiegsdroge" in die spiritistische Welt. Waren es 1977 immerhin 46% der Deutschen, die regelmäßig ihr Horoskop lasen, so stieg die Zahl bis Mittte der 1990er Jahre auf 77%. Historische Untersuchungen über das Auftreten von Astrologie ergaben, dass ihr Aufblühen mit der ökonomischen Situation der Gesellschaft in Zusammenhang steht. Bei wirtschaftlichen Krisen, besonders deutlich bei hoher Arbeitslosenrate, blühte die Sterndeuterei auf. Zu-

---

1 occultum: lat., das Verborgene.

2 esoterikón: griech., nach innen gerichtet.

sätzlich trug politische Verunsicherung in weiten Teilen der Bevölkerung zu einem vermehrten Glauben an die Macht der Sterne bei.[3]

Astrologische Verheißungen

Die Astrologie, im 18. Jahrhundert von den Naturwissenschaften als pseudowissenschaftlicher Aberglaube enttarnt und in der Folge von der öffentlichen Bühne verbannt, erlebte Ende des 19. Jahrhunderts im Dunstkreis der Theosophie eine Wiedergeburt (vgl. Kapitel II.1). Um die Jahrhundertwende wurde die Astrologie zu einer tragenden Säule der esoterischen Bewegung entwickelt, bedeutenden Einfluss daran hatten die Österreicher Lanz Liebenfels und Georg List („astrologische Runenkunde", Kapitel II.3.). Bis zum Zweiten Weltkrieg erlangte die Astrologie eine derart breite Akzeptanz und Bedeutung, dass die Alliierten im Rahmen der psychologischen Kriegsführung astrologische Gutachten und Horoskope, welche die militärische Niederlage Deutschlands prophezeiten, nach Deutschland schmuggelten und in Umlauf brachten.[4] Sie sollten dazu beitragen, den ungebrochenen Glauben an den Endsieg Deutschlands, die breite Unterstützung des Naziregimes im „sicheren Hinterland" zu unterminieren. Nach 1945 ebbte das Interesse an Astrologie ab, im Zuge der esoterischen New Age-Bewegung erfuhr sie seit den 1970er Jahren einen abermaligen Aufschwung.

Der Glaube an die Sterndeuterei hat sich heute zu einem Massenphänomen entwickelt; sie ist die weitestverbreitete und am höchsten wertgeschätzte Pseudowissenschaft. 97% der Deutschen kennen ihr Tierkreiszeichen, jeder zweite glaubt, an Astrologie sei „etwas dran". Der Markt für astrologische Dienst- und Warenleistungen wuchs seit 1980 um 300%.[5] Der Glaube an das Zutreffen astrologischer Prognosen geht quer durch alle Gesellschaftsschichten, wobei auffällig ist, dass der Anteil von Frauen dabei dreimal so hoch ist wie der der Männer. Laut einer Umfrage Mitte

---

3 Vgl. Wunder, Edgar: *Astrologie – alter Aberglaube oder postmoderne Religion?*, in: Kern, Gerhard / Traynor, Lee (Hrsg.): *Die esoterische Verführung. Angriffe auf Vernunft und Freiheit*, Alibri Verlag, Aschaffenburg 1995, S. 109.

4 Vgl. Howe, Ellic: *Uranias Kinder: Die seltsame Welt der Astrologen und das Dritte Reich*, Beltz Athenäum Verlag, Weinheim 1995, S. 245ff.

5 Vgl. Bettermann, Stella/Paetow, Stefan: *Horoskope: Blendkraft der Sterne*, Focus 52/93, S. 119, zit. in: Goldner, Colin: *Die Psycho-Szene*, Alibri Verlag, Aschaffenburg 2000, S. 113.

der 1990er Jahre sind über acht Millionen Bundesbürger als Hobbyastrologen zugange und halten sich selbst für befähigt, für sich und andere Horoskope zu erstellen.[6] 20% der Deutschen plädieren für die Anerkennung der Astrologie als Naturwissenschaft, die Hälfte davon – mit C.G. Jung, der dies vehement forderte – für deren Einführung als Unterrichtsfach an allen Schulen. Lediglich 16% der Deutschen halten Astrologie für Unsinn.[7] Im Fernsehen wird der Glaube an die Macht der Sterne durch eigene Sendereihen gestützt. In Winfried Noés zweimal wöchentlich ausgestrahlter Astro-Show *Sternenhimmel* auf *tv-München* lassen sich z.B. Eltern, die annehmen, die Talente ihres Kindes stünden in den Sternen, pädagogische Beratung geben, welche Art von Förderung sie ihrem Kind zukommen lassen sollten.

Wie Esoterik heute allgemein hauptsächlich zur Selbstfindung betrieben wird, so ist auch zentrales Anliegen der Menschen, die Rat bei Astrologen suchen, heute nicht mehr, Prognosen über die Zukunft zu bekommen, sondern vielmehr Unterstützung bei der Identitätsfindung zu erhalten. Bei mehr als 50% der astrologischen Rat Suchenden ließen sich in einer Studie Mitte der 1990er Jahre Stress, Rollenkonflikte und schwach ausgeprägte soziale Bindungen feststellen. Den Anlass, sich mit Astrologie zu beschäftigen, gab meist eine akute lebensverändernde Krisensituation. Der Astrologe wird mehr und mehr zu einem psychologischen Berater für Menschen, die sich in einer ungewissen, ambivalenten Lage wähnen und sich Hilfe in der Erklärung ihrer persönlichen Lebenssituation und in Bezug auf das eigene Handeln erhoffen.[8]

Im Bezug auf die religiöse Einstellung der Menschen zeigen sich Atheisten als am wenigsten astrologiegläubig, gefolgt von Menschen, die an einen persönlichen Gott im christlichen Sinn glauben. (Von ihnen vertrauen 18% bzw. 21% auf die Aussagekraft der Astrologie.) Am höchsten ist die Zahl der Astrologiegläubigen in der Gruppe der religiös „Unentschiedenen", die „manchmal an einen Gott glauben, manchmal nicht" (39%) sowie bei jenen, welche die Existenz eines „leibhaftigen Gottes"

---

6 Vgl. ebenda.

7 Vgl. Gesellschaft für rationale Psychologie, zit. in: Goldner, Colin: *Die Psycho-Szene*, S. 113.

8 Vgl. Wunder, Edgar: *Astrologie – alter Aberglaube oder postmoderne Religion?*, S. 108f.

zwar ausschließen, jedoch meinen, dass es „irgendeine höhere geistige Macht gibt" (37%).[9]

Diese Merkmale der Verbreitung von Astrologie lassen sich als Verbreitungskennzeichen esoterischer Anschauungen verallgemeinern. Ein gefestigtes traditionell-christliches Weltbild schützt nicht nur vor astrologischen Lehren, sondern lässt generell kaum Interesse an Esoterischem aufkommen. Dementsprechend ist die Esoterik heutzutage ein städtisches Phänomen; in ländlichen Gebieten, in denen traditioneller christlicher Glaube vorherrscht, ist sie gering verbreitet.[10]

Jedoch verschwimmen die Konturen im traditionellen christlichen Gottesverständnis zunehmend. Dass Gott im Himmel sei und nicht auf Erden, bejahten in einer Umfrage 1997 nur mehr knapp ein Drittel aller einer christlichen Amtskirche nahestehenden Gläubigen. Der Trend bewegt sich zu der esoterisch-pantheistischen Vorstellung, Gott sei auf Erden – vor allem in uns Menschen und in der Natur – anwesend und lebendig. Der Annahme, dass ausschließlich der Mensch eine Seele besitze, stimmten demzufolge nur mehr 24% der Christen und nur mehr 14% aller Befragten zu.[11] Ein neuer „westlich-großstädtischer Glaubenstyp" ist entstanden, in dem auch die esoterische Bewegung verankert ist.

„Dieses neue Gottesbild kommt positiv in den Namen zum Ausdruck, die für die transzendenten Wesen oder Mächte verwendet werden: *Geister, kosmischer Geist, Schicksal*, und vor allem: *übersinnliche Kräfte* und *Energien*. Eine Mehrheit bringt jene Wesen bzw. Mächte mit der Natur in Verbindung, ja, 'Gott' ist in der Natur bzw. im Kosmos, überall. Entsprechend wird der Transzendenz-Kontakt in der Natur gesucht – aber auch (...) in der Meditation bzw. in Träumen und Visionen. So wenig Bedeutung das Gebet hat, weil das transzendente Gegenüber nicht als Person gedacht wird, so bedeutend ist Telepathie." Weiter kennzeichnet diese neue religiöse Gruppe eine Neigung zur Astrologie und zum Gedanken der

---

9 Vgl. ISSP-ALLBUS-Baseline-Befragung des Zentralarchivs für empirische Sozialforschung Köln aus dem Jahr 1991, in: Wunder, Edgar: *Astrologie – alter Aberglaube oder postmoderne Religion?*, S. 106.

10 Vgl. Wunder, Edgar: *Astrologie – alter Aberglaube oder postmoderne Religion?*, S. 94f.

11 Vgl. Jörns, Klaus-Peter: *Die neuen Gesichter Gottes: Was die Menschen heute wirklich glauben*, Beck Verlag, München 1997, S. 207, S. 211.
Nach einer Umfrage des ORF vom 27.8.2001 gehen 31% der österreichischen Bevölkerung davon aus, dass Pflanzen eine Seele besitzen.

Wiedergeburt. „Das neue Gesicht Gottes zeigt sich auch darin, dass Buddha als kulturfremder Religionsstifter häufig mit positiven Eigenschaften in Verbindung gebracht wird: mit Weisheit und Toleranz. Dazu passt, dass der Sinn des Lebens am häufigsten (...) mit seelischem Gleichgewicht gleichgesetzt wird."[12]

Esoterik nimmt heute die Stellung einer „Ersatz-Religion" ein. Die Amtskirchen in Deutschland hatten in den 1990ern jährlich mehrere hunderttausend Austritte zu verzeichnen, gleichzeitig nahm die religiöse Vorstellung in der Bevölkerung immer weiter Abstand von traditionellen Glaubensgrundsätzen der christlichen Kirche. Zwar treten die Amtskirchen auf offizieller Ebene u.a. mit eigenen Sektenbeauftragten gegen den Vormarsch der Ersatz-Religionen an, in der alltäglichen Praxis auf Gemeindeebene mischt sich Esoterisches jedoch reibungslos mit regulären Kirchenthematiken. Neben traditionellen christlichen Methoden wie Klausurgang und Fastenkuren veranstaltet beispielsweise das Bildungswerk des Diözesanverbandes München und Freising Kurse in fernöstlichen spiritistischen Methoden, in Lichtmeditation, Shiatsu oder Feng Shui. Ebenso bietet Fernseh-Pfarrer Jürgen Fliege in seiner täglich ausgestrahlten Talkshow esoterischen Heilsversprechern und Wundertätern eine so breite Plattform, dass der Verdacht nahe liegt, nicht nur sein prominenter Name und seine Beliebtheit beim Publikum schützen ihn vor der Maßregelung durch die eigene Religionsanstalt.

Mit der esoterischen Welle vollzieht sich nicht der Untergang der Religion, sondern ihre Privatisierung. „Völlig neue Sozialformen von Religion scheinen im Entstehen zu sein: nicht-institutionalisiert, freischwebend, synkretistisch, weitgehend ohne dogmatischen Kanon, hochgradig individualisiert und privatisiert."[13] Die „neue" Religiosität des *New Age*, erfasst vor allem Anghörige der mittleren, wohlsituierten sozialen Schichten. Sie entsteht in Ablehnung starrer, unüberschaubar großer religiöser Verbände und will einen Rückzug ins Natürliche, Private, Überschaubare. Gefragt ist vor allem die persönliche Erfahrbarkeit der Religion. Die neuen Religionsführer wie der Dalai Lama oder Sektengurus wie Sai Baba sind Menschen aus Fleisch und Blut, sie sind für den Einzelnen unmittelbar erlebbar, „anfassbar". Dementsprechend hoch ist die Zahl der Menschen, die an-

---

[12] Jörns, Klaus-Peter: *Die neuen Gesichter Gottes*, S. 214f.

[13] Wunder, Edgar: *Astrologie – alter Aberglaube oder postmoderne Religion?*, S. 106.

geben, selbst schon einmal dem Göttlichen begegnet zu sein und eine übernatürliche Erfahrung gemacht zu haben. 13% der erwachsenen deutschen Bevölkerung meinen, „magische Kräfte" in sich schlummern zu haben, jeder dritte glaubt, schon einmal mit Verstorbenen in Kontakt gewesen zu sein.[14]

Die eigene Religion lässt sich aus der breiten Palette esoterischer Angebots selbst zusammenstellen. Insgesamt bekennen sich die Hälfte bis zu zwei Dritteln der erwachsenen Bundesbürger zu esoterischen Glaubensinhalten wie Geistheilung, Astrologie, Kontakte zum Jenseits, Wiedergeburt, Erdstrahlen, Edelsteintherapie, etc. Einige Beispiele zeigen, ein wie hoher Anteil der Bundesbürger esoterischen Inhalten anhängt:[15]

65% meinen, unheilbar Kranke sollten sich einem medizinischen Laien mit besonderen Heilkräften anvertrauen; knapp jeder fünfte zweifelt nicht an geistiger Fernheilung.
64% der Bundesbürger meinen, Wasseradern und Erdstrahlen störten den Schlaf; Wünschelrutengänger könnten sie aufspüren.
38% glauben, die Zukunft ließe sich übersinnlich voraussehen.
33% glauben an UFOs.
20% glauben, mit Verstorbenen könne Kontakt aufgenommen werden.
17% glauben, sie hätten schon einmal gelebt und seien wiedergeboren.
14% glauben an Hexen.
14% glauben an das Wirken magischer Rituale.
13% glauben, in Pyramiden entstünden besondere Kraftfelder.
9% glauben, Edelsteine könnten heilen.

Dementsprechend vielfältig ist das kommerzielle Angebot der Esoterik-Szene, die jährlich an die 7,5 Mrd. Euro erwirtschaftet. In seriösen Buchhandlungen nimmt die Verkaufsfläche für übersinnliche und ganzheitsmedizinische Literatur großen Raum ein; 15% des jährlichen Umsatzes im deutschen Buchhandel werden in der Sparte Esoterik erwirtschaftet; unter den bestverkauften Büchern entstammt rund ein Viertel dem esoterischen Bereich.[16] Esoterische Spezialbuchhandlungen sind zum lukrativen Geschäft geworden, ebenso der Handel mit heilender „Farbe und Licht" und

---

[14] Wiesendanger, Harald: *In Teufels Küche. Jugendokkultismus: Gründe, Folgen, Hilfen*, Fischer Taschenbuch Verlag, Frankfurt/M. 1995, S. 78.

[15] Vgl. ebenda.

[16] Vgl. Goldner, Colin: *Die Psycho-Szene*, S. 23.

Tonträgern mit „meditativen Gebetsrezitationen". Allein in München, der „Hauptstadt" der esoterischen Bewegung, findet dreimal jährlich eine „Esoterik-Messe" statt. In Volkshochschulen ist ein weiter Teil des Seminarangebotes der meditativen Selbstfindung vorbehalten; in regulär ausgeschriebenen Massagekursen wird, anstatt handfester herkömmlicher Techniken, „energetisches Handauflegen" praktiziert. Das Tarotkartenlegen hat sich zum Hobby vor allem vieler Frauen entwickelt. Schätzungsweise 80% der Konsumenten des Spirit-Angebots sind Frauen, während die Produzenten vorwiegend Männer sind.

„Sieht nett aus und schaden tut's bestimmt nicht. Wer weiß, vielleicht ist ja doch was dran?" So lautet oftmals die relativierende Begründung für das Mitmachen im esoterischen Trend. Das häusliche Interieur wird nach Feng-Shui-Kriterien umgestaltet, um dem „Fluss der Energie" gerecht zu werden. Ein „energetischer" Kristall wird ans Fenster gehängt, ein Engelschutzgeist symbolisch ans Bett gestellt, ein „heilendes Edelstein-Armband" getragen, ein alt-germanisches Runenzeichen als Talisman angesehen. Die Vielzahl der esoterischen Richtungen bringt es mit sich, dass fast jede und jeder etwas findet, woran „vielleicht etwas dran sein könnte".

Der Glaube an Esoterik ist dabei keineswegs eine Frage der Bildung. Mehrfach wurde in Untersuchungen nachgewiesen, dass die Schulbildung dem Glauben an übersinnliche Mächte nur zum Teil abträglich ist.[17] Das Interesse für übersinnliche Praktiken ist bei allen Bildungsschichten in annähernd gleichem Maße vorhanden. Bemerkenswert ist, dass Aberglaube auch unter Wissenschaftlern grassiert,[18] und selbst in der Buchhandlung des deutschen Bundestages, in der die Mitglieder desselben sowie Journalisten die Kundschaft darstellen, finden sich einschlägige Esoterik-Blätter im Sortiment.

---

[17] Vgl. Müller, Ulrich: *Ergebnisse einer Umfrage unter bayerischen Schülern und Schülerinnen zu Okkultismus und Spiritismus*, Roderer Verlag, Regensburg 1989, S. 155ff.; vgl. Wiesendanger, Harald: *In Teufels Küche. Jugendokkultismus*, S. 19.

[18] Jeder vierte Medizinstudent der ostberliner Universität Charité hält es für möglich, mit Wünschelruten Wasser zu finden; jeder fünfte rechnet damit, dass Erdstrahlen krank machen können. 61% der kanadischen Hochschulprofessoren halten einer Umfrage zufolge Telepathie für glaubhaft, knapp ein Drittel auch Hellsehen, ein Viertel Astrologie. Vgl. Gertler, Andreas: Die Verbreitung des Glaubens an Wünschelrute und 'Erdstrahlen' bei Studenten der ehemaligen DDR, in: Skeptiker 1/1991, S. 20f.

Die Erfahrung mit esoterisch-okkulten Praktiken nimmt gerade unter Jugendlichen zu. In Schulen kursieren Tarot-Karten und Pendel, in der Freizeit versammeln sich Freundeskreise, um durch Tischchenrücken Kontakt mit Verstorbenen aufzunehmen. Im Glauben an so genannte „schwarze Magie" bekommen Jahr für Jahr Jugendliche schwere psychotische Leiden, fühlen sich von Geistern verfolgt und durchleben Angstzustände. In „schwarzen Messen", die dem „Satan" huldigen, werden „sexualmagische" Praktiken und Todesrituale vollzogen, die oftmals Tierquälerei oder gar Vergewaltigung einschließen. Der Tierschutzverein München konstatierte 1999, dass vermehrt schwarze Katzen im Münchner Stadtgebiet vermisst werden, und der Verdacht bestehe, dass diese für Schwarze Messen eingefangen werden.[19] Insgesamt haben mehr als 50% der Jugendlichen Erfahrung mit okkulten Praktiken.

In Diskussionen wird immer häufiger auf eine angebliche schicksalhaft-karmische Vorherbestimmtheit von Ereignissen Bezug genommen. Alle Geschehnisse auf der Erde hätten ihre Berechtigung. Jede Sache besäße zwei Seiten, es komme nur darauf an, das Gute zu sehen, positiv zu denken, dann würde die Realität sich „von selbst" einrichten. Und so ist es leider kein Einzelfall, wenn sogar der Holocaust von einer 25-jährigen angehenden Heilpraktikerin als „Karma" der Juden bezeichnet wird, über das zu urteilen ihr nicht zustehe. Mit Sicherheit jedoch habe das Geschehene, der millionenfache organisierte Mord, seine Berechtigung gehabt. Derartige Äußerungen lassen aufhorchen und überlegen, ob hinter der so friedlich-harmonisch wirkenden Fassade esoterischer Lehren nicht ein gefährliches Potential steckt. Der esoterisch begründete Rückzug vor allem junger Menschen aus der gesellschaftspolitischen Verantwortung findet in der neuen Schicksalsgläubigkeit eine seiner Ursachen.

Bevorzugter Anknüpfungspunkt der esoterischen Lehrer sind Existenzängste der breiten Bevölkerung. Die mit der Individualisierung einhergehende Verunsicherung der Menschen in einer schnelllebigen Zeit, in der jeder seinen gesellschaftlichen Platz selbst erkämpfen muss und vor sozialem Absturz nicht gesichert ist, begünstigt die innere Flucht in eine feste göttliche Ordnung, die Verlass und Gewissheit bietet. Während die Reichtümer und technischen Möglichkeiten der Menschheit ins Unermessliche wachsen, steigen auf der anderen Seite Armut und Elend ebenfalls in

---

[19] Tierschutzverein München (Hrsg.): *Tierisches München. Offizielles Organ des Tierschutzvereins München e.V.*, Ausgabe Dezember 1999, S. 10.

horrende Dimensionen. Der Einzelne steht dieser Entwicklung machtlos gegenüber und findet im New Age die passende Ideologie, diese Ohnmacht ertragen zu können und gar zu kultivieren.

Im Besonderen knüpft die Esoterik-Welle der 1990er Jahre an den Umweltschutzgedanken an. In den 1980ern aufgebauten Schreckens-Szenarien eines möglichen Kollapses des Ökosystems der Erde haben sich tief in das Bewusstsein der Deutschen eingegraben. Umweltschutz rangiert in der modernen Werteskala auf einem der obersten Plätze, dicht hinter der existenziellen Frage nach Arbeit und weit vor dem Bedürfnis nach sozialer Gerechtigkeit.[20] Umweltschutz erhält den Rang einer Schicksalsfrage des Überlebens der gesamten Menschheit, um deretwillen Einzel- bzw. Gruppeninteressen zurückzutreten haben.

Esoterik greift diese Existenzängste und die Perspektiv- und Konzeptlosigkeit nach dem Scheitern alternativer Gesellschaftsmodelle auf. Esoterik ist dienlich, Teilen der Bevölkerung eine umfassende Erklärung für das eigene Dasein anzubieten und ihnen das Fortgehen der Welt und die eigene Rolle darin schlüssig zu erklären. Esoterik ist demnach als *Ideologie* zu bezeichnen.

Ziel dieses Buches soll sein, in der esoterischen Vielfalt die gemeinsamen gedanklichen Elemente aufzuzeigen und darzulegen, dass die Esoterik eine irrationale Ideologie mit strömungsübergreifenden Grundannahmen darstellt. Um zu einem besseren Verständnis der aktuellen Situation zu gelangen, ist ein Blick auf die historischen Vorläufer der New Age-Bewegung speziell in Deutschland aufschlussreich. Verblüffende Ähnlichkeiten zeigen sich im historischen Vergleich, bei dem die heutigen Ausformungen wie eine simplifizierte Kopie des Altbewährten erscheinen. Die geschichtliche Herausbildung des esoterischen Gedankens ist in den westlichen Industrienationen keineswegs gleichförmig verlaufen. In Deutschland basiert das New Age auf einer mehr als hundertjährigen spezifischen Entwicklung, die der Esoterik-Rezeption hierzulande ihr beson-

---

[20] In der Umfrage innerhalb der organisierten Gewerkschaftsjugend, einem Teil der Jugend also, der als politisch bewusster als der Durchschnitt gilt, wurde die Frage gestellt: „Was findest Du für Dein Land zur Zeit wichtig?“ Als „sehr wichtig“ wurden genannt: Arbeitsplätze (81%), Umweltschutz (78%), soziale Gerechtigkeit (55%).
IG Metall Vorstand, Abt. Jugend (Hrsg): Hahn, Reinhard / Horn, Hans-Werner: *Eine neue rechte Jugend? Studie zu politischen Orientierungen von Arbeitnehmerjugendlichen*, 2. Auflage, Frankfurt/M. 1997, S. 60f.

deres Gepräge und ihre Traditionshaftigkeit verleiht. Diese eigene Entwicklung im deutschsprachigen Raum kann nur im Zusammenhang mit der politischen Entwicklung begriffen werden, besonders mit der „verhinderten Revolution" und der romantischen Kapitalismuskritik. Im zweiten Teil des Buches wird anhand ausgewählter Vertreter des New Age deren irrationales Grundmuster dargestellt, wobei offenkundig wird, in welch verhängnisvoller Tradition die neuen Heilsbringer stehen.

Exkurs: Ist Esoterik eine Ideologie?

Unter *Ideologie* wird im wissenschaftlichen Sinne verstanden „jede Theorie oder Weltanschauung (...), die als Teil des kulturellen 'Überbaus' von einer ökonomischen, sozialen, materialen Grundlage bestimmt wird".[21] Die Weltanschauung des Menschen kann also als „Widerspiegelung des gesellschaftlichen Seins"[22] verstanden werden.

Da das gesellschaftliche Sein keine universale Homogenität besitzt, sondern je nach individueller Zugehörigkeit zu gesellschaftlichen sozialen Untergruppen geprägt ist, ist Ideologie niemals einheitlich. Die unterschiedlichen sozialen Gruppeninteressen, damit einhergehend die unterschiedlichen Sichtweisen der Welt liegen im Streit miteinander. Die gesellschaftlichen Machtverhältnisse bestimmen die vorherrschende gesellschaftliche Ideologie. „Die Gedanken der herrschenden Klasse sind in jeder Epoche die herrschenden Gedanken, d.h. die Klasse, welche die herrschende *materielle* Macht der Gesellschaft ist, ist zugleich ihre herrschende *geistige* Macht."[23]

Die herkömmliche Verwendung des Begriffs *Ideologie* konnotiert zusätzlich die Lehre einer falschen Interpretation der Realität. „Im engeren Sinn ist eine Lehre Ausdruck von Ideologie (...), wenn sie die Wirklichkeit verfälscht und dadurch eine gesellschaftliche Funktion erfüllt: Ihre Falschheit besteht darin, dass Partikularinteressen als Interesse der Allgemeinheit ausgegeben werden; die Ideologie dient so der Unterdrückung."

---

[21] Hügli, Anton / Lübcke, Poul (Hrsg.): *Philosophielexikon*, Rowohlt, Hamburg 1997, S. 310.

[22] Klaus, Georg / Buhr, Manfred (Hrsg.): *Philosophisches Wörterbuch*, Bd. 1, Verlag das europäische Buch, Westberlin 1975, S. 546.

[23] Engels, Friedrich: Die deutsche Ideologie, MEW, Bd. 33, S. 46.

In der Auseinandersetzung mit den gegenwärtigen irrationalen New Age-Strömungen zeigt sich, dass die konzeptionellen Grundgedanken des New Age keine dem herrschenden System gegenüber oppositionelle Idee vertreten, sondern dass sie im Dienste der momentan Machthabenden fungieren und in ihrer Konsequenz systemstützend wirken. Kurz: Esoterik ist eine Ideologie, die den Nutzen einer Minderheit durchsetzen soll und den Interessen der Mehrheit der Menschen schadet.

Irrationalismus

„Es gibt keine 'unschuldige' Weltanschauung."
Georg Lukács

Von heute aus betrachtet tragen alle vor-aufklärerischen Epochen einen gewissen Grad an Irrationalismus in sich, da sie annahmen, bestimmte Gebiete des menschlichen Daseins seien der erkennenden Vernunft prinzipiell nicht zugänglich. Generell werden mit *Irrationalismus* Weltanschauungen benannt, die auf diese oder jene Weise das wissenschaftliche Denken für unfähig erklären, die bestimmenden Zusammenhänge und Gesetzmäßigkeiten der objektiven Realität zu erkennen, und dieses durch andere – für den Irrationalismus höhere – Erkenntnisfunktionen wie Intuition, Erleben, Wesensschau ersetzen wollen.

Indem der Irrationalismus sich gegen die erkennende Kraft der Wissenschaft aufgrund der prinzipiellen Vernunftbegabtheit der Menschen wendet, greift er die Grundlagen der bürgerlichen Demokratie an, die sich aus den Gedanken der rationalistischen Aufklärung ableiten. Ihrem Wesen nach waren die einzelnen Etappen des modernen Irrationalismus jeweils geschichtlich rückwärts gewandte Antworten auf gesellschaftliche Widersprüche.

Als gemeinsame Kennzeichen aller irrationalen Strömungen gelten:
1. Herabsetzung von Verstand und Vernunft
2. Kritiklose Verherrlichung der Intuition[24]

---

[24] „In der Wirklichkeit steht die Sache so, dass die Intuition ein psychologisches Element einer jeden wissenschaftlichen Arbeitsmethode bildet. Bei einer oberflächlichen Betrachtung kann in Bezug auf die Intuition der unmittelbare Schein entstehen, als wäre sie konkreter, synthetischer als das abstrakte, mit Begriffen

Esoteriker sehen in der Intuition ein eigenständiges Erkenntnisorgan zur Erfassung höherer Zusammenhänge. Sie stellen es in schroffen Gegensatz zum abstrakten, diskursiven Denken und bezeichnen es mit Eigenschaften wie konkret und synthetisch. Diese Behauptung ist irreführend, denn in der Intuition drückt sich psychologisch nichts weiter aus als ein angeregter Gedankenprozess, der sich unbewusst fortsetzt und plötzlich ins Bewusstsein gerät. Sie ist also nicht vom bewussten Gedanken abtrennbar, sie ist eine Ergänzung des begrifflichen Denkens und nicht sein Gegenteil. Ebenso muss jede neue Erkenntnis auf begrifflichem Wege ihren Ausdruck finden können.

3. Aristokratische Erkenntnistheorie
   d.h. nur wenigen Auserwählten wird der Zugang zur Erkenntnis zugebilligt.
4. Ablehnung des gesellschaftlich-geschichtlichen Fortschritts
5. Schaffung von Mythen
   Durch Mythen (Mythos: griech., Rede, Erzählung, Fabel) werden letztgültige und nicht weiter begründungsbedürftige Aussagen postuliert,

arbeitende diskursive Denken. Dies ist freilich bloß Schein; denn die Intuition bedeutet psychologisch nichts anderes als das plötzliche Bewusstwerden eines bis dahin unbewusst sich fortsetzenden Gedankenprozesses. Sie ist also sachlich nie vom größtenteils bewussten Arbeitsprozess abtrennbar. (...) Und für das gewissenhafte wissenschaftliche Denken ist es eine ernste Aufgabe, bei diesen ‘intuitiv’ errungenen Resultaten (...) zu kontrollieren, ob sie auch wissenschaftlich standhalten. (...) Die Intuition ist also in Wirklichkeit (...) die Ergänzung des begrifflichen Denkens und nicht sein Gegensatz. Bei einer oberflächlichen Betrachtung entsteht die Illusion, als wäre die Intuition ein von dem abstrakten Denken unabhängiges Organ zur Erfassung höherer Zusammenhänge (...): aus einer subjektivistischen Perspektive scheint es naheliegend, anzunehmen, der dialektische Widerspruch komme auf begrifflichem Wege zustande, während seine synthetische Lösung, seine Auflösung in eine höhere Einheit der Intuition zu verdanken sei. Dies ist natürlich eine Illusion, denn die wirkliche Dialektik drückt jede Synthese wieder auf begrifflichem Wege aus, und keine Synthese wird von ihr als endgültige Gegebenheit anerkannt. Die echte wissenschaftliche Dialektik enthält immer, gerade weil sie die richtige Spiegelung der Gegenstände der wirklichen Welt ist, die begriffliche Verbindung, die begriffliche Analyse von Gedanken. Deshalb ist die Intuition kein Organ der Erkenntnis, kein Element der wissenschaftlichen Methode.“ (Lukács, Georg: *Die Zerstörung der Vernunft. Der Weg des Irrationalismus von Schelling zu Hitler*, Werke Bd. 9, Luchterhand, Berlin-Spandau 1962, S. 373)

die die Existenz und Geschichte der Welt und des Menschen auf das Handeln von göttlichen Wesen, deren Wirken im Himmel und auf Erden, zurückführen.

Wissenschaftstheoretische Aspekte

Für viele Menschen ist die Esoterik nicht nur Religions-, sondern auch Wissenschaftsersatz. Die Wissenschaft hat durch die Unfähigkeit, die Welt zusammenhängend erklären zu können, enorm an Glaubwürdigkeit verloren. Gesellschaftspolitische Entscheidungen, die durch wissenschaftliche „Sachzwanglogik" erklärt werden und dem Einzelnen doch im Endeffekt unvernünftig und unverständlich erscheinen, haben die Wissenschaft in das Licht einer „irrationalen Rationalität", wie Horkheimer sie bezeichnete, gerückt. Die Esoterik versucht verstärkt, sich in „wissenschaftlichem Gewand" darzustellen und Patent-Erklärungen für das Fortgehen der Welt zu geben.

In der Wissenschaftstheorie existieren heute verschiedene Erklärungsmuster für die Entstehung und Einordnung der irrationalen Strömungen. Dabei zeigt sich, dass der Irrationalismus ein geistiges Kind der bestehenden Wissenschaftsphilosophie, der positivistischen Wissenschaftstheorie, ist. Er geht aus ihren eigenen Prämissen hervor, stellt sich anschließend gegen sie und greift sie als unzulänglich an.

Die vorherrschende Philosophie im wissenschaftlichen Diskurs kann als die Behauptung einer *Nicht-Philosophie* bezeichnet werden, einer geforderten absoluten Neutralität der Wissenschaften. Postuliert wird, dass Wissenschaft und Weltanschauung sich gegenseitig auszuschließen haben. Die positivistische Wissenschaftstheorie ist die wohl konsequenteste Vertreterin dieser Art.

Die Entstehung des Positivismus geht einher mit der Begründung der modernen bürgerlichen Gesellschaften. Im England des 17. Jahrhunderts, im Frankreich des 18. und im Deutschland des 19. Jahrhunderts setzte sich mit dem bürgerlichen Staatswesen die industrielle Produktionsweise durch und verdrängte die alten Feudalgesellschaften. Ihr Siegeszug war gleichzeitig der der Wissenschaften. Nur durch die Wissenschaft war die auf technischem Fortschritt beruhende Stärke des Bürgertums möglich geworden. Alle Bereiche wurden zunächst einer schonungslosen verstandesmäßigen, logischen Durchleuchtung unterzogen. Der eigentliche Beginn des Positivismus mit Auguste Comte (1798-1857) liegt im Frankreich dieser Zeit.

Seine moderne Ausprägung erfuhr der Positivismus als „Kritischer Rationalismus" in den 1960er Jahren. Seine herausragenden Vertreter Karl Popper und Hans Albert konnten Anfang der 1970er Jahre den Streit gegen die Kritische Theorie Max Horkheimers, Theodor W. Adornos, u.a. für sich entscheiden. Der Positivismus bestätigte sich damit abermals als bestimmende Richtung innerhalb der deutschen Wissenschaftstheorie.

Unter Positivismus wird verstanden eine „subjektiv-idealistische und ihrem Wesen nach agnostizistische Strömung der bürgerlichen Philosophie im 19. und 20. Jahrhundert. (...) Der Positivismus reduziert die Quelle aller Erkenntnis auf das Gegebene, d.h. auf die durch Beobachtung gewonnenen (wahrnehmbaren) 'positiven' Tatsachen. Diese 'positiven' Tatsachen sind uns nur als Vielheit (Mannigfaltigkeit) von Empfindungen (Sinneseindrücken) gegeben. (...) Nicht gegeben, weil in den Empfindungen als solche nicht aufweisbar, ist die objektiv-reale Außenwelt."[25]

Aus positivistischer Sicht ist die Aufgabe des Wissenschaftlers das Sammeln von Daten und Fakten, sowie das Beschreiben von Beobachtungen der Ursache-Wirkungsbeziehungen. Diese werden nicht in einen historischen Bezugsrahmen gesetzt, sondern nur unmittelbar verstanden. Das Sammeln und Beschreiben von Fakten allein sei objektiv und der Wissenschaft würdig. Sache der Wissenschaft sei nicht, aus den Feststellungen Schlüsse zu ziehen. Die Aussagekraft seiner Forschung beschränkt ein positivistischer Wissenschaftler in der Regel darauf, quantitative Vorhersagen für ein unmittelbar bevorstehendes Experiment zu treffen. Sobald aus gesammelten Erfahrungen, erkannten Wirkungsgesetzen jedoch weiterreichende Schlüsse gezogen würden, lehnt die positivistische Wissenschaft diese mit dem Vermerk: „subjektiv" ab. Die Welt ist ihr beschreibbar, aber nicht erklärbar.

Einige Beispiele mögen veranschaulichen, was diese Auffassung für das praktische Verständnis der Welt bedeutet: Zwar sei durch die Soziologie eine ungleiche Verteilung von Macht und Reichtum in der Gesellschaft feststellbar, doch Schlüsse über gesetzmäßige gesellschaftliche Dynamiken und folglich ihre Veränderbarkeit könnten daraus nicht gezogen werden. „Die Medizin könne zwar Details der biochemischen Mechanismen

---

[25] Klaus, Georg / Buhr, Manfred (Hrsg.): *Philosophisches Wörterbuch*, Bd. 2, Verlag das europäische Buch, Westberlin 1975, S. 954.

in den Zellen erforschen, aber für ein Bild des Menschen als einheitlichen Organismus sei sie nicht zuständig. (...) Die Astronomie könne uns einen unbegrenzten Datenstrom aus dem Universum liefern, aber für ein Weltbild sei sie nicht zuständig.“[26]

Sämtliche Bereiche der Gesellschaft mitsamt Politik, Geschichte, Kunst und Literatur werden zu zwar wissenschaftlich Beschreibbarem, nicht aber Erklärbarem degradiert. Hierin besteht das Dilemma der positivistischen Weltanschauung und hier setzt der Irrationalismus an. Er bezeichnet die positivistische Auffassung der Wissenschaft zu Recht als unzulänglich und sucht nach einer qualitativ höheren Ordnung der erkennbaren Zusammenhänge der wissenschaftlich isolierten Elemente.

Die einzelnen Elemente mit ihren immanenten Widersprüchlichkeiten, ihrer Wechselwirkung miteinander, ihre Synthese und Verwandlung und schließlich ihr Umschlagen in eine neue Qualität; diesen Prozess kann jedoch nur eine dialektische Philosophie fassen und begreiflich machen. Indem „der Positivismus die wissenschaftliche Dialektik verwirft, eröffnet er die Möglichkeit, die Dialektik in mythischer Form antirational einzusetzen. Typisch für die Irrationalisten ist etwa, die spontane Naturdialektik der griechischen Antike, der indischen oder chinesischen Philosophie aufzugreifen, aber gerade das Unreife und Vorwissenschaftliche daran hervorzuheben.“[27]

Grundprämisse des im New Age angesagten „neuen Denkens“, die sich auch in dem von Esoterikern viel benutzten Jargon der „systemischen Betrachtungsweise“ wiederfindet, ist die Erkenntnis, dass alle Dinge und Erscheinungen wechselseitig miteinander verbunden sind. Diese allgemeine Gesetzmäßigkeit, dass die Wirklichkeit in all ihren Erscheinungsformen in steter, unaufhörlicher Bewegung und Entwicklung begriffen ist, bildet die Grundlage dialektischer Philosophie. Während Teile der dialektischen Analysemethode rezipiert werden, werden andere wesentliche Grundbausteine dialektischen Denkens negiert. So wird im New Age das Prinzip des *Umschlagens von quantitativer in qualitative Veränderung* metaphysisch eingebaut. Die stufenhaft aufsteigende Entwicklungslehre der menschli-

---

[26] Scheinost, Peter: *Überlegungen zu Herkunft und Bedeutung der Irrationalismus-Epidemie*, in: Verein zur Förderung der wissenschaftlichen Weltanschauung e.V. (Hrsg.): *Streitbarer Materialismus Nr. 12*, Stephan Eggerdinger Verlag, München 1992, S. 99.

[27] Scheinost, Peter: *Überlegungen zu Herkunft und Bedeutung der Irrationalismus-Epidemie*, in: *Streitbarer Materialismus 12* (1992), S. 101.

chen „Wurzelrassen“ in der Theosophie nimmt diesen Gedanken auf. Die *Einheit der Gegensätze* wird im Yin-Yang benannt, der Kampf der Gegensätze jedoch negiert. Die Triebkraft der Entwicklung wird in metaphysischer Tradition nicht als den Dingen innewohnend gesehen, sondern als durch überweltliche Mächte diktiert.

Einer Darstellung der New Age-Bewegung der 1990er Jahre genügt jedoch nicht, wer sie als Antwort auf positivistische Grundzüge gängiger Wissenschaft reduziert. Weshalb gerade die esoterische New Age-Bewegung mit ihren Konzepten den momentan passendsten Ausdruck des Irrationalismus darstellt, lässt sich nur durch die spezifischen historischen, sozialen, politischen und ökonomischen Hintergründe, denen der Irrationalismus als geistiges Kind seiner Zeit entwachsen ist, begreifen.

Die New Age-Bewegung fußt auf einer mehr als hundertjährigen nahezu kontinuierlichen jüngeren Geschichte in Deutschland, die ihr ihr bestimmendes Gepräge verliehen hat. Nur durch diese historischen Wurzeln sind die besonderen Ausformungen des heutigen Irrationalismus im New Age zu verstehen. Deshalb ist der Darstellung aktueller Tendenzen ein längerer historischer Teil vorangestellt.

Im Folgenden sollen, nach einem Überblick über die Entstehungsgeschichte der Esoterik seit dem Ende des 19. Jahrhunderts, die Hauptrichtungen ihres Auftretens seit ihrer Renaissance 1990 dargestellt werden. Der Blick auf die Historie frappiert; denn die „modernen“ Konzepte des New Age wirken wie ein Aufguss des bereits Dagewesenen: fernöstliche „Heilige“ wie damals Rabindranath Tagore oder heute der Dalai Lama; ideelle Überhöhung matriarchaler Kulturen samt einer Mystifizierung „des Weiblichen“; Rekurs auf rassehygienische, biologistische Konzeptionen der 1920er durch das Revival der Soziobiologie des Jahres 2000; der Untergang des Abendlandes im *Kampf der Kulturen*. Esoterik ist kein freischwebendes autonomes Denksystem, sondern eine spezifische Form des Irrationalismus. In ihrer Herausbildung war die Esoterik hierzulande eng mit gesellschaftspolitischen Bestrebungen verknüpft. Von völkisch-nationalistischen, antisemitischen Vordenkern entwickelt, mit regressivem Antikapitalismus beladen bildete sich eine spezifisch deutsche Spielart des Irrationalismus heraus, die im erwarteten Reich der nordisch-arischen Rasse kulminierte. Die modernen Vertreter des New Age stehen auf diesem Erbe.

II.
Deutsche Heilssuche

New Age: Alter Wein in neuen Schläuchen

Über Jahrhunderte hinweg wurden okkulte, magische Riten in abgeschlossenen Zirkeln wie denen der Freimaurer, der Rosenkreuzer oder des mittelalterlichen Templerordens gepflegt und tradiert. Oftmals trugen die geheim wirkenden Sekten sozial- oder kirchenreformerische Grundhaltungen. In männerbündischen Vereinigungen wurden die Kulte nach streng hierarchischer Ordnung in aufeinanderfolgenden Einweihungsstufen an zur Verschwiegenheit verpflichtete Mitglieder weitergegeben. Erst durch Helena Petrowna Blavatskys Wirken erfuhren die geheimen Lehren Ende des 19. Jahrhunderts eine gesellschaftliche Öffnung.

1. Esoterische Gründerjahre

Helena Petrowna Blavatsky (1831–1891) gilt heute als die große alte Dame der Esoterik. Ihre zentralen Aussagen verleihen der esoterischen Bewegung bis heute Gestalt. Blavatskys Verdienst ist es, dass die Esoterik aus dem kleinen, abgeschotteten Zirkelwesen, in dem sie die letzten Jahrhunderte vollzogen wurde, herausgeführt und einer breiten Öffentlichkeit zugänglich wurde. Hauptwerkzeug dafür war die von ihr 1875 in New York gegründete *Theosophical Society*. Blavatskys 1888 erschienenes Buch *Die Geheimlehre*, das ihr angeblich durch Mahatmas[28] aus dem Himalaja eingegeben wurde, zählt bis heute zu den Grundlagen der Esoterik.

---

[28] Das dem Sanskrit entstammende Wort *Mahatma* bedeutet „großer Geist". Es wird in Indien als Ehrbezeichnung für geistig hochstehende Persönlichkeiten verwendet. Die theosophische Lehre meint damit einen in etlichen Inkarnationen spirituell gereiften, gottgleichen Menschen, der nach seinem Tod ausge-

Blavatsky, gebürtige Ukrainerin adliger Abstammung, führte ein unstetes Leben, welches sie auf der Suche nach spiritistischen Lehren weite Reisen quer durch Europa, Nordafrika und Asien unternehmen ließ. Eine längere Unterweisung durch einen Guru in Ägypten überzeugte sie von der Idee, dass in dem sagenumwobenen Land Tibet Geheimnisse alter Menschheitskulturen aufbewahrt würden. Mehrfach versuchte sie dorthin zu reisen; ob ihr dies, wie sie in ihren Schriften behauptet, jemals wirklich gelang, ist zweifelhaft. Auf Blavatsky begründet sich der Mythos eines unterirdischen Reiches in Höhlen des tibetischen Berglandes, in denen vergangene menschliche „Rassen" ihr geheimes Wissen um die Entwicklung der Welt bewahrt hätten. Damit schuf sie die in esoterischen Kreisen bis heute andauernde Mystifikation Tibets als spirituelles heiliges Land.

Helena Petrowna Blavatsky

Helena Petrowna Blavatsky (1831–1891), geboren in der Ukraine, kam schon in jungen Jahren mit Geisterlehren in Berührung. Seit sie als 17-Jährige ihren Gatten und ihr Land verlassen hatte, lernte sie auf ihren wieten Reisen verschiedene esoterische Richtungen kennen. Nach einer mehrmonatigen Einführung in okkulte Lehren in Kairo reiste sie über London nach Indien. Von dort aus versuchte sie, in das in spiritistischen Kreisen sagenumwobene Tibet zu gelangen. Zurück in Europa verdiente sie ihren Lebensunterhalt durch Auftritte im Zirkus, später als Fabrikantin von Tinte. Die von ihr eröffnete *Société Spirite* musste, nachdem es zu Betrügereien gekommen war, bald wieder aufgelöst werden. Über das Osmanische Reich und Italien gelangte sie schließlich in die USA. Dort gründete sie zusammen mit dem Reporter Henry Steele Olcott (1832-1907) und dem Rechtsanwalt William Quan Judge (1851-1896) den *Miracle Club*, den sie Ende 1875 in *Theosophical Society* umbenannten (Theosophie: Gottesweisheit).

1882 wurde der Sitz der *Theosophischen Gesellschaft* nach Adyar in Indien verlegt. Nach machtpolitischen Intrigen verließ Blavatsky Adyar und verbrachte ihren Lebensabend in London, in enger Gesellschaft ihres Mitstreiters Franz Hartmann. Dieser trug wesentliche Verantwortung für den Aufbau der Vereinigung in Deutschland, wo die theosophische Lehre

wählten übersinnlich begabten Menschen als Lehrer aus dem Jenseits zur Verfügung stehe.

um die Jahrhundertwende tausende von Anhängern um sich scharte. Ab 1907 übernahm Annie Besant (1847-1933) den Vorsitz der *Theosophischen Gesellschaft.*

Die *Theosophische Gesellschaft* ist in Landesgesellschaften und Ortsgruppen, genannt „Logen", gegliedert, heute besteht sie in fast 50 Staaten.

Helena Petrowna Blavatsky (1831-1891)

Blavatsky selbst definiert ihre Theosophie als „Weisheitsreligion oder göttliche Weisheit: die Grundlage und der Extrakt aller Weltreligionen und Philosophien, gelehrt und praktiziert von einigen Auserwählten, seitdem der Mensch zu denken begann".[29] Nach Blavatsky existiert eine „Große weiße Bruderschaft", die die Stifter der großen Religionen sowie weitere auserwählte wissende Menschen vereinige. Diese verfügten über einen „Weltenplan", demgemäß sie die Entwicklung der Welt aus dem Jenseits lenkten. Angeführt wird die „planetarische Hierarchie" von Krishna, Buddha und Jesus Christus, gefolgt von vielen weiteren Meistern. Die Liste wurde durch unterschiedliche theosophische Glaubensrichtungen erweitert. Anne Alice Bailey (1880–1949), ab 1915 bedeutende Theosophin in Kalifornien, nahm später weitere „Erleuchtete" wie Bismarck, Mussolini, Hitler und Franco in die Liste auf.[30] Diese Ergänzung sei ihr durch ihren „Tibeter" im Jenseits eingegeben worden, als dessen spiritistisches Medium sie sich sah. Auch Mahatma Gandhi wird als „großer

---

[29] Blavatsky, *Geheimlehre*, Bd. I, S. 12, zit. in: Gugenberger, Eduard / Schweidlenka, Roman: *Mutter Erde, Magie und Politik. Zwischen Faschismus und neuer Gesellschaft,* Verlag für Gesellschaftskritik, Wien 1987, S. 134.

[30] Vgl. Bailey, Anne Alice: *Jüngerschaft im Neue Zeitalter*, Bd. I, Genf 1974, S. 592, zit. in: Schweidlenka, Roman: *Altes blüht aus den Ruinen: New Age und Neues Bewußtsein*, S. 24.

weißer Bruder“ aufgeführt, obwohl dieser zu Lebzeiten eine Mitgliedschaft in der *Theosophischen Gesellschaft* ablehnte.[31]

Karma und Wurzelrassen

Mit Blavatskys Lehre wurde der Glaube an ein „Karma“ fester Bestandteil deutscher Esoterik. Dieser aus der fernöstlichen buddhistischen Religion entlehnte Gedanke vereint den Glauben an Wiedergeburt mit dem der Schicksalsbestimmtheit des menschlichen Lebens. Je nach gottgefälligem oder lasterhaftem Vorleben könne auf einem kosmischen Konto gutes oder schlechtes Karma angesammelt werden, wonach sich das Schicksal im nächsten Erdenleben bestimme. So werden Wohlstand, Reichtum, Gesundheit als verdientes gutes Karma interpretiert, Krankheit, Armut, Gebrechen als Folge persönlicher Schuld aus früheren Leben angesehen.

Karma

Gesetz von Ursache und Wirkung in aufeinanderfolgenden Leben (Inkarnationen). Je nach persönlichem Verhalten auf Erden könne gutes bzw. schlechtes Karma angesammelt werden, das den Lebensweg in der nächsten Reinkarnation bestimme. Schlechtes Karma, also ungutes Verhalten, müsse im nächsten Leben durch das Erdulden von Schwierigkeiten, Krankheit, etc. abgetragen werden. Anders als im Hinuismus und Buddhismus, denen der Gedanke der Widergeburt (Reinkarnation) nach den Gesetzmäßigkeiten des Karmas entnommen ist, wird in der theosophischen ebenso wie in der anthroposophischen Lehre die Wiedergeburt eines Menschen als Tier oder Pflanze ausgeschlossen.

Weiteres wesentliches Element der Blavatskyschen Lehre ist die Wurzelrassentheorie. Demnach ist die Menschheitsgeschichte eingeteilt in sieben aufeinanderfolgende Menschenrassen, die jeweils in wiederum sieben sich

---

31 Annie Besant, ab 1907 Vorsitzende der *Theosophischen Gesellschaft*, übernahm 1914 im Auftrag des britischen Commonwealth den Vorsitz des indischen Nationalkongresses. Lange Zeit umwarb sie Gandhi vergeblich. Als dieser 1916 die indischen Fürsten aufforderte, einen Teil ihres Reichtums an das Volk abzugeben, entzog sie ihm ihre Unterstützung.
Vgl. Rau, Heimo: *Gandhi*, Reinbeck bei Hamburg 1978, S. 78, zit. in: Gugenberger, Eduard / Schweidlenka, Roman: *Mutter Erde, Magie und Politik*, S. 22.

evolutionär ablösende Unterrassen gegliedert sind. Die ersten beiden Wurzelrassen seien vor 300 bzw. 40 Mio. Jahren entstanden, es seien geschlechtslose, astral-ätherische Leiber gewesen. Die dritte Wurzelrasse (die Lemurier) soll bereits menschenähnliche Züge besessen haben. Sie sei durch androgyne, hauptsächlich „instinktive" Wesen charakterisiert. Ihre Nachfahren sind nach theosophischer Sicht in den „Negern" (Schwarze werden in theosophischen Kreisen durchaus bis heute so bezeichnet) zu finden. Intellektuell stünden diese Menschen auf der Stufe von Tieren.[32]

Atlantis

Seit den Ideen Blavatskys gilt Atlantis Esoterikern wie Nazis als Urheimat der „arisch-germanischen" Rasse. Der fiktive, vermeintlich untergegangene Kontinent wird hoch im Norden vermutet. Auf ihm habe sich laut der Rassenlehre Blavatskys die höchste Menschenrasse, die metaphysisch begabte arische Menschenrasse, und ihre am weitesten entwickelte Unterrasse, die Germanen, herausgebildet.

Die vierte Wurzelrasse stellten die mystisch begabten „Atlantier" dar. Auf Atlantis, das nach theosophischer Geschichtsschreibung 9564 v.u.Z. im Meer versank, bildeten sich die Arier als fünfte Wurzelrasse heraus. Nach theosophischer Berechnung befänden wir uns momentan in der fünften, „germanisch-angelsächsisch" genannten Unterrasse der arischen Wurzelrasse. Die arische Rasse ist also in dieser Theorie die momentan in der Evolution am weitesten fortgeschrittene. Ihr stehe deshalb das Recht auf die Herrschaft in der Welt zu. Alle übrigen heute noch existierenden älteren „Rassen", also farbige Menschen, seien zum Aussterben verurteilt. Juden sind nach Blavatsky eine „künstliche arische Rasse". Sie stellten ein „abnormes und unnatürliches Bindeglied zwischen der vierten und fünften Wurzelrasse dar".[33]

Die Weltgeschichte ist nach theosophischer Sicht von sich ablösenden Rassen bestimmt. Deren Kommen und Sterben sei auf dem Weltplan vorgezeichnet und erfülle sich schicksalhaft, dem Willen einer höheren Macht

---

32 Vgl. Blavatsky, Helena: *Die Geheimlehre*, Bd. II, S. 244, S. 248, S. 261f., S. 269.

33 Vgl. Blavatsky, *Die Geheimlehre,* Bd. II, S. 493f., zit. in: Gugenberger, Eduard / Schweidlenka, Roman: *Mutter Erde, Magie und Politik*, S. 140.

folgend. Zum „Karma“ einer „niederen menschlichen (Wurzel-) Rasse“ gehört nach Blavatsky auch ihr Aussterben: „Ein Decimierungsvorgang findet über die ganze Erde statt unter jenen Rassen, deren Zeit um ist. (...) Es ist ungenau zu behaupten, dass das Aussterben einer niederen Rasse ausnahmslos eine Folge der von den Kolonisten verübten Grausamkeit oder Misshandlungen sei. (...) Rothäute, Eskimos, Papuas, Australier, Polynesier usw. sterben alle aus. (...) Die Flutwelle der inkarnierten Egos ist über sie hinweggerollt (...) und ihr Verlöschen ist daher eine karmische Notwendigkeit (...).“[34]

Die Gründung der deutschen Sektion der *Theosophischen Gesellschaft* erfolgte 1884 in Elberfeld. Ihr gehörten neben ihrem exponierten deutschen Vertreter Franz Hartmann Persönlichkeiten an wie der Philosoph und Psychologe Max Dessoir (er führte den Begriff „Parapsychologie“ in die Wissenschaft ein), oder auch der Schriftsteller Gustav Meyrink, dessen okkulter Roman *Das grüne Gesicht*[35] 1982 eine Neuauflage erfuhr und in esoterischen Kreisen regen Anklang findet. Meyrink beschreibt darin in rassisch-theosophischer Manier die Herrschaft des vergeistigten Menschen über die Natur und die Tiermenschen, wobei „der Neger“ der Schlimmste sei, „halb Raubtier, halb Mensch“, hinter dem finstere Mächte stehen.[36] Meyrinks Grundgedanke ist die „Überwindung des Körpers durch den Geist“, die er in mystischer Form als einsam zu beschreitenden Pfad erläutert.[37]

---

[34] Blavatsky, *Die Geheimlehre*, Bd. II, S. 824/825, in: Gugenberger, Eduard / Schweidlenka, Roman: *Mutter Erde, Magie und Politik*, S. 140.

[35] Meyrink, Gustav: *Das grüne Gesicht*, Erstausgabe: Leipzig 1916 (Neuauflage 1982)

[36] Meyrink, Gustav: *Das grüne Gesicht*, München 1983, S. 130, zit. in: Gugenberger, Eduard / Schweidlenka, Roman: *Mutter Erde, Magie und Politik*, S. 149.

[37] Gugenberger und Schweidlenka vergleichen seine Ideen mit den Grundzügen des 1919 erschienenen *Demian* von Hermann Hesse (vgl. Gugenberger, Eduard / Schweidlenka, Roman: *Mutter Erde, Magie und Politik*, S. 149).

Rudolf Steiner

> *„Wir sehen dasjenige, was als physischer Leib vor uns steht, so wie es ist, nur deshalb, weil es durchdrungen ist von Ätherleib, astralischem Leib und Ich. Dasjenige, was als physischer Leib ist, das ist (...) so lange wir leben zwischen der Geburt und dem Tode, Leichnam. (...) Sie stellen sich selber daher nicht richtig vor, wenn Sie das, was Sie vermeinen als den physischen Leib des Menschen aufzufassen, glauben mit sich durch den Raum herumzutragen; Sie würden sich viel richtiger sich selber vorstellen, wenn Sie sich dächten und so begreifen würden, dass Ihr Ich, Ihr astralischer Leib, Ihr Ätherleib diesen Leichnam durch den Raum trägt."*
>
> Rudolf Steiner[38]

Rudolf Steiner (1861–1925) erhielt seine esoterische Ausbildung in der deutschen *Theosophischen Gesellschaft*, deren Generalsekretär er 1902 wurde. Er geriet jedoch in wachsenden Widerspruch zur hinduistisch geprägten Linie der *Adyar TG* unter Annie Besant, da er das Christentum als anderen Religionen überlegen ansah. Der Streit kulminierte, als die *TG* die Wiedergeburt Christi in dem Hindu Krishnamurti verkündete. Steiner wollte dies nicht anerkennen und spaltete die *TG* auf. 1913 verließen mit ihm 90% der deutschen Mitglieder die *Theosophischen Gesellschaft* und gründeten die *Anthroposophische Gesellschaft* (Anthroposophie: Menschenweisheit).

An den theosophischen Grundlagen wie dem Reinkarnationsglauben und der Wurzelrassenlehre hielt Steiner in modifizierter Form weiter fest. So formulierte er die Rassenlehre in eine „Drei-Welten-Theorie – schwarze, braun/gelbe und weiße Welt" (Afrika, Asien, Europa) um.[39] Ausgehend von der niedersten, der schwarzen, ätherischen Rasse, mit der die Menschengestalt beginne, entwickle sich erst in der mongolischen

---

[38] Steiner, Rudolf: *Die Erziehungsfrage als soziale Frage: die spirituellen, kulturgeschichtlichen und sozialen Hintergründe der Waldorf-Pädagogik*, Dornach 1960, S. 98f., zit. in: Goldner, Colin: *Psycho: Therapien zwischen Seriosität und Scharlatanerie*, Pattloch Verlag, Augsburg 1997, S. 84f.

[39] Steiner, Rudolf: *Die Mission einzelner Volksseelen*, in: TB GA 613, S. 78.

Rudolf Steiner (1861-1925)

gelben Rasse das „Ich". Die entwicklungsgeschichtlich am höchsten stehende Rasse sei die europäische weiße Rasse.[40]

Wie zuvor Blavatsky weist Steiner dem jüdischen Volk eine Sonderstellung zu. Aufgrund astrologischer Konstellationen konstruiert er einen besonderen „jüdischen Volksgeist". Die Juden gehörten keiner von Steiner beschriebenen Rasse an, sie seien unter den Völkern eine Ausnahmeerscheinung.[41]

Steiner postulierte die Überlegenheit der weißen Europäer über andere Völker und rechtfertigte ihren Weltherrschaftsanspruch. Die Europäer erfüllten in der Unterwerfung anderer Völker nur ihre Vorausbestimmung: „Jedes einzelne Volk hat seine besondere Aufgabe."[42] „Die Weißen sind eigentlich diejenigen, die das Menschliche in

[40] Dazu würde ein Fall eines iranischen Lehrers passen, den Jutta Ditfurth berichtet. Der Mann hatte sich in den 1990ern für eine freie Stelle an einer Hamburger Waldorfschule beworben, soll aber mit der Begründung abgelehnt worden sein, es würden nur „Mitteleuropäer und nur Christen" eingestellt. (Ditfurth, Jutta: *Feuer in die Herzen*, S. 326).

[41] Vgl. Woelk, Volkmar: *Natur und Mythos: Ökologiekozeption der „neuen" Rechten im Spannungsfeld zwischen Blut und Boden und New Age* (DISS-Text Nr. 21), Duisburger Institut für Sprach- und Sozialforschung, Duisburg 1992, S. 31.

[42] Steiner, Rudolf: *Mission einzelner Volksseelen im Zusammenhang mit der germanisch-nordischen Mythologie*, Dornach 1974, S. 173, in: Gugenberger, Eduard / Schweidlenka, Roman: *Mutter Erde, Magie und Politik*, S. 141f.

sich entwickeln, daher sind sie auf sich selbst angewiesen. Wenn sie auswandern, so nehmen sie die Eigentümlichkeiten der anderen Gegenden etwas an, doch sie gehen, nicht als Rasse, sondern als einzelne Menschen zugrunde. (...) Daher kann der Europäer, weil ihn Seele und Geist am meisten in Anspruch nimmt, Seele und Geist am meisten verarbeiten. Der kann am ehesten vertragen, in alle Erdteile zu gehen. (...) Die weiße Rasse ist die zukünftige, ist die am Geiste schaffende Rasse."[43] Die Unterjochung anderer Völker, ihre Ausbeutung für das Wohl der weißen Europäer findet in der Anthroposophie ihre geistige Grundlage, da nach Steiner niedere Organismen jeweils um der höheren Willen da sind.[44]

Neben diesem durch die Rassenlehre erklärten Anspruch der weißen, europäisch/arischen Rasse auf Weltherrschaft machten weitere Grundzüge der Lehre die Anthroposophie kompatibel mit völkisch-nationalistischen und aufkommenden faschistischen Bestrebungen. Steiners Theorie basiert auf „Volksseelen", denen er unveränderliche Charaktereigenschaften zuschreibt.[45] Noch heute bietet die *Anthroposophische Gesellschaft* ungeachtet aller Erfahrungen, die mit der Beschwörung des „deutschen Volksgeistes" im letzten Jahrhundert gemacht wurden, Seminare zu diesem Thema an. So warb beispielsweise der Münchner Zweig der *Anthroposophischen Gesellschaft* mit einer Seminarreihe (31.3/1.4.2000) zu „Wirken und Aufgabe des deutschen Volksgeistes", in der die deutsche Volksseele

„Nicht etwa, weil es den Europäern gefallen hat, ist die indianische Bevölkerung ausgestorben, sondern weil die indianische Bevölkerung die Kräfte erwerben musste, die sie zum Aussterben führten."

43 Zit. nach Gilbert Reis: *Waldorfschulen für Arier?*, in: AKAZ, Zeitschrift für Religions- und Staatskritik, Nr. 3 (1992), Morbach, zit. in: Kern, Gerhard / Traynor, Lee (Hrsg.): *Die esoterische Verführung*, S. 141.

44 Vgl. Gugenberger, Eduard / Schweidlenka, Roman: *Mutter Erde, Magie und Politik*, S. 138.

45 Ein Beispiel gab Steiner in seinem Vortrag am 14. März 1915 in Nürnberg: „Bei den westeuropäischen Völkern ist es so, dass der Erzengel hineinwirkt mit seinen Willensstrahlen, bei dem italienischen Volk in die Empfindungsseele, bei dem französischen Volk in die Verstandes- und Gemütsseele, bei dem britischen Volk in die Bewusstseinsseele und bei dem deutschen Volk in das Ich." (Rudolf Steiner: *Die europäischen Völker im Verhältnis zu ihren Vorgeistern*, Verlag der Rudolf Steiner Nachlassverwaltung, Dornach/Schweiz 1968, S. 22ff., zit. in: Kern, Gerhard / Traynor, Lee [Hrsg.]: *Die esoterische Verführung*, S. 142)

wiederbelebt werden sollte und der Frage nachgegangen wurde: „Wie gewinne ich eine seelische Beziehung zu dem Volksgeist?"

Steinersche Anthropologie

Weshalb andere Völker nicht zu dieser Auswanderung und Missionierung der Welt geeignet seien, beschreibt Steiner folgendermaßen:[46] „Diese Schwarzen in Afrika haben die Eigentümlichkeit, dass sie alles Licht und alle Wärme vom Weltenraum aufsaugen. Sie nehmen das auf. Und dieses Licht und diese Wärme im Weltenraum, die kann nicht durch den ganzen Körper hindurchgehen, weil ja der Mensch immer ein Mensch ist, selbst wenn er ein Schwarzer ist. Es geht nicht durch den ganzen Körper durch, sondern hält sich an der Oberfläche der Haut, und da wird die Haut dann selber schwarz . (...) Überall nimmt er Licht und Wärme auf, überall. Das verarbeitet er in sich selber. Da muss etwas sein, was ihm hilft bei diesem Verarbeiten, das ist namentlich sein Hinterhirn. Beim Neger ist daher das Hinterhirn besonders ausgebildet. Das geht durch das Rückenmark. Und das kann alles das, was da im Menschen drinnen ist an Licht und Wärme, verarbeiten. Daher ist beim Neger namentlich alles das, was mit dem Körper und dem Stoffwechsel zusammenhängt, lebhaft ausgebildet. Er hat, wie man sagt, ein starkes Triebleben, Instinktleben. Und weil er eigentlich das Sonnige, Licht und Wärme, da an der Körperoberfläche in seiner Haut hat, geht sein Stoffwechsel so vor sich, wie wenn er in seinem Innern von der Sonne selber gekocht würde. Daher kommt sein Triebleben. Im Neger wird das Drinnen fortwährend richtig gekocht, und dasjenige, was dieses Feuer schürt, das ist das Hinterhirn. (...) Und wir Europäer, wir armen Europäer haben das Denkleben, das im Kopf sitzt. (...) Daher ist Europa immer der Ausgangspunkt für alles dasjenige gewesen, was nun das Menschliche so entwickelt, dass das zur gleichen Zeit mit der Außenwelt in Beziehung kommt. (...) Wenn die Neger ... nach dem Westen auswandern, da können sie nicht mehr so viel Licht und Wärme aufnehmen wie in ihrem Afrika. (...) Daher werden sie kupferrot, werden Indianer. Das kommt daher, weil sie gezwungen sind, etwas von Licht und Wärme zurückzuwerfen. Das glänzt dann so kupferrot. (...) Das (...) können sie nicht aushalten. Daher sterben sie als Indianer im Westen aus, sind wiederum

[46] Steiner, Rudolf: Vortrag vom 3. März 1923, GA 349, S. 52-67, zit. in: Ditfurth, Jutta: *Feuer in die Herzen*, S. 331f.

eine untergehende Rasse, sterben an ihrer eigenen Natur, die zuwenig Licht und Wärme bekommt, sterben am Irdischen. (...) Die Weißen sind eigentlich diejenigen, die das Menschliche in sich entwickeln."

Mit solchen völkischen Charakterzuschreibungen versuchte Steiner auch, den Ersten Weltkrieg zu rechtfertigen: „Bei der russischen Seele liegt es so, dass sie in die Schule zu gehen hat bei Mitteleuropa." Das „Slawentum" sträube sich „wie ein Kind" dagegen, „die Errungenschaften" des Germanentums zu übernehmen: „Diese ahrimanischen und luziferischen Impulse sind überhaupt die Ursache, dass sich der Osten jetzt in solch schauerlicher Weise gegen Deutschland gewendet hat."[47]

Ihr anti-aufklärerischer und autoritärer Geist trug ein Weiteres dazu bei, dass die Anthroposophie faschistischen Gedanken gegenüber offen war. Steiners Schüler lernen, an ein System zu glauben, das der übersinnlichen Erkenntnis ihres Lehrers Steiner entspricht. Steiner gab vor, Zugang zur *Akasha-Chronik*, einer Art Weltengedächtnis, zu besitzen. Diese auf einer „höheren Ebene" angesiedelte Bibliothek könne von ihm in einem anderen Geisteszustand besucht werden. Dort könne er Einsicht nehmen in grundlegende Fragen des Weltengeschehens. Da die Erkenntnisse übersinnlicher Natur seien, entzieht sich Steiners Lehre wissenschaftlicher Nachprüfbarkeit. „Die Kennzeichen der anthroposophischen Geisteswissenschaft haben mit moderner Wissenschaftlichkeit nichts gemein. Wohlwollend könnte man Steiners Begriff von Wissenschaft noch von der vor-aufklärerischen, aristotelischen-thomistischen Konzeption her betrachten."[48] Nach Steiners Auffassung gibt es „kein gesundes Denken, dem nicht ein auf selbstverständlichen Autoritätsglauben gestütztes gesundes Empfinden für die Wahrheit vorausgegangen wäre".[49] Steiner gilt bei seinen Anhängern als Menschheitsführer; bis heute wird seine Lehre innerhalb der deutschen Anhängerschaft buchstabengetreu verteidigt.

---

[47] Steiner, Rudolf: *Rudolf Steiner über Russland*, 22.6.1915, GA 157, S. 265 und GA 174b, S. 42, zit. in: Kern, Gerhard / Traynor, Lee (Hrsg.): *Die esoterische Verführung*, S. 141f., S. 150.

[48] Ullrich, Heiner: *Waldorfpädagogik und okkulte Weltanschauung*, 3. Auflage, Juventa, Weinheim 1991, S. 194.

[49] Steiner, Rudolf: *Die Entwicklung des Kindes vom Gesichtspunkte der Geisteswissenschaft: Die Methodik des Lehrens und die Lebensbedingungen des Erziehens*, Dornach 1987, S. 60f., zit. in: Goldner, Colin: *Psycho*, S. 84.

2. Genese deutscher Befindlichkeit

Die krude Lehre von der auserwählten Rasse der arischen Germanen fiel im Deutschland des ausgehenden 19. Jahrhunderts auf fruchtbaren Boden. Seit Sprachwissenschaftler Ende des 18. Jahrhunderts Gemeinsamkeiten in weit auseinanderliegenden Sprachen wie dem Keltischen, dem Germanischen, dem Griechischen, Persischen und Indischen entdeckt hatten, geisterten in deutschen Wissenschaftskreisen Vermutungen über eine einstige „indogermanische Ursprache" samt eines dazugehörigen „indogermanischen Urvolkes", das Friedrich Schlegel 1819 mit dem aus dem altdeutschen Wort „Ari" (Ehre) abgeleiteten Begriff „Arier" bezeichnete. Diesen mit einer aristokratischen Herrenrasse assoziierten Begriff erhöhte Schlegels Schüler Christian Lassen weiter, indem er den „vollständig begabten" Ariern die „Semiten" gegenüberstellte, denen es am „Gleichmaß aller inneren Seelenkräfte" ermangele. Den zu dieser Zeit mannigfaltig entstehenden Theorien über eine grundsätzliche Verschiedenheit und Wertigkeit von Völkern und Kulturen ist auch das 1853/55 erschienene Essay des französischen Grafen Gobineau zuzurechnen. Unter dem Titel *Über die Ungleichheit der Menschenrassen* betonte er die kulturschöpferische Kraft „der weißen Rasse", die das „Monopol auf Schönheit, Intelligenz und Kraft" besitze, und die durch „Rassenvermischung" mit „niederen Menschen" bedroht sei. Der Schrift, die in ihrem Entstehungsland Frankreich keine große Resonanz fand, wurde in Deutschland hingegen lebhaftes Interesse entgegengebracht. Auf Grund der besonderen historischen Situation in Deutschland, die von einer – im Vergleich zu den umliegenden europäischen Ländern – verspäteten Nationalstaatswerdung und einem Fehlen der bürgerlich-demokratischen Revolution bestimmt war, fanden derlei Theorien über eine mystisch ausgeprägte arisch-germanische Rassenseele gewillte Zuhörer.

Während Deutschland im 18. Jahrhundert noch in Dutzende Fürstentümer gespalten war und in feudalen Strukturen der Kleinstaaterei verharrte, machte sich in anderen europäischen Staaten seit dem 17. Jahrhundert das Anbrechen einer neuen Zeit bemerkbar. Die Industrialisierung veränderte das Gesicht Englands, in Frankreich siegten die Revolutionäre und warfen das alte Gesellschaftssystem samt seiner geistigen Reste auf den Kompost der Geschichte. Nach dem Prinzip der allgemeinen Gleichheit aller Bürger wurde das Gesellschaftsgefüge gründlich umgekrempelt, der Adel seiner Privilegien beraubt. Begleitet wurde dieses neue Leben von einer regen Entfaltung frischer kultureller und intellektueller Tätigkeit, mit der sich das siegreiche selbstbewusste Volk seinen Platz auch in den geistigen Ideen der Zeit erstritt.

1789 hatte sich mit der Französischen Revolution eine neue Staatsform durchgesetzt. Eine effektive Form staatlicher Herrschaft mittels des behördlich-abstrakten Verwaltungssystems, dazu eine breite Unterstützung der selbst erkämpften Republik durch das Volk, garantierten eine einige und erfolgreiche Nation. Die im Zuge der Neuorganisierung des Staatslebens schlagkräftig formierte, disziplinierte napoleonische Armee bereitete dem veralteten preußischen Militär bei Jena und Auerstedt 1806 eine katastrophale Niederlage. Deutsche Regierungsvertreter wie Freiherr von Stein, Fürst von Hardenberg sowie General Scharnhorst sahen sich gezwungenermaßen vor der Aufgabe, auf die Folgen der Französischen Revolution zu reagieren und auch in Deutschland Reformen durchzusetzen. Eine Modernisierung des Militärs bildete, neben Änderungen der Zunftverfassungen zugunsten der Gewerbefreiheit, das Grundelement der preußischen Staatsreformen.

Der völkische Weltrettungsauftrag als Besonderheit des deutschen Irrationalismus

Die Einsicht, dass der Erfolg der Französischen Revolution durch die Verbündung des Bürgertums mit dem vierten Stand gegen den Adel erreicht wurde, ließ die Regierenden in Deutschland Überlegungen anstellen, wie diesem Zusammenschluss vorzubeugen sei. Gebraucht wurde eine Ideologie, die die unverbrüchliche Einheit des Volkes mit König und Staat plausibel erscheinen ließ.

Zupass kamen deutschen Regierungsvertretern dabei Vorstellungen, welche menschliche Gesellschaften als naturhafte körperliche Organismen darstellten. Staatskanzler Metternich, Vertreter dieser organizistischen Gesellschaftsauffassung, sah in ihr ein probates Konzept, um alle gesellschaftlichen Schichten und Stände in ihrer unterschiedlichen hierarchischen Position als notwendig für den ganzen „Körper“ darzustellen.

Auf der anderen Seite begannen, durch die Französische Revolution vom Gedanken der nationalen Einheit inspiriert, Philosophen und Dichter wie Heinrich von Kleist, Johann Gottlieb Fichte oder Ernst Moritz Arndt mit der Schaffung einer deutschen Einheits-Idee. Sie entwickelten mythologische Konstrukte, die die Nationen als blockmäßig voneinander abgesetzte Einheiten darstellen, die sich auf der Gemeinsamkeit der Sprache und der Einheitlichkeit der Abstammung, einer blutsmäßigen Verbindung zu Vorfahren und Nachkommen konstituieren. Bei Fichte ist jedes Volk ein Ausdruck des Göttlichen. Volk und Nation bilden damit eine göttliche Einheit.

Dem deutschen Volk kommt bei Fichte eine besondere Rolle zu, da es seinen germanischen Wurzeln näher sei als andere Völker ihrer Herkunft.[50] Die Deutschen bezeichnet er als „Urvolk" und leitet hieraus eine „Rettungsmission" für andere Völker ab. Das deutsche Urvolk könne anderen Völkern helfen, zu ihren eigenen Wurzeln zurückzufinden. Fichte beschließt eine seiner *Reden an die deutsche Nation* mit diesem völkischen[51] Weltrettungsauftrag der Deutschen: „Es ist daher kein Ausweg: Wenn ihr versinkt, so versinkt die ganze Menschheit mit, ohne Hoffnung einer einstigen Wiederherstellung."[52] Die Deutschen, das Edelvolk, sind zu Höherem berufen. Eine eschatologische[53] Perspektive, eine Heilsgeschichte

---

50 Dieser Mythos der unberührten, reinen Germanen, die hier zum ersten Mal mit den Deutschen gleichsetzt wurden, berief sich auf Tacitus' *Germania*. Der antike römische Geschichtsschreiber Tacitus (um 55-115 u.Z.) gebrauchte die Beschreibung eines sittlich hochstehenden Stammes, um die dekadente römische Lebensweise anzuprangern. Dasselbe Werk wird bei Fichte dazu benutzt, ein konstruiertes homogenes deutsches Volk von minderwertigen romanischen Völkern abzugrenzen.

51 „Der Kerngedanke der völkischen Idee ist die Auffassung, dass das Volk als oberster Wert über dem Staat stehe, ihm voraus- und über ihn gehe. Dem Volk wird gewissermaßen gegenüber Staat und Gesellschaft die alleinige Weihe zuerkannt. Der Begriff 'völkisch', nach 1918 ein weithin bekanntes politisches Schlagwort, ist im Brockhaus definiert als 'Verdeutschung des Wortes *national* im Sinne eines auf dem Rassegedanken begründeten und daher entschieden antisemitischen Nationalismus'." (Gilbhard, Hermann: *Die Thule Gesellschaft*, S. 35.)

52 J.M. Fichte (Hrsg.): *Fichtes Werke*, Bd. VII, Berlin 1845/1846, 1971, 8. Rede, S. 499, zit. in: Bennhold, Martin: *Was heißt „Vernichtung des Nazismus mit seinen Wurzeln"?: Zu den völkischen Grundlagen des deutschen Faschismus*, Vereinigung der Verfolgten des Naziregimes – Bund der Antifaschistinnen und Antifaschisten, Hannover 1996, S. 11.

53 eschatologisch: auf jenseitiges Fortleben ausgerichtete Endzeiterwartung.

durch das Volkstum wird aufgebaut. Die Deutschen erretten, indem sie selbst siegen, alle andere Völker mit.

Nach der gescheiterten Revolution von 1848, von deren einstigen demokratischen Ideen nur mehr der Gedanke von Gemeinsamkeit aufgrund von Volkstum als undemokratischer Rumpf übrig blieb, verband Bismarck diese ihres fortschrittlichen Inhalts verlustig gegangene Deutschtümelei mit der Idee eines organizistischen starken Staates. Darin sollten Kaiser, Bourgeois und Arbeiter ihren festen Platz einnehmen, umklammert vom einigenden Band des Deutschseins. Mit dieser Staatskonzeption konstituierte sich die deutsche Nation auf völlig anderer Basis als ihre umliegenden nationalstaatlichen Nachbargesellschaften. Dem Gleichheitsprinzip der französischen Republik wurde das Prinzip des organischen Zusammenspiels aller Teile unter einer zur Führung berufenen Spitze entgegengestellt. Die Bestandteile des Staates sind qualitativ verschieden, oben und unten fügen sich jedoch organisch zu einem Ganzen zusammen. Diese Fiktion der widerspruchslosen Einheit des Staatsgefüges ist eine Eigenheit des deutschen Begriffs der „Nation". Das deutsche Nationenverständnis stand damit im völligen Gegensatz z.B. zum französischen, welches auf einen klaren Ausschluss bestimmter Elemente aus dem neuen Staat gerichtet war. Die französische Nationalversammlung konstituierte sich gezielt aus dem zweiten und dritten Stand, in Gegnerschaft zu alter Adels- und Privilegienwirtschaft. Ein „Oben und Unten" wurde aufgehoben, alle Bürger bekamen die gleichen Rechte zugesprochen.

Die Entstehung der völkischen Komponente im deutschen Staatsbegriff in dieser Länge darzustellen ist in zweierlei Hinsicht von Nöten. Zum einen ist, wie im Folgenden zu sehen sein wird, der deutsche Irrationalismus unheilvoll verbunden mit diesem völkischen Denken. Zentrale Begriffe des völkischen Nationalismus wie

- der organische Volkskörper
- der Rückbezug auf die „ursprüngliche Kultur", auf das „Volkstum"
- die eschatologische Heilserwartung
- die Verbindung des Volkes durch Blut und Boden

sind ebenfalls und bis heute wesentliche Merkmale der irrationalen, esoterischen Bewegung, wie im zweiten Teil dieses Buches ausgeführt wird. Nationalistische Strömungen fanden und finden durch diese gemeinsamen Elemente Anknüpfungspunkte in der esoterischen Bewegung.

Zum anderen hat sich das völkische Staatskonzept fest im gesellschaftlichen Denken verwurzelt. Danach werden Nationalstaaten nicht als dem Zeitalter der bürgerlichen Demokratie gemäße Ordnungsgrößen für das Leben und Arbeiten aller auf einem Territorium lebenden Menschen definiert, sondern als Zusammenschluss von „Blutsverwandten" begriffen. An der im Jahre 1999 geführten Diskussion um die Abänderung des deutschen Reichs- und Staatsbürgerschaftsgesetzes von 1913 war kennzeichnend, dass sich ein großer Teil gerade auch der jungen Deutschen das Entstehen von Nationalstaaten nicht anders als durch völkische Grundlagen erklären können.

Durch den Krieg gegen Frankreich 1870/71 schließlich wurde die deutsche Nation in „Blut und Eisen" geschmiedet. Sie wurde nicht gegen die alten Mächte erkämpft, sondern nach langer Planung und Verzögerung durch die alten Machthabenden gleichsam „von oben verordnet". Indem Bismarck ein Bündnis zwischen Aristokratie und Bürgertum herstellen konnte, wurde die politische Macht zwischen Alt (Aristokratie) und Neu (Bürgertum) aufgeteilt. Adels- und Feudalherren blieben in Amt und Würden, eine bürgerlich-demokratische Umgestaltung des Landes erfolgte nicht. Die Kennzeichen der bürgerlichen Demokratie: Freiheit; gleiche Rechte für alle Bürger (Versammlungs- und Vereinigungsfreiheit); freies, geheimes und gleiches Wahlrecht (Abschaffung des preußischen Drei-Klassen-Wahlrechts) wurden erst zu Beginn des 20. Jahrhunderts von der Arbeiterschaft erkämpft. Das Bürgertum hatte sich in Deutschland nicht von der Herrschaft des Adels emanzipiert, es trat kein Umschwung im Geistesleben ein. Neue, revolutionäre philosophische Ideen blieben aus. Die kulturell-geistige Ebene blieb dem Alten verhaftet, wie sich deutlich im Rückzug der deutschen Literatur auf meist epigonales Abhandeln traditioneller Formen und Inhalte vor allem der deutschen Klassik und Romantik zeigt.

Kulturpessimismus

Auf der wirtschaftlichen Ebene ging Deutschland dagegen rascher als andere Staaten in die Moderne. Innerhalb weniger Jahrzehnte holte Deutschland die mehr als hundertjährige Entwicklung anderer europäischer Industrienationen auf. Die rasche Industrialisierung und Verstädterung führten zu einem radikalen Wandel der Lebensbedingungen.

Aus diesem Auseinanderklaffen von ökonomischer und geistiger Entwicklung entstand eine Verweigerungshaltung gegenüber der Moderne. Sie fand ihren Ausdruck in der geschichtsphilosophischen Anschauung des *Kulturpessimismus*, der sich deutlich gegen die modernen bürgerlichen Gedanken des Liberalismus und den sich mit dem Aufschwung der Arbeiterbewegung verbreitenden historisch-dialektischen Materialismus richtete.

Unter dem Begriff *Kulturpessimismus* werden Tendenzen zusammengefasst, die ein rational begründetes mechanisches Weltbild als unzulänglich angreifen und zugunsten mythischer Welterklärungsmuster ablehnen. Die bekanntesten Vertreter dieser Richtung des Konservatismus des ausgehenden 19. Jahrhunderts sind Paul de Lagarde (1827-1891) und Julius Langbehn (1851-1907).

Paul de Lagarde gilt als Vordenker des oben skizzierten organisch-völkischen Weltbildes. In Lagarde verbindet sich der irrationale Angriff gegen die Moderne mit völkisch-rassistischem Gedankengut.[54] Er prägte den Begriff der „Ganzheitlichkeit", womit vor allem Erkenntnisgewinnung durch „Intuition" gemeint ist. Den Kern des Menschen verortete er im Willen, den er gegen den Verstand setzt. (Ein vitalistisches Gedankengut, das später von Adolf Hitler aufgegriffen wurde.) Im jüdischen Volk sah er den Schöpfer von Materialismus, Liberalismus, Rationalismus und Marxismus. Er nannte es „Träger der Verwesung", „schweres Unglück" für jedes andere Volk, mit dem nicht verhandelt werden könne, sondern das „so gründlich wie möglich vernichtet" werden müsse.[55]

Julius Langbehn widmete sich hauptsächlich Fragen der Erziehung. Langbehn war Antisemit, Befürworter großdeutscher Bestrebungen, glühender Anhänger der Rohkostbewegung und Verfechter intuitiv-hypnotischer Heilmethoden als Alternative zur Schulmedizin. „Herzensbildung" solle an Stelle der „Verstandesbildung" treten. Die soziale Frage dachte er

[54] Paul de Lagarde darf als ein Vater der völkischen Bewegung bezeichnet werden. Alfred Rosenberg, der Chefideologe der *NSDAP* berief sich auf ihn; die Partei der *Republikaner* bezog sich in ihrem Programm in den 1980er Jahren namentlich auf ihn.

[55] Lagarde, Paul de: *Deutsche Schriften*, München 1924, S. 40, zit. in: Ewald, Thomas: *Esoterik – eine historische Betrachtung*, in: Hessische Landeszentrale für politische Bildung (Hrsg.): *Esoterik und New Age: Herausforderungen an die Jugend- und Erwachsenenbildung*, Schriftenreihe Polis, Heft 20, Wiesbaden 1996, S. 6.

durch Bekämpfung revolutionärer Bestrebungen und das Verbreiten deutsch-völkischer Gedanken niederzuhalten. „Der besitz- und friedlose Pöbel muss in ein Volk verwandelt werden!", wie er in seinem Hauptwerk *Rembrandt als Erzieher. Von einem Deutschen* 1891 verkündete.[56] Das deutsche Volk müsse mittels Rückbezug auf seine „Urkräfte" zurück zur Natur erzogen und von einer „Überkultivierung" befreit werden: „Überkultur ist tatsächlich noch roher als Unkultur."[57] In schroffen Tönen sprach sich Lagarde für eine hierarchisch gegliederte aristokratische Ständegesellschaft, gegen die Sozialdemokratie und das allgemeine Wahlrecht aus, das dem „Charakter" des deutschen Volkes zuwider laufe. „Gesetzmäßiger Aristokratismus ist beispielsweise für Deutschland wie Demokratismus für Amerika (...), natürlich und berechtigt."[58] Eine „große Anzahl unter sich ganz gleichberechtigter Individuen ist niemals ein Volk; (...) sondern eine Herde", Demokratie und Gleichheit machten den „Volkskörper krank".

Bei Langbehn und Lagarde handelt es sich um vielgelesene Technik- und Fortschrittskritiker ihrer Zeit, die besonders auf künstlerisch-intellektuelle Kreise und die bürgerliche Jugendbewegung Einfluss hatten.[59]

Lagardes Werk wurde durch Houston Stewart Chamberlain (1855-1927) weitergeführt. Seine völkisch-mystische Geschichtsauffassung, welche die Ideologie der NSDAP nachhaltig prägte, breitete er in dem 1899 erschienenen Buch *Die Grundlagen des 19. Jahrhunderts* aus. Der Gesellschaft fehle es, so Chamberlain, an innerer Spiritualität, die in Urmythen zu finden sei. Chamberlain lädt den Begriff des „Ariers" stark antisemitisch auf. Der jüdischen Religion und Kultur ermangele es an der Fähigkeit zu metaphysischer Regung, worin der Hauptunterschied zum indogermanischen Geist – etwa dem deutschen Tiefsinn oder der indischen Mystik – bestehe. Durch die Kargheit des historischen Wüstenlebens sei das jüdische Volk rein pragmatisch orientiert und zeichne sich durch einen „abnorm entwickelten Willen" aus. Die Juden hielten sich für ein von Jahwe auserwähltes Volk und versuchten seit 4.000 Jahren, die Herrschaft über die Welt zu erringen. Mit der ihnen eigenen materialistischen Welt-

---

56 Langbehn, Julius: *Rembrandt als Erzieher. Von einem Deutschen*, Verlag C.L. Hirschfeld, Leipzig 1922 (Erstausgabe 1891), S. 224.

57 Ebenda, S. 48.

58 Ebenda, S. 220.

59 Laqueur, Walter Z.: *Die Deutsche Jugendbewegung: Eine historische Studie*, Verlag Wissenschaft und Politik, Köln 1962, S. 53f.

anschauung suchten sie die indoeuropäischen Völker zu infiltrieren. Den Ariern – speziell deren angenommene edelste Form, den Germanen – schreibt Chamberlain ebenso unveränderliche homogene Charaktereigenschaften zu. Sie besäßen Frömmigkeit, Schöpferkraft, Tapferkeit, Treue, Freiheitsliebe und sollten diesen zur Durchsetzung gegen die Eigenschaften anderer „Rassen" verhelfen. An der Seite seiner Frau Eva Wagner, der Tochter des Komponisten der Germanenopern, legte Chamberlain den ideologischen Grundstein für die Deutung der Geschichte als Kampf der Rassen.

Lebensphilosophie

Zu Beginn des 20. Jahrhunderts ist München ein geistig-kulturelles Zentrum Deutschlands. Die in der *Lebensphilosophie*[60] zu einer philosophischen Richtung erweiterte Denkweise des *Kulturpessimismus* ist herrschende Anschauung in der Schwabinger Bohème. Das sinnliche Erlebnis der Welt wird als ausschließliche Erkenntnisgrundlage angesehen, weiterentwickelte geistig-theoretische Wissenschaft abgelehnt. Mittels der Intuition könnten aus dem Meta-Rationalen, Übersinnlichen heraus Zusammenhänge erfasst und damit die „Ganzheit" von Erscheinungen erkannt werden. Der Philosoph Ludwig Klages (1872-1956) und der Dichter Stefan George (1868-1933) sind führende Vertreter dieser Geisteshaltung. Sie war geprägt von der Ablehnung des Intellekts, der die ursprüngliche Einheit des Leibes mit der Seele zerstöre.[61] Nach Klages[62] existierte ein kosmisch-naturgemäßer Zustand, an dem jede Seele teilhabe. Diese organische Einheit sei durch den Geist, den Intellekt, zerstört worden. George strebte nach einem neuen ästhetischen Adel. „Er (George) und seine Freunde wollten die Blüte einer individualistischen und antisozialistischen

---

60 Nach Georg Lukács ist die *Lebensphilosophie* herrschende Ideologie in Deutschland seit Beginn des 20. Jahrhunderts (Lukács, Georg: *Die Zerstörung der Vernunft*, S. 351).

61 Der Titel von Klages' Hauptwerk: *Der Geist als Widersacher der Seele* drückt programmatisch seinen Standpunkt aus.

62 Klages betrieb auch Studien zur Charakterologie, auf ihn geht z.B. die Erfindung der Handschriftenanalyse zurück. Die Grundannahme, anhand der Schrift eines Menschen könne auf Veranlagung und Charakter geschlossen werden, ist heute widerlegt. Klages beendete sein Leben in akademischen Würden, seine Handschriftenanalyse genoss bis in die 1970er Jahre großes Renommee.

Weltanschauung. (...) Dieser Elitekult war eigensinnig beflissen, die moderne Welt nicht zur Kenntnis zu nehmen." George steht in der Tradition des vitalistischen Philosophen Friedrich Nietzsche; z.B. „geht Georges Verachtung der Masse, der Herde in Nietzsches Spuren. Auch sonst ist die Autonomie des Georgekreises ebenso wie seine Antibürgerlichkeit eine Selbsttäuschung."[63] Die um den „Meister" George jüngerhaft versammelten Männerkreise kennzeichnete Georges „Überlegenheit und Aura von Weihe, unfehlbarer Genialität und Weisheit, die er um sich verbreitete, [die] jedes unabhängige Denken, jede wirkliche Stärke und Größe der Jünger von vornherein ausschlossen".[64]

Im Jahr 1893 formierte sich um George ein Esoterik-Quartett, das sich *Die Kosmiker* nannte. Seine Mitglieder waren neben George und Klages der Archäologiestudent Alfred Schuler und der Bankierssohn und Schriftsteller Karl Wolfskehl. „Evolutionistische und aristokratische Abstammungslehren verspannen sie mit Germanentum und deutschem Romantizismus zu einem wilden Konglomerat aus mystischer Vergangenheitssehnsucht und reaktionärem Eliteanspruch." Auf opulent ausgestatteten Maskenfesten (auf die die Tradition der Schwabinger Faschingsfeste zurückgeht) inszenierten sie eine Renaissance des Heidnischen.[65]

Die Kosmiker waren die Attraktion der Münchner Kulturszene. In Wolfskehls Wohnung traf sich die Schwabinger Bohème; Berühmtheiten wie Ricarda Huch, Oswald Spengler, Paul Klee, Franz Marc und Alfred Kubin fanden sich dort zusammen. Klages glaubte an einen ursprünglichen kosmisch-natürlichen Zustand der Welt, in dem eine „Einheit der Menschen" bestanden habe. Dieser sei durch den „Geist", Intellekt, zersetzt worden. Schuld daran trügen allen voran die Juden, die „die Lüge selbst" seien. „Der Jude ist überhaupt kein Mensch. (...) Er lebt das Scheinleben einer Larve, um auf dem Weg der Täuschung die Menschheit zu vernichten." Der Kosmiker Schuler hatte in einer Abhandlung J.J.

---

63 Lehnert, Herbert: *Geschichte der deutschen Literatur vom Jugendstil zum Expressionismus, (Geschichte der deutschen Literatur von den Anfängen bis zur Gegenwart Bd. 5),* Reclam, Stuttgart 1978, S. 229f.

64 Ebenda, S. 249.

65 Goldner, Colin: *Psycho: Therapien zwischen Seriosität und Scharlatanerie*, S. 17f.

Bachofens[66] über prähistorisches Mutterrecht das „strahlende Symbol heidnischer Erneuerung und Wiedergeburt“, das Hakenkreuz, entdeckt. Unter diesem Symbol sollte die Fehlentwicklung der Weltgeschichte, die „Zerstörung der ursprünglichen Einheit der Menschen“, durch das jüdische Volk korrigiert werden.[67]

Im Winter 1903/04 zerbrach das Quartett. Klages und Schuler gerieten in ihrer antisemitischen Haltung zunehmend zu der Wolfskehls in Widerspruch, der jüdischer Herkunft war. Die Ideen der Kosmiker waren jedoch längst über die Grenzen Münchens hinaus bekannt geworden. In Wien, einem weiteren Zentrum deutschsprachiger Kultur der Zeit, entwickelten die *Ariosophen* sie weiter.

[66] Johann Jakob Bachofen (1815-1887): *Das Mutterrecht. Eine Untersuchung über die Gynaikokratie der alte Welt nach ihrer religiösen und rechtlichen Natur*, Stuttgart 1861.

[67] Zit. in: Wilhelm, Hermann: *Die Münchner Bohème: Von der Jahrhundertwende bis zum ersten Weltkrieg*, München 1993, S. 156.

3. Formierung antimodernen Protestes

Ariosophie: „Arier aller Länder, vereinigt euch!“[68]

Der Wiener Kaufmann Guido List (1848-1919) führte die okkulten theosophischen Gedanken in eine völkisch-rassistische Richtung weiter, indem er die fernöstlichen Elemente eliminierte und stattdessen Reinkarnationsglaube und Wurzelrassenlehre mit germanischer Mythologie verspann. Wie Blavatsky sah auch er die Arier als höchste Unterrasse der gegenwärtigen Wurzelrasse an und bescheinigte ihnen einen Weltherrschaftsanspruch. List behauptete, dass das mystische Wissen der Germanen einst von einer Priesterkaste, den *Armanen* (ein Kunstwort aus „Arier“ und „Germanen“), ausgeübt wurde. Nach der gewaltsamen Christianisierung hätten diese ihr geheimes esoterisches Wissen in Runen verschlüsselt weitergegeben. Als List in Folge einer Augenoperation 1902 mehrere Monate in absoluter Dunkelheit verbringen musste, glaubte er Eingebungen über die Bedeutung dieser alten Schriftzeichen erhalten zu haben, die er in seinem Buch *Das Geheimnis der Runen* (1907)[69] niederschrieb. Lists Erfindungen haben mit der historisch verifizierbaren Runenschrift wenig gemein; trotzdem gilt sein Buch bis heute als Standardwerk der germanischen Runenmystik. List behauptete, die ariogermanischen Runen seien die Urschrift aller Völker gewesen; ein Gedanke, den die deutschen Faschisten in ihrem Bestreben, die Geschichte im Sinne der angenommenen arischen Rasse umzuschreiben, aufnahmen. Lists Zeichen war die doppelte Siegesrune, den Einband seines 1907 erschienenen Buches *Das Geheimnis der Runen* ziert ein Hakenkreuz. Ein Jahr später hisste Lists Schüler Lanz Liebenfels zum ersten Mal die Hakenkreuzfahne an seiner Ordensburg Werfenstein an der Donau. Um den fernöstlichen Elementen eine germani-

---

[68] Leitspruch des *Armanen-Ordens* 1992, *Irminsul-Stimme der Armanenschaft*, Folge 3, 24. Jahrgang 1992, zit. in: Hundseder, Franziska: *Wotans Jünger: Neuheidnische Gruppen zwischen Esoterik und Rechtsradikalismus*, Heyne, München 1998, S. 126.

[69] Hauptwerke Lists: *Geheimnis der Runen* (1907), *Deutsch-mythologische Landschaftsbilder* (1891).

sche Alternative entgegensetzen zu können, entwickelten zwei von Lists Nachfolgern (Siegfried Adolf Kummer und Bernhard Marby) gar ein germanisches *Runen-Yoga*. Neben germanischem Runenkult war die Astrologie ein Schwerpunkt Listscher Gedanken. In ihr glaubte er, Konstellation und Verlauf des Ersten Weltkrieges zu erblicken.

Runenraunen

Runen sind germanische Schriftzeichen, die für magische Kultzwecke und Orakel ebenso wie für profane Alltagsbotschaften in feste Gegenstände geritzt wurden. Die Runenschrift, nach den ersten sechs Buchstaben auch *Futhark* genannt, besaß sowohl Laut- als auch Begriffswert, d.h. eine sinnbildliche Dimension. Nach den ältesten Funden datiert die Entstehungszeit der Runen um das 2. Jahrhundert unserer Zeitrechnung. Die runen-magischen Kulte wurden von Frauen und Männern als Priestern ausgeführt, genauere Kenntnisse über Inhalt und Ablauf der religiösen Handlungen lassen sich jedoch nicht mehr rekonstruieren und die vielfältigen Kultanweisungen in der neuheidnischen Szene basieren auf reinem Wunschdenken. Ebenso wird sich auf vermeintliche „Forschungen“ der NS-Zeit bezogen, die, mit wissenschaftlich unhaltbaren Behauptungen, Kultur und Bedeutung der vorchristlichen europäischen Stammeskulturen überhöhten (siehe den Kult um die Externsteine, Kapitel III.6). So behauptete Hermann Wirth, Mitbegründer des *SS-Ahnenerbe*, in seinem Buch *Die Heilige Urschrift der Menschheit* (1936) übereinstimmend mit List, dass die Runen die Urschrift aller Völker darstellten und die atlantische, ario-germanische Urrasse die Begründerin jeglicher menschlicher Zivilisation sei.

Heute sind germanische Runen Standardrepertoire der Esoterikszene, ob als Talisman, Schmuck oder als germanisches Orakel als Alternative zum fernöstlichen I-Ging. Runen gelten als geheimer, „unserer Art gemäßer“ Kraftquell. Das „Runenweistum“ sei „tief im *innersten Persönlichkeitskern* vieler Angehöriger der germanischen Stämme verankert“, „konnte niemals völlig ausgerottet werden – es zog sich nur in die Tiefen der menschlichen Seele zurück und wartete auf seine Auferstehung“, welche das *Handbuch der Runen-Magie* 1998 verkündete.[70]

---

[70] Thorsson, Edred: *Handbuch der Runen-Magie*, Urania Verlag, Neuhausen 1998.

Gerne begab sich List – er war zeitweise Sekretär des österreichischen Alpenvereins – in die österreichischen Wälder, um an vermeintlichen alten Kultplätzen der Germanen spirituelle Kraft zu schöpfen. Wie in der heute noch immer betriebenen *Geomantie* glaubte List, dass an bestimmten Orten Energien der Ahnen übertragen würden. In Steinzeugnissen der Megalithzeit sah er mystische Kraftplätze einer angeblichen „Nordischen Urkultur“, eines „arischen Urparadieses“, das er vom skandinavischen Raum bis zum Nordpol lokalisierte.

Guido List (1848-1919)

List – sich selbst adelnd nannte er sich „Guido *von* List“ – hatte konkrete politische Ambitionen. In einem Staat, der den gesamten deutschsprachigen Raum umfassen sollte, ähnlich einem modernen Feudalismus mit klar abgegrenzten Klassenschranken, sollte das „arische Volk“ möglichst unvermischt zusammenleben. „Minderrassige“ Menschen hätten dort dienende Funktionen als Tagelöhner oder Sklaven auszuüben, nur den „reinrassigen“ Ariern sollten Freiheit und bürgerliches Recht gewährt werden.

1906 gründete List die *Guido-von-List-Gesellschaft*, die von der überwiegend finanzkräftigen Mitgliedschaft – etliche Industrielle und hochrangige Militärvertreter – finanziert wurde.[71] Der innere Zirkel der *Guido-von-List-Gesellschaft* nannte sich die *Armanen*, in ihnen sah List die letzten Führer der zur Weltherrschaft aufstrebenden Arier.

[71] Mitgliederliste in: Eppe, Heinrich: *Blut und Sterne. Völkischer Rassismus und Astrologie vor 1918*, in: Kern, Gerhard / Traynor, Lee (Hrsg.): *Die esoterische Verführung*, S. 122f.

Armanenschaft

Der 1969 wiedergegründete *Armanen-Orden* unter „Großmeister" Adolf und „Hohepriesterin" Sigrud Schleipfer hat heute entscheidenden Einfluss unter rechten neuheidnischen Gruppen (vgl. Kapitel III.5). Gespeist durch „Erberinnerung" an die heidnische Religion der Stammesvorfahren, etwa dem altgermanischen Wotanskult, sollen die Völker Europas „erwachen" und sich zu einem starken Europa formieren. Die neue Ordnung der Welt unter der Führungsmacht Europa wird durch die „Weltenwende" im „Wassermannzeitalter" (New Age) erwartet. Die angeschlossene *Armanen-Buchhandlung* vertreibt neben Werken Rudolf Steiners und Schriften über die der im 13. Jahrhundert lebenden Nonne Hildegard von Bingen zugeschriebenen „Edelsteinheilung" auch die wiedergedruckten Werke von Lanz und List.[72]

Ebenfalls in Wien hatte der ehemalige Zisterziensermönch Adolf Lanz (1874-1954), der sich „Baron Dr. Jörg (Georg) Lanz von Liebenfels" nannte, 1900 eine Sekte namens *Orden des Neuen Tempels (ONT)* gegründet.[73] Zusätzlich gab er das ario-germanische Esoterik-Blatt *Ostara – Bücherei der Mannesrechtler und Blonden* mit einer Auflage von bis zu 120.000 Stück heraus.[74] Lanz war der Ansicht, es habe ein prähistorisches Paradies der Gottmenschen (Arier) existiert. Im Sündenfall – durch die sexuelle Gier des freien Weibes – hätten sich die Gottmenschen mit affenartigen Wesen begattet, hieraus seien die niederen Rassen der Menschheit (alle außer den Ariern) entstanden. Die göttlichen Fähigkeiten (Telepathie, Allwissenheit) seien dadurch verloren gegangen. Lanz wollte eine „Rückzüchtung" der Menschen. Niedere Rassen sollten sterilisiert werden, arische Frauen in Zuchtklöstern erbgesunden Nachwuchs von blonden und blauäugigen Männern produzieren. 1928 verkündete Lanz in einem seiner insgesamt mehr als 100 *Ostara*-Hefte[75] sein Programm gegen die „sozia-

---

[72] Hundseder, Franziska: *Wotans Jünger*, S. 128f.

[73] Titel der Hauptwerke Lanz' lauten: *Theozoologie* (1904) und *Handbuch der astrologischen Ariosophie* (1926-1934).

[74] Der zu dieser Zeit in Wien lebende Maler Adolf Hitler war ein begeisterter Leser jener Hefte.

[75] Ostara: Frühlingsgöttin, die das Wiederaufleben der Natur symbolisiert. Heute trägt eine rechtsextreme Homepage im Internet ihren Namen.

listisch-bolschewistische Untermenschenrasse": „Sie wollen den Klassenkampf, sie sollen den Rassenkampf haben".[76]

Schon vorher verlieh er seiner Abneigung gegen demokratische, sozialreformerische Bestrebungen Ausdruck. In Bezug auf den Kampf um das allgemeine Wahlrecht empfahl er, man solle die Befürworter, diese sozialbolschewistischen Untermenschen, in den Urwald deportieren. „Dort können sie ihre sozialistischen, bolschewikischen, demokratischen, proletokratischen Staatsutopien mit vollkommen gleichem, geheimem, allgemeinem Wahlrecht ... in die Wirklichkeit umsetzen. Mit Fug und Recht können aber, wenn die 'Kohns', 'Lewys', 'Deutschs' usw. Wahlrecht haben, auch die Gorillas und Mandrills Wahlrecht beanspruchen."[77]

Jörg Lanz (1874-1954)

Im jüdischen Volk sahen Lanz und List eine Bedrohung der arischen Harmonie. Juden seien die „natürlichen Feinde" der arischen „Lichtmenschen"; ein dunkles, heimtückisches, aus einer „unnatürlichen Mischung der vierten und fünften Wurzelrasse" hervorgegangenes „Mondvolk". Mit der *Ariosophie* war ein rassistisch verschärfter, deutsch-völkischer Ableger der Theosophie entstanden, der den Antisemitismus fest mit der deutschen Esoterik verband.

Von Lanz und List gingen entscheidende Impulse für die Gründung und inhaltliche Ausrichtung zweier weiterer, in der Folgezeit geschichtlich

[76] Lanz-Liebenfels, Jörg: *Der Weltfriede als Werk und Sieg der Blonden*, in: Ostara Nr. 4, Wien 1928, S. 9.

[77] Ebenda, S. 5.

bedeutender, Gruppierungen aus: dem *Germanen-Orden* und der aus ihm hervorgegangenen *Thule-Gesellschaft*.

Thule-Gesellschaft

Auf Anregung des Präsidenten der *Guido-von-List-Gesellschaft* gründete der Verleger Theodor Fritsch[78] (1852-1934) 1912 in Leipzig den *Germanen-Orden*. Der *Germanen-Orden* war eine auf Führer-Prinzip und Blutreinheit aufgebaute elitäre Geheimgesellschaft, die regen Zulauf im gesamten Reichsgebiet fand. Sein Programm war der Kampf gegen „die jüdische Weltverschwörung". Freiherr von Sebottendorf (1875-1945), ein „reicher, undurchsichtiger Weltenbummler, Abenteurer, Hochstapler" erscheint 1917 in München. Er ist Anhänger der Ariosophie und Runologie, besitzt zudem Kenntnisse in Astrologie, Alchemie, Theosophie, Freimaurerei, verschiedenen Meditationstechniken und Wünschelrutengehen. Er wird Mitglied des *Germanen-Ordens* und „Großmeister der bayrischen Ordensprovinz". Als süddeutschen Zweig des *Germanen-Ordens* gründet Sebottendorf 1918 die *Thule-Gesellschaft*, *Orden für deutsche Art*[79] mit Sitz im Hotel *Vier Jahreszeiten* in München.[80] Ihr Symbol ist das Hakenkreuz hinter einem senkrecht stehenden blanken Schwert. Nach nur vier Monaten ist die *Thule-Gesellschaft* bayernweit auf 1.500 Mitglieder angewachsen. Führende Vertreter der späteren NSDAP finden sich als Mitglieder des Ordens zusammen, darunter:[81]

- Alfred Rosenberg, Chefideologe der NSDAP, Autor des NS-Grundlagenwerks *Der Mythus des 20. Jahrhunderts*

---

[78] Fritschs *Handbuch der Judenfrage* erschien 1907 bereits in der 27. Auflage.

[79] Der Name Thule bezeichnet eine fiktive Urheimat der Arier auf einem untergegangenen Kontinent. Thule ist eine nordische Version der Atlantis-Sage. Die auf Thule lebenden Übermenschen hätten vor ihrem Untergang einen Teil ihres Wissens in Tibet aufbewahrt. Dieses Wissen könne zur Entstehung einer neuen nordisch-arischen Rasse verhelfen und zur Rettung des vom Untergang bedrohten deutschen Vaterlands beitragen.

[80] Die Besitzer des Hotels *Vier Jahreszeiten*, die Gebrüder Walterspiel, waren selbst *Thule*-Mitglieder und stellten das Hotel als Zentrale für die *Thule-Gesellschaft* zur Verfügung.

[81] Opitz, Reinhard: *Faschismus und Neofaschismus*, Pahl-Rugenstein Verlag, Bonn 1996, S. 41.

- Julius Streicher, fränkischer Gauleiter, Herausgeber des Hetzblattes *Der Stürmer*
- Hans Frank, ab 1939 Generalgouverneur von Polen
- Rudolf Hess, Stellvertreter des „Führers"
- Wilhelm Frick, ab 1939 Mitglied des sechsköpfigen Kriegskabinetts des Deutschen Reichs
- Max Amann, 1933-1945 Präsident der Reichspressekammer, erster Geschäftsführer der NSDAP
- Gottfried Feder, Wirtschaftsideologe der NSDAP, er erfand die Demagogenforderung von der „Brechung der Zinsknechtschaft"
- Dietrich Eckart, Mystiker, Schriftsteller, enger Vertrauter Hitlers

1919 kauft Sebottendorf das Boulevardblatt *Münchner Beobachter*, das er in *Völkischer Beobachter* umbenennt. Er verwandelt die Zeitung in „ein Instrument zur Propagierung rassistischer, sozialdarwinistischer und vor allem rassenantisemitischer Vorstellungen".[82] Dabei versucht er, sie als „Sportblatt" aufzumachen, damit sie in die Hände der Jugend käme.[83]

Die *Thule-Gesellschaft* nimmt aktiv den Kampf gegen die Räterepublik auf. Der *Kampfbund Thule* wird als paramilitärische Organisation gegründet. Die *Thule-Gesellschaft* engagiert sich in der Aufstellung von Freikorps[84] und Bürgerwehren zur militärischen Niederschlagung der Revolutionsarmee. Während der Revolutionszeit wirkt die *Thule-Gesellschaft* „wie ein Magnet auf Eisenspäne",[85] sie entwickelt sich zum Zentrum der gegenrevolutionären Kräfte Münchens. „Es ergab sich, dass aus der einige Monate zuvor noch verhältnismäßig unbedeutenden [Vereinigung] ein Kristallisationspunkt und Katalysator in der Vorbereitung zur Niederschlagung der Revolution wurde."[86]

Um politische Breitenwirkung zu erlangen, betreibt die *Thule-Gesellschaft* den Aufbau einer nach außen hin unabhängig erscheinenden Orga-

---

[82] Gilbhard, Hermann: *Die Thule Gesellschaft*, S. 75f.

[83] Opitz, Reinhard: *Faschismus und Neofaschismus*, S. 42.

[84] Aufbau des *Freikorps Epp*, des *Freikorps Oberland*, sowie eines Stützpunktes in Eching.

[85] Graf Arco-Valley, der am 21.2.1919 Ministerpräsident Kurt Eisner auf dem Weg ins Landtagsgebäude ermordete, verkehrte ebenfalls in der *Thule-Gesellschaft*.

[86] Zeugenbefragung von Heinz Kurz, Mitglied der *Thule-Gesellschaft*, zit in: Gilbhard, Hermann: *Die Thule Gesellschaft*, S. 178.

nisation mit Einfluss auf die Arbeiterschaft. Mit dem bei der Reichsbahn beschäftigten Werkzeugschlosser Anton Drexler (1884-1926) ruft das *Thule*-Mitglied Karl Harrer im Oktober 1918 einen *Politischen Arbeiterzirkel* ins Leben. Im Januar 1919 gründet Drexler mit 25 weiteren Personen, vor allem Eisenbahnern aus der Reichsbahnhauptwerkstätte, die *Deutsche Arbeiterpartei (DAP)*. Sie bleibt formell unabhängig, ihre Kader stehen jedoch in engem Kontakt mit der *Thule-Gesellschaft*.[87] Die *DAP* hängt inhaltlich von der *Thule-Gesellschaft* ab und dient ihr als Plattform zur Verbreitung ihrer antibolschewistischen und antisemitischen Parolen.[88]

Im September 1919 wird Adolf Hitler als 55. Mitglied in die *DAP* aufgenommen. Es gelingt ihm, die Machtfrage in der *DAP* gegen Harrer und für sich auszufechten. In der Folgezeit ändert die *DAP* ihr Auftreten, distanziert sich von dem nach wie vor vorhandenen Flair des okkulten Männerbundes und wird zur straff organisierten Massenpartei. Anfang 1920 wird sie in *Nationalsozialistische Deutsche Arbeiterpartei (NSDAP)* umbenannt.

Die *Thule-Gesellschaft* ist damit eine wichtige Vorläuferorganisation der *NSDAP*. Gleichwohl stellt sie nur *eine* Wurzel der nationalsozialistischen Ideologie dar. Das Wesen des Faschismus kann keinesfalls aus esoterischen Gedanken heraus erklärt werden. Deutlich muss jedoch die Kompatibilität esoterischen Gedankenguts mit faschistischer Ideologie herausgearbeitet werden. An der Entstehungsgeschichte des Dritten Reiches kann sie nachvollzogen werden.

Die Nationalsozialisten versuchten sich weitgehend von ihren okkulten Wurzeln loszusagen. Im Laufe der 1930er Jahre wurden spiritistische

---

[87] Gilbhard, Hermann: *Die Thule Gesellschaft*, S. 148f.

[88] In den auf der Gründungsversammlung der *DAP* angenommenen Richtlinien heißt es, die *DAP* wolle „die Adelung des deutschen Arbeiters. (...) Zwischen Arbeiter und Proletariat soll ein scharfer Trennstrich gezogen werden. (...) Das Großkapital ist als Brot- und Arbeitgeber zu schützen, (...). Die *DAP* sieht in der Sozialisierung des deutschen Wirtschaftslebens einen Zusammenbruch der deutschen Volkswirtschaft. Darum darf es nicht Sozialisierung, sondern Gewinnbeteiligung für den deutschen Arbeiter heißen."
Franz-Willing, Georg: *Ursprung der Hitlerbewegung 1919-1922*, 2. Auflage, Preußisch Oldendorf 1974, S. 114, zit. in: Gilbhard, Hermann: *Die Thule Gesellschaft*, S. 150.

Tätigkeiten mehr und mehr verfolgt.[89] Okkulte Konkurrenz zur nationalsozialistischen Mythenbildung wurde ausgeschaltet. Sebottendorf fiel mit seinem Buch *Bevor Hitler kam* in Ungnade. Hitler wollte sein Image nicht vom Schatten seiner Vergangenheit in der mystischen *Thule-Gesellschaft* trüben lassen. Sebottendorf wurde 1933 des Landes verwiesen, das Buch verboten.

Heute existiert unter dem Namen *Thule-Netzwerk* im Internet ein Mailbox-Verbund für rechtsextreme Gruppierungen.

Wandervogelbewegung

Am Beispiel der bürgerlichen Jugendbewegung lässt sich exemplarisch nachvollziehen, wie kulturpessimistische, esoterische Gedanken zur praktischen Ausführung gelangten. Eine wichtige Ausdrucksform der bürgerlichen Jugendbewegung zu Beginn des 20. Jahrhunderts war die *Wandervogelbewegung*. Die bürgerliche Jugend lebte in materiellem Wohlstand, nahezu im Überfluss. Sie hatte Zeit und Geld, sich schöngeistigen Gedanken hinzugeben und diese auch praktisch auszuleben. Der radikale ökonomische Wandel Deutschlands wirkte sich jedoch auf die kleinbürgerlichen Schichten existenzbedrohend aus. Wo Kleinbetriebe der zunehmenden Monopolisierung der Produktion nicht mehr standhalten konnten, drohte ein Hinabsinken in die proletarischen Schichten. Die bürgerliche Jugend nahm diese Bedrohung wahr, sie griff technik- und zivilisationsfeindliches Gedankengut auf und wandte sich in Protest gegen die moderne Lebensweise. Jedoch nicht mit gezielter durchdachter Kritik, sondern in gefühlsbetonter diffuser Ablehnung. Sie führte keinen zielgerichteten Protest gegen ihre düsteren Zukunftsperspektiven in dem Moloch der stinkenden, elendsvollen Großstadt und gegen die krank machende Fabrikarbeit, die bei einem Abstieg in die Arbeiterschaft drohte. Die potentiell gesellschaftsverändernd wirkende Kritik wurde durch den irrational-kulturpessimistischen Einfluss in wirkungslose Bahnen gelenkt. Einer verstandesmäßigen Analyse ihrer Lage entzogen sich die Wandervögel und flüchteten ins gemeinschaftliche Gefühlserlebnis, in die geheimnisvoll wirkenden Kräfte der vor-industriellen Kultur. Da ihnen die Stadt als moralisch schlecht galt, zogen sie aufs Land. Die erste Gruppe von Berlin-

[89] 1937 wurden alle Freimaurer- und okkulten Gruppen von Heinrich Himmler, Reichsführer SS, aufgelöst.

Steglitzer Gymnasiasten, die 1901 mit der Zupfgeige durch Wälder und Wiesen wanderte, fand sich bald als ein Teil einer mehrere Zehntausend zählenden Gemeinschaft der bündischen freien Jugendbewegung wieder.

Wandervögel auf Schwedenfahrt

Das Erleben und Fühlen in der Gemeinschaft stand im Mittelpunkt. Mittelalterliche „volkstümliche" Lieder wurden wiederentdeckt. Musiziert wurde jedoch nicht um seiner selbst Willen, sondern um damit der „ursprünglichen" vorkapitalistischen Volksseele näherzukommen. Dementsprechend kleideten die Wandervögel sich; die bäuerlich-volkstümliche Bundhose wurde zu ihrem Markenzeichen. In der Ausgabe ihres Liederbuches *Zupfgeigenhansel* von 1908 gibt das Vorwort das Bestreben des Herausgebers an, „zu halten, was noch zu halten ist. Noch lebt das alte Volkslied, noch wandelt frisch und lebensfroh in unsrer Mitte, was unsere

Väter geliebt, geträumt und gelitten. Noch heute raunt die totgesprochene Freya aus dem Blütengewande der Haselin, und Tannhufers Klagelied tönt wie vor tausend Jahren aus Vrenelins Berg. Das Erbe ist groß und herrlich, aber die Erben können nichts mehr und wissen nicht, was sie besitzen."[90]

Die völkische und antisemitische Komponente des deutschen Irrationalismus schuf breite Begeisterung für den Einsatz fürs Vaterland im Ersten Weltkrieg. Vor Beginn des Ersten Weltkrieges (!) meldeten sich 80% der Ortsgruppen des *Wandervogels* „judenfrei".[91] Der Zulauf von Wandervögeln als freiwillige Kriegsteilnehmer war groß. Die wenigen Kriegsgegner wurden ausgeschlossen. Der antimilitaristische Kreis innerhalb der Wandervögel um Gustav Wyneken wurde nach dessen Rede gegen einen bevorstehenden Krieg auf dem historischen Treffen der bürgerlichen Jugendverbände auf dem Hohen Meißner 1913 zum Austritt aufgefordert.[92] In den Schützengräben des Ersten Weltkrieges hielt die deutsche Jugend ihre als Glücksbringer geschätzten Runen fest, und wie Thomas Mann kurz vor Kriegsende schrieb, „wird es irgend etwas auf sich haben, dass gegen Deutschland, gegen das Deutschland dieses Krieges von gegnerischer Seite der Vorwurf des Heidentums und der Odinsanbeterei geschleudert werden konnte".[93] Für viele Intellektuelle der Entente-Länder war der Erste Weltkrieg nicht nur eine „militärische, sondern eine geistige (...) Auseinandersetzung zwischen den 'Ideen von 1914' und den 'Ideen von 1789', zwischen 'Kultur' und 'Zivilisation', zwischen 'Ordnung' und 'Demokratie', zwischen Nietzsche und Rousseau, zwischen 'Germanien' und 'Rom'."[94]

Innerhalb der deutschen bürgerlichen Jugendbewegung hat der deutsche Irrationalismus zum ersten Mal praktisch gezeigt, dass er kann, was Jutta Ditfurth 1997 als seine Aufgabe definierte: die Umwandlung und

[90] Breuer, Hans: *Der Zupfgeigenhansel*, Leipzig 1913, Reprint der Ausgabe: VEB Friedrich Hofmeister Musikverlag, Leipzig 1982

[91] Vgl. Mosse, Rudolf: *Die völkische Revolution*, 1991, S. 190, S. 199, zit. in: Bierl, Peter: *Wurzelrassen, Erzengel und Volksgeister – Die Anthroposophie Rudolf Steiners und die Waldorfpädagogik*, Konkret Literatur Verlag, Hamburg 1999, S. 116.

[92] Laqueur, Walter Z.: *Die Deutsche Jugendbewegung*, S. 51.

[93] Mann, Thomas: *Betrachtungen eines Unpolitischen (1918)*, Gesammelte Werke in Einzelbänden, Fischer Verlag, Frankfurt/M. 1983, S. 45.

[94] Weißmann, Karlheinz: *Druiden, Goden, Weise Frauen*, Herder Verlag, Freiburg im Breisgau 1991, S. 50

„Anpassung gegenkultureller Bewegungen, die in Widerstand (...) ausarten könnten. Es geht nicht um Naturbewusstsein, (...) kosmische Paradigmenwechsel, sondern um Profit, Verblödung, (...) Anpassung und damit letztlich um ganz und gar nicht übersinnliche Herrschaftsstabilisierung.“[95]

Die Edellatscher (ein Gedicht von Erich Weinert) wurden vor 1933 in der proletarischen Jugend als Spottlied auf die Wandervögel gesungen.

Die Edellatscher

1. Der Frühling braust, wir ziehn fürbass, und zupfen unsre Geigen.
Wir hüpfen froh ins nasse Gras und tanzen unsre Reigen.
Die Klampfe klirrt auf Schritt und Tritt, die Kochgeschirre klappern mit.
Der Wald ist voll Akustik, wir sind so schrecklich lustig.

[95] Ditfurth, Jutta: *Feuer in die Herzen*, S. 292.

2. Und rasten wir am Waldesrand, dann schweigen unsre Klampfen,
dann lassen wir durchs stille Land die Hafergrütze dampfen.
Die Maggisuppe duftet weit in Wald- und Wieseneinsamkeit,
wie lustig schmort die Soße in der Konservendose.

3. Und ist die Grütze aufgekaut, dann wird in Blau und Rosa
das Seelenleben aufgebaut, teils lyrisch, teils in Prosa.
Die schnöde Welt, wir hassen sie, nur abgeklärte Poesie
ist unsre Seelenspeise, wir sind so schrecklich weise.

4. Wir fühlen uns nicht bürgerlich und auch nicht proletarisch.
Wir wandeln auf dem Himmelsstrich und leben literarisch.
Hoch in die Wolken flieht der Blick, wir ziehn uns aus der Welt zurück
und murmeln leis im Chore: Rabindranath Tagore[96].

5. Pfui, Klassenkampf, wie ordinär! Wir kennen nicht Tarife.
Der Reichtum kommt von innen her aus unsrer Seelentiefe.
Wer Nietzsche liest und Rüben kaut und sich von innen her beschaut,
was kümmern den die andern: Juhu, wir müssen wandern!

Die Weimarer Zeit

Im Ersten Weltkrieg bekommt der Grundsatz der Lebensphilosophie *„Leben" versus „Starrheit/Tod"* pragmatische Bedeutung: Deutschland als lebendige, aufstrebende Nation, der Krieg als Ausdruck des „vitalen" Lebens im Gegensatz zu Altem und Starrem. „Die wahre Wurzel alles Krieges besteht darin, dass allem Leben selbst (...) eine Tendenz zur Steigerung, zum Wachstum, zur Entfaltung (...) innewohnt (...) Alles Tote, Mechanische sucht sich nur zu 'erhalten' (...) während Leben wächst oder

96 Rabindranath Thakur (Tagore), indischer romantischer Dichter, Schriftsteller, Philosoph, erster Literaturnobelpreisträger aus Asien, besuchte in den 1920er Jahren mehrmals Deutschland und erhielt von bürgerlichen Kreisen ähnlichen Zuspruch wie heute der Dalai Lama. In Rabindranath Thakur, der einer der reichsten indischen Familien entstammte, wurde der volksnahe Sozialreformer bewundert, der traditionelle altindische, religiöse Philosophie mit westlichen Konzepten verknüpfte. Tagore schrieb seine Gedichte und Lieder in bengalischer Muttersprache, setzte sich für ein von Kolonialherrschaft und Kastenwesen befreites Indien ein und gründete eine nach reformpädagogischen Vorstellungen geführte Schule, die eine naturbezogene „schöpferische Pädagogik vom Kinde aus" beabsichtigte. Beliebt waren im damaligen Deutschland seine gefühls- und liebesbetonten, religiös-philosophischen romantischen Gedichte.

niedergeht."[97] Der Krieg als gesetzlicher, unvermeidbarer natürlich-organischer Vorgang – mit dieser Erklärung wird jede ökonomische Analyse und antikriegerische Haltung diskreditiert.

Noch während der Schlachten war der Glaube an die unbeschränkten Möglichkeiten der Technik ungebrochen. „Erst nach der Niederlage kam das grauenvolle Bild dieses ersten Krieges der 'höheren Form des Tötens', der hochtechnisierten Massenvernichtung der breiten Öffentlichkeit nach und nach zu Bewusstsein. Nie zuvor hatten die vom Kapitalismus entfesselten gewaltigen Produktivkräfte so unverhüllt ihr Gesicht als mörderische Destruktivkräfte offenbart, nie zuvor hatte der Imperialismus so offen seine barbarische Fratze gezeigt."[98] Die latent antikapitalistische Stimmung, die Technikfeindlichkeit der irrationalen Bewegungen fanden nahrhaften Boden. Der Fortschritt sei es, der die Gesellschaft entmensche, entseele, der die alten idyllischen Verhältnisse zerstöre. Das wissenschaftliche Denken sei „kalt", „egoistisch" und führe in die Katastrophe. Dem logisch-analytischen Denken und speziell dem Materialismus wurde die Verursachung des Krieges angelastet.

Als Ergebnis des Ersten Weltkrieges verstärkten sich die Kämpfe der Weltanschauungen. Der Sieg des Sozialismus in Russland bestärkte die materialistische Weltanschauung in allen Teilen der Welt. Der Irrationalismus, erklärter Gegner des historisch-dialektischen Materialismus, geriet in eine zunehmend bedrängte Lage. Die Bekämpfung der Wissenschaftlichkeit erstreckte sich auf alle Einzeldisziplinen, gleichzeitig nahm der Dilettantismus in Denk- und Darstellungsweise der Irrationalisten zu. Das Niveau der geisteswissenschaftlichen Auseinandersetzungen sank merkbar ab.[99]

Lebensreformbewegung

Der Zeitgeist um die Wende zum 20. Jahrhundert wurde mitgeprägt von den Vorstellungen der lebensreformerischen Bewegung. Rückbesinnung auf Natürlichkeit wurde zum Lebensstil. Das Vegetariertum erlangte eine Blüte, Körper- und Gesundheitskulte fanden viele Anhänger.

---

97 Scheler, Max: *Der Genius des Krieges und der deutsche Krieg*, Leipzig 1915, S. 42, zit. in: Lukács, Georg: *Die Zerstörung der Vernunft*, S. 402.

98 Scheinost, Peter: *Überlegungen zu Herkunft und Bedeutung der Irrationalismus-Epidemie*, in: *Streitbarer Materialismus 12* (1992), S. 107.

99 Vgl. Lukács, Georg: *Die Zerstörung der Vernunft*, S. 402f.

In den Jugendstilbildern Hugo Höppeners, genannt „Fidus“, drückt sich das Ideal dieser Zeit aus: Sinnlichkeit in Verbindung mit Übersinnlichem; ans Licht dringende, traumhafte, nackte Naturgestalten; frühlingshafte, organisch-fließende Formen; Lebenspathos in Form des Schönen, Edlen und Reinen. Zur Befreiung aus der Bürgerlichkeit, Prüderie, Muffigkeit gehörte die „Verherrlichung des Nackten, aus der sich eine zum Religiösen und Rassenhygienischen tendierende Freikörperkulturbewegung entwickelte. Wohin man auch blickt, begegnet man um 1900 hymnischen Gesängen auf das Gesunde, Kraftstrotzende und vitalistisch Begeisternde des nackten Lebens. Dabei ging man so weit, den Zustand des Entkleidetseins als eine Aufhebung aller historischen und gesellschaftlichen Bedingungen aufzufassen und sich von dieser Rückbindung des Menschen an das 'Ursprüngliche' eine Umwandlung des gesamten staatlichen Gefüges zu versprechen.“[100] Die Vorstellung des Tanzes als natürlich-kosmische Bewegung, frei von reglementierenden gesellschaftlichen Vorschriften wurde unter dem Namen Eurythmie in die Steinersche Lehre aufgenommen.[101] In idealistischer Manier wurde verkannt, dass neue Lebensstile noch nie zu politischen Umbrüchen geführt haben.[102]

Während der Weimarer Republik setzten sich die unterschiedlichsten Strömungen irrational-esoterischen Gedankenguts fort. Neben der exemplarisch beschriebenen *Thule-Gesellschaft* bestanden mehr als hundert weitere okkulte Geheimzirkel. Die aus dem *Wandervogel* (der hier beispielhaft für Tendenzen innerhalb der gesamten bürgerlichen und bündischen Jugendbewegung skizziert wurde) hervorgegangene Jugendmusikbewegung sah in der Musik die Möglichkeit zur Volksgemeinschaftswerdung, ihre Führer richteten die Gedanken der Jugend auf die zu erobernden Ostgebiete. Für die dort organisierte Jugend wurde die Bewegung zu einem haltlosen Übergang in die Hitlerjugend.

---

100 Hermand, Jost: *Der Schein des schönen Lebens. Studien zur Jahrhundertwende*, Athenäum, Frankfurt/M. 1972, S. 79f.

101 Der Tanz als intuitiver kultischer Gottesdienst, wie ihn Isadora Duncan, „Professorin für Eurythmie“, 1903 praktizierte. Vgl. Hamann, Richard / Hermand, Jost: *Stilkunst um 1900*, Nymphenburger Verlagshandlung, München 1973, S. 161.

102 Diese Kritik kann auch auf die Hippie-Bewegung von 1960-70 angewandt werden, die eine Vielzahl von Parallelen mit der Lebensreformbewegung aufweist.

In den 1920er Jahren wandelten verschiedenste Gurus, fernöstliche Heilsbringer und Sekten durch die Straßen. Die *Inflationsheiligen*, langhaarige, in wehenden Gewänder gekleidete Männer, verkündeten in der Inflationszeit ihre Heilsbotschaft. „Riesenstark ist der sonnige Mensch. Lächelnd überwindet er alle Hindernisse – Gott ist mit ihm. Was kümmern ihn da die wirtschaftlichen Verhältnisse – Krise, Arbeitslosigkeit, Massenarmut, Ausbeutung? Er kann mit fröhlichen Augen fasten – ist kräftig und willig zu jeder Arbeit, wenn sie ihm notwendig erscheint – weiß unter freiem Himmel zu nächtigen. Er bedarf zu seinem Aufstieg guter Zeiten materiellen Wohlergehens nicht."[103]

Hugo Höppener (rechts im Bild) mit seinem Lehrer, dem Maler und Lebensreformer Karl Wilhelm Diefenbach (1851-1913). Diefenbachs Bilder waren belebt von knabenhaft anmutigen Gestalten, in harmonischem Einssein mit der Natur. In seiner alternativen Lebensgemeinschaft in Höllriegelskreuth bei München versuchte er, seine lebensreformerischen Ideen – Nacktheit, Naturverbundenheit, Vegetariertum, freie Lebensgemeinschaft ohne bürgerlichen Trauschein, Besitzlosigkeit – in die Tat umzusetzen.

Die 1863 von Bachofen aufgestellte Theorie einer vorpatriarchalen gesellschaftlichen Ordnung nach weiblicher Abstammungslinie wurde in der Wiemarer Republik breit rezipiert. Auch Guido List hatte in seinen visionären Germanen-Vorstellungen der germanischen Frau eine bevorzugte Stellung eingeräumt. Ihr sei hohe Achtung entgegengebracht worden, was sich beispielsweise durch die Anbetung weiblicher Gottheiten ausgedrückt habe. Nach List sei altes germanisches Geheimwissen nach der gewaltsamen Christianisierung der Heiden durch weibliche Priesterinnen, im Mit-

103 Zimmermann, Werner: *Lichtwärts. Ein Buch erlösender Erziehung*, Bergverlag, Bern 1922, S. 110. (Zimmermann wurde von Fidus hoch verehrt.)

telalter durch die „Hexen“ weitergegeben worden. Ein regelrechtes Matriarchats-Fieber brach aus, einige völkische Gruppierungen erhoben das Mutterrecht zu einer heidnisch-germanischen Besonderheit und beschuldigten die jüdisch-christliche Kultur, die westliche Zivilisation, dem Patriarchat Vorschub geleistet zu haben.

Von esoterischen Ideen durchdrungene Kommune-Siedler suchten in inniger Verbundenheit von „Geist- und Schollenarbeit“ zu lichten, freien Individuen zu werden, zu idealistischen Geistmenschen, die „aus Luft und Äther, aus Wasser und Erde tausendfältige Nahrung (...) ziehen“.[104] Gustav Landauer, Erich Mühsam und andere suchten die Befreiung des Individuums in Landkommunen humanistischer, anarcho-sozialer Tradition.

In „Freilandkolonien“ der Siedlungsbewegung, wie dem *Garten Eden* in Oranienburg bei Berlin, wurde das Zurück zum asketisch-bäuerlichen

Sonnenwanderer (1908)

[104] Neue Gemeinschaft 2 (1901/02), S. 7, zit. in: Hermand, Jost: *Der Schein des schönen Lebens*, S. 75.

Leben in Subsistenzwirtschaft als rettendes Prinzip für die krank machende Industriegesellschaft gesehen. In diesen „Pflegestätten deutscher Wesensart“, in denen der Boden nach „altem germanischem Recht“ geteilt würde, sollte zu einer „naturgemäßen Lebensweise“ gefunden werden. Einher gingen damit Bestrebungen zur Ernährungsreform, zum Vegetarismus, zu Abstinenzlertum, Leibeserziehung, Freikörperkultur und dem Besinnen auf das „Selbst“. Erst sollte der neue Mensch geschaffen werden, dann eine neue Gesellschaft, die sich aus naivem Antikapitalismus speiste. Sich selbst sahen die „Lebensreformer zumeist [als] Feinde des Kapitalismus“, in deren Augen der „moderne Krämergeist (...) eine der verwerflichsten Erscheinungen“ war. „Geschäfte machen, (...) an dem, was andere Leute schufen, Geld zu verdienen“,[105] d.h. Kapitalakkumulation, sollte,

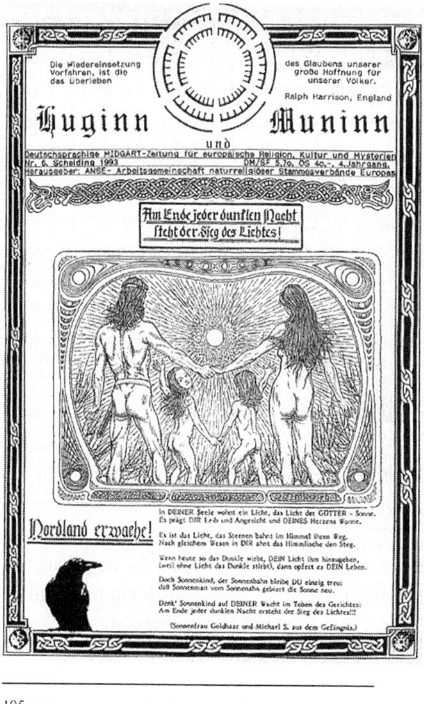

Vorhergehende Seite: Die Sonnenwanderer *von Fidus, 1908.*
Links: Verwendung der Sonnenwanderer *auf der Titelseite der Zeitung* Huginn und Muninn, *dem Organ der* Arbeitsgemeinschaft naturreligiöser Stammesverbände Europas *(*ANSE*), 1993*

105 Hammer, Walter: *Lebensreform und Politik.* Verlag Lebensreform, Schöneberg-Berlin 1910, S. 18f., zit. in: Frecot, Janos / Geist, Johann Friedrich / Kerbs, Diethart: *Fidus 1868-1948. Zur ästhetischen Praxis bürgerlicher Fluchtbewegungen*, Rogner & Bernhard bei Zweitausendeins, Hamburg 1997, S. 56 (Erstausgabe 1972)

wie Silvio Gesell (1862-1930)[106] es auch in seiner Freiwirtschaftslehre forderte, abgeschafft werden.

Silvio Gesell, der der Bewegung ihr sozioökonomisches Programm schuf, wollte die „gute Marktwirtschaft“ von dem „bösen hortenden Kapital“ befreien und die „Zinsknechtschaft des Finanzkapitals“ brechen. Auch die irrige Unterscheidung zwischen „raffendem“ und „schaffendem“ Kapital entstammt Gesells Theorien. Um Kapitalansammlungen zu verhindern und einen „stockungslosen, fließenden“ Geldumlauf im „gesellschaftlichen Organismus“ sicherzustellen, empfahl Gesell, „rostende Banknoten“ einzuführen. Die Währung sollte an Wert verlieren, wenn sie nicht unverzüglich in Investitionen angelegt und in den Tauschprozess einbezogen würde. Eine Art Verfallsdatum würde für eine kontinuierliche Abwertung des Geldes sorgen, so dass niemand mehr von Zinsen leben könne.[107]

Die in den 1920er Jahren rund 15.000 Anhänger zählende Lehre Gesells wurde auch von dem frühen wirtschaftpolitischen Sprecher der NSDAP, Gottfried Feder, aufgenommen. Er schrieb 1920 die Formulierung „Brechung der Zinsknechtschaft“ in das Programm der NSDAP (Punkt 11 des Parteiprogrammes). Nach der Machtübernahme der Faschisten wurde Feder jedoch rasch aus den leitenden Reihen genommen, da seine wirtschaftlichen Vorstellungen unter dem Druck der Industrie als unrealisierbar erkannt wurden.

---

[106] Hauptwerk: *Die natürliche Wirtschaftsordnung durch Freiland und Freigeld (NWO)* (1916)

[107] Gesells Lehre des Verbots der Anhäufung großer Kapitalsummen findet heute in links-alternativen, anarchistischen Kreisen wieder regen Anklang. Die in den 1990er Jahren stark verbreiteten Tauschringe z.B. haben personelle Verknüpfungen mit wichtigen Vertretern der *Freiwirtschaftslehre*. In den Tauschringen werden im lokal beschränkten Rahmen einfache Dienstleistungen unter den Mitgliedern getauscht (z.B. Rasenmähen gegen Haare schneiden).
Die 1950 nach den Ideen Gesells gegründete *Freisoziale Union – Demokratische Mitte* (*FSU*) trägt extrem völkisch-nationalistische, rechts-ökologische Züge (so sprach sie z.B. in ihrem Parteiprogramm bis 1999 von der DDR als „Mitteldeutschland“). Obwohl die *FSU* offiziell nicht als verfassungsschutzrelevante Organisation eingestuft ist, darf sie nach einem Urteil des Oberlandesgerichtes Frankfurt/M. vom 11. Mai 1995 als „rechtsextremistisch“ bezeichnet werden.

In dem 1924 mit 2000 Mitgliedern gegründeten *Bund der Artamanen* versuchten Anhänger der Lebensreformbewegung, die Landwirtschaft auf ihre arischen Ursprünge zurückzuführen. Der Bund propagierte einen freiwilligen Arbeitsdienst in der Landwirtschaft zur Ostlandbesiedlung. Aktivisten der *Artamanen* waren neben Richard Walter Darré, später Agrarminister Nazi-Deutschlands, auch Heinrich Himmler, später Reichsführer SS, und Rudolf Höß, von 1940-43 Kommandant des Konzentrations- und Vernichtungslagers Auschwitz.

Mit dem Blick in den Dschungel präfaschistischer Ideologiekomplexe um 1900 wird zugleich das prinzipiell Regressive aller solcher Mythologisierungsversuche entlarvt, die auf dem Gedanken der Wiedergeburt uralter Volks- oder Lebenssubstanzen beruhen. „Einmal der Vernunft beraubt, öffnen sie unter ihren Anhängern schließlich den Glauben an jede noch so abstruse Heilsbotschaft, *dem sich nur allzu leicht ein passender 'Retter' und 'Führer' in das Neue Zeitalter präsentieren lässt* – wie die weitere Geschichte des Weimarer Deutschland nur zu deutlich zeigte."[108]

„Der Untergang des Abendlandes"

Der verlorene Erste Weltkrieg, die ökonomische und politische Dauerkrise der Weimarer Republik, Existenzangst und Perspektivlosigkeit schufen im Deutschland der 1920er Jahre eine Mischung aus Endzeitstimmung und Hoffnung auf einen rettendes Wunder.

In dieser Zeit erschien eines der in der Weimarer Republik meistgelesenen Bücher: Oswald Spenglers *Untergang des Abendlandes.*[109] Dieses „Machwerk dritter Ordnung" „kursierte in den ersten acht Nachkriegsjahren in einer Auflage von nicht weniger als 100.000 Exemplaren in einem Deutschland mit kaum dreimal so hoher Zahl von Hochschulabsolventen".[110]

Spengler knüpft an der Abwertung des Geistes an. Wissenschaft und Zivilisation müssen in seiner Prophezeiung weichen und einer neuen Spiritualität und Innerlichkeit Platz machen: „Die Tyrannei des Verstandes,

---

[108] Scheinost, Peter: *Überlegungen zu Herkunft und Bedeutung der Irrationalismus-Epidemie*, in: *Streitbarer Materialismus 12* (1992), S. 117.

[109] Spengler, Oswald: *Der Untergang des Abendlandes*, Deutscher Bücherbund, Stuttgart-Hamburg-München, o.J. (Erstausgabe 1919)

[110] Scheinost, Peter: *Überlegungen zu Herkunft und Bedeutung der Irrationalismus-Epidemie*, in: *Streitbarer Materialismus 12* (1992), S. 106.

die wir nicht empfinden, weil wir selbst ihren Gipfel darstellen, ist in jeder Kultur Epoche zwischen Mann und Greis. Ihr deutlichster Ausdruck ist der Kultus der exakten Wissenschaft, der Dialektik, des Beweises, der Erfahrung, der Kausalität. (...) Ich sage es voraus: Noch in diesem Jahrhundert (...) wird ein neuer Zug von Innerlichkeit den Willen zum Siege der Wissenschaft überwinden. (...) Aber zweihundert Jahre Orgien der Wissenschaftlichkeit – dann hat man es satt. Nicht der Einzelne, die Seele der Kultur hat es satt."[111]

Im *Untergang des Abendlandes* hebt Spengler die standardisierte Periodisierung der Menschheitsgeschichte nach Altertum, Mittelalter und Neuzeit, mit den dazugehörigen ökonomischen Formationen Sklaverei, Feudalismus und Lohnarbeit auf.[112] Er zielt damit gegen die Erkennbarkeit eines gesetzmäßig ablaufenden gesellschaftlich-geschichtlichen Fortschritts. Die Entwicklung der Menschheit überhaupt wird geleugnet.[113]

Spengler beschreibt die Menschheitsgeschichte als das Nacheinander von qualitativ verschiedenen Kulturen. Kulturen seien „Urphänomene", autarke, lebendige Organismen. Sie durchliefen quasi menschliche Lebenszyklen. „Jede Kultur durchläuft die Altersstufen des einzelnen Menschen. Jede hat ihre Kindheit, ihre Jugend, ihre Männlichkeit und ihr Greisentum." *Kultur* setzt er in Gegensatz zu *Zivilisation*. Unter *Zivilisation* subsumiert er alles in seinen Augen „Schlechte an der kapitalistischen Gesellschaft", vor allem die westliche Demokratie. Die „autochthone, organische, echt deutsche *Kultur*" steht als Lebens- und Heilsbringerin dagegen. „Jede Kultur hat ihre *eigene* Zivilisation."

Kultur und Zivilisation stehen in „*organischem Nacheinander*". „Zivilisation ist das unausweichliche *Schicksal* einer Kultur. Hier ist der Gipfel erreicht. (...) Zivilisationen sind die *äußersten* und *künstlichsten* Zustände, deren eine höhere Art von Mensch fähig ist. Sie sind ein Abschluss; sie folgen dem Werden als das Gewordene, dem Leben als der Tod, der Entwicklung als die Starrheit, dem Lande und der seelischen Kindheit (...) als das geistige Greisentum und die steinerne, versteinernde Weltstadt. Sie

---

111 Spengler, Oswald: *Der Untergang des Abendlandes*, S. 547f.

112 H. St. Chamberlain tritt im Namen der Rassetheorie in ähnlicher Weise gegen diese Einteilung auf (vgl. Lukács, Georg: *Die Zerstörung der Vernunft*, S. 408).

113 Vgl. Lukács, Georg: *Die Zerstörung der Vernunft*, S. 409.

sind ein *Ende*, unwiderruflich, aber sie sind mit Sicherheit immer wieder erreicht worden."[114]

Die deutsche Kultur schreite augenblicklich unaufhaltsam vom Mannes- ins Greisenalter, die katastrophale Entwicklung sei nicht abwendbar. Spengler greift die Perspektivlosigkeit der Weimarer Zeit in dieser Weltuntergangsstimmung auf.

In der naturgesetzlichen Entwicklung durchläuft nach Spengler jede Kultur auch ihren eigenen Sozialismus. Den deutschen Sozialismus glaubt er, im Preußentum zu erkennen. Der Feind des preußischen Sozialismus seien „die Engländer", die er als zweiten großen Typus in der Entwicklung der menschlichen Zivilisation beschreibt. Siegen wird laut Spengler der preußische Sozialismus.[115]

Auf diese Vorarbeit konnten die deutschen Faschisten aufbauen, als sie sich die Entleerung und Verkehrung des Begriffes zunutze machten und ihre Bewegung *nationalsozialistisch* nannten. „Man unterschätzt diese Geschichtsmythen, wenn man sie einfach als alternative theoretische Ansätze der Histographie betrachtet – sie sind und wollen ja gerade nicht intellektuelle, wissenschaftliche Konzepte sein. Ihre wahre Bedeutung liegt in der Zerstörung jedes rationalen, gesellschafts-analysierenden Ansatzes und seiner Ersetzung durch den Glauben an einen Mythos."[116]

---

[114] Spengler, Oswald: *Der Untergang des Abendlandes*, S. 43.

[115] Auf diese Weise wird, so Spengler, die wahre Sozialistische Internationale entstehen: „Eine echte Internationale ist nur durch den Sieg der Idee einer Rasse über alle anderen möglich. (...) Die echte Internationale ist Imperialismus." Spengler, Oswald: *Preußentum und Sozialismus*, 74. Tausend, München 1925, S. 83, zit. in: Lukács, Georg: *Die Zerstörung der Vernunft*, S. 414.

[116] Scheinost, Peter: *Überlegungen zu Herkunft und Bedeutung der Irrationalismus-Epidemie*, in: *Streitbarer Materialismus 12* (1992), S. 116f.

4. Götterdämmerung

„Kurz: unmittelbar gesehen ist der okkulte Spuk gewiss nur Fascisierung des Bürgertums, Übergang seines unbrauchbar gewordenen Liberalismus ins autoritäre und irrationale Lager."

Ernst Bloch[117]

Drittes Reich: Der Mythos des 20. Jahrhunderts

Die ungeheure Vielfalt mythologisch-esoterischer Tendenzen in der Geistesgeschichte der frühen Moderne findet ihren Höhepunkt in dem alle Bereiche des menschlichen Daseins, sowohl des Individuums als auch der Gesellschaft, abhandelnden Werk *Mythus des 20. Jahrhunderts*. Dessen Verfasser Alfred Rosenberg gilt – neben und in Konkurrenz zum *SS-Ahnenerbe* – als der wichtigste Ideologe des Dritten Reiches. Im *Mythus des 20. Jahrhunderts* wurden dem Nationalsozialismus dienliche Mythen kanonisiert und damit zugleich widersprüchliche oder konkurrierende esoterisch-irrationale Vorstellungen ausgegrenzt. Der *Mythus des 20. Jahrhunderts* kann als Verbreitungsmedium der offiziellen Nazi-Ideologie betrachtet werden. Neben Hitlers *Mein Kampf* erhielt jede deutsche kinderreiche Familie auch dieses Buch. Es wurde bei der Geburt des dritten Kindes als Anerkennung für den erfüllten Auftrag des Staates, ihm möglichst viele Kinder zu schenken, überreicht. Rosenberg selbst war u.a. Chefredakteur des *Völkischen Beobachter* und ab 1934 „Beauftragter des Führers für die Überwachung der gesamten geistigen und weltanschaulichen Schulung und Erziehung der NSDAP".

Bei Rosenberg finden sich sowohl die Vordenker der völkisch-organischen Denkweise wie Fichte, Lagarde, Chamberlain, der Lebensphilosoph Klages und sein Vorläufer Nietzsche oder der nationalistische preußische Staatsreformer Freiherr von Stein wieder, wie auch der spätere Lieblings-

---

[117] Bloch, Ernst: *Erbschaft dieser Zeit*, Suhrkamp Verlag, Frankfurt/M. 1973 (Erstausgabe: Zürich 1935), S. 189.

komponist Hitlers Richard Wagner, dessen Opern den Germanenkult zur hohen Kunst erhoben. Die vitalistisch-lebensphilosophische Kategorie *Leben versus Tod* wendete Rosenberg in *Germanen gegen Juden, schaffendes gegen raffendes Kapital.*[118]

In der 1935 von Hermann Wirth, Richard Walther Darré sowie Heinrich Himmler gegründeten *Forschungsstätte Ahnenerbe* bildete sich die neben Rosenberg wichtigste Ideologieschmiede des faschistischen Reiches. In mehr als 40 Unterabteilungen sollten germanische Frühgeschichte und deutsche Volkskunde erforscht werden, wobei sehr bald auch kriegsunterstützende naturwissenschaftliche Forschung betrieben wurde (wie beispielsweise durch Beteiligung an kriegsmedizinischen Menschenversuchen der Ärzte Sigmund Rascher und August Hirt in den Konzentrationslagern Dachau und Natzweiler).

Die historische Existenz von *Thule*, ein seit der Jahrhundertwende gesponnener Mythos über eine frühzeitliche nordische Urkultur, wurde im SS-Ahnenerbe zu beweisen versucht. Wie Lanz hielt auch Sebottendorf die riesigen Bauten der Megalithzeit[119] (wie das in England liegende Stonehenge) für Reste einer hochkultivierten, die späteren Griechen in Kunst und astronomischem Wissen weit überragenden, indo-germanischen Urkultur. Studienfahrten des *SS-Ahnenerbe* nach Island sollten Genaueres über die angenommene Kultur ans Licht befördern. Jedoch scheiterten diese Versuche genauso wie alle übrigen Bemühungen, die mittels historischer und archäologischer Forschung die Existenz einer traditionsreichen arischen Geschichte zu beweisen suchten. Untersuchungen an den – als altgermanische, heidnische Kultstätte dargestellten – Externsteinen im Teutoburger Wald erbrachten keinerlei Belege für eine prähistorische

---

[118] Der Teil des Kapitals, der produktiv investiert wird, sei das schaffende, der Teil, der auf der Bank liegt und zu Spekulationen und Leihgaben verwendet wird, sei das parasitäre, zerstörerische raffende Kapital. Diese fiktive Unterscheidung diente zur Verschleierung des Wesens der kapitalistischen Logik. Die Unterscheidung wurde in der antisemitischen Propaganda verwendet, um ein jüdisches Finanzkapital zu konstruieren, das die deutsche Wirtschaft ausbeuten und schädigen würde.

[119] Die Megalithkultur datiert auf etwa 3000 bis 5000 Jahre v.u.Z. Sie war von Westeuropa über das Mittelmeer bis nach Indien, Ostasien und die Südsee verbreitet. Benannt wurde sie nach „Megalith-Bauten“ (griech.: großer Stein): großen, in Reihen oder Kreisen aufgestellten Steindenkmälern, die als Gräber oder Kultstätten dienten.

Bedeutung dieser Stätte. Auch das Bemühen um den Nachweis einer nordischen „Lichtreligion" blieb erfolglos. Nach Wirth sei die Anbetung eines Sonnengottes zentrales Element einer einstigen nordischen Urkultur gewesen. Er behauptete, die germanischen Kultfeste, die bei Geburt, Tod und

Fidus, Lichtgebet. *Das* Lichtgebet *erschien zwischen 1890 und 1938 in insgesamt elf verschiedenen Fassungen.*

der Wiederauferstehung des Sonnengottes nach einer 35-tägigen Polarnacht am 21. Dezember zelebriert worden seien, wirkten bis in die jüngste Zeit im Volksbrauchtum nach. So beruhten das Weihnachts- und das Osterfest auf germanischen Festbräuchen und müssten vom deutschen Volk in ihrer ursprünglichen, nicht-christlichen Bedeutung wiederentdeckt werden. Die Kerzen am geschmückten Christbaum symbolisierten ursprünglich das heidnische Freudenfeuer zu Geburt des neuen Lichtjahres, der Tannenbaum versinnbildliche die Weltesche *Yggdrasil* der nordischen *Edda*-Sage. Sich selbst nannten die Nationalsozialisten „Kinder des Lichtes". Inszenierungen wie auf dem Nürnberger Reichsparteitag 1936, bei dem aus zahllosen Scheinwerfern Säulen aus Licht einen „Lichtdom" in den Himmel zeichneten und mit gigantischen Fackelzügen eine ekstatische, mystisch-weihevolle Stimmung erzeugt wurde, untermalten diese Ideologie. An Heldengedenkplätzen loderten „ewige Flammen". Die Hitlerjugend führte „Reichssonnwendfeiern" durch, im Lodern der Flammen sollte die Erhabenheit und Kraft der Ahnen gefühlt werden. „In das Dunkel der Welt trugen die Arier das Licht. / Vom Norden her kam der große Glanz ... / Ewiger und älter als Rom, ewiger und älter ist Deutschland."[120] So wurde auf Sonnwendfeiern der arische Mythos beschworen. Auch die doppelte Sig-Rune, die an der schwarzen, vom *Bund der Artamanen* übernommenen, Uniform der SS blinkte, sollte eine Flamme versinnbildlichen.

Wie dem Thule-Mythos wurde im *SS-Ahnenerbe* auch dem Glauben an Atlantis als prähistorische Urheimat der Arier nachgegangen. Im Nordatlantik sollte einst eine Insel die atlantisch-arische Urrasse beheimatet haben. Nach dem Versinken des Inselreiches im Meer hätten die Atlantier auf der ganzen Welt Kolonien gebildet und ihre hohe Kultur weitergegeben. Auf der Suche nach Spuren für diese Annahme, die auch in der altisländischen *Edda* angedeutet sei, unternahm das *SS-Ahnenerbe* weltweite Forschungsreisen. Der zum persönlichen Stab Himmlers gehörende Edmund Kiß behauptete, in der 6.000 Jahre alten Tempelstadt *Tiahuanacos* in den bolivianischen Anden Überreste des atlantischen Baustils entdeckt zu haben. Er datierte das Alter der Ruinen auf 14.000 Jahre und deutete sie als Außenposten des einstigen atlantischen Weltreiches. Auch in Asien wurde nach Vermächtnissen der einstigen arischen Rasse gesucht. Forschungsreisen der SS nach Tibet waren der – in esoterischen

[120] Bundesarchiv Berlin, NS 19/2240, zit. in: Sünner, Rüdiger: *Schwarze Sonne. Entfesselung und Missbrauch der Mythen in Nationalsozialismus und rechter Esoterik*, Herder, Freiburg im Breisgau 1999, S. 82.

Kreisen kolportierten – Legende von einem unterirdischen Reich *Agarthi* auf der Spur. Dort hätten vor 60.000 Jahren Flüchtlinge großer versunkener Kontinente Zuflucht gefunden und ihr Wissen bewahrt.

Eng verknüpft damit war die „Welteislehre" Hans Hörbigers, die von Himmler unterstützt und von seinem skurrilen spirituellen Berater Karl Maria Wiligut, genannt Weisthor, geteilt wurde. Danach habe die Menschheit – wie in der theosophischen und anthroposophischen Wurzelrassenlehre beschrieben – verschiedene Stadien durchschritten, in deren Verlauf sie sich von ätherischen Geistwesen in die materielle körperliche Form gewandelt habe. In der Urzeit sei ein „Eisgigant" auf eine „Riesen-Sternmutter" gestoßen, bei der darauffolgenden Explosion sei das Weltall entstanden. Mehrere Mondstürze hätten die Erde heimgesucht, auch die Menschen seien direkt vom Mond gekommen und hätten hier die Atlantis-Kultur begründet, von der steinerne Reste in Tibet, Peru und auf den Osterinseln zeugten.[121] Unter dem Eindruck der Schriften Otto Rahns wurde auch die Suche nach dem angeblich verborgenen Schatz des *Heiligen Gral* fortgesetzt. Laut der Grals-Sage hätten die Katharer bei ihrer Verfolgung durch die römisch-christliche Kirche in der in Südfrankreich gelegenen Burgruine Montségur alte, ewiggültige Geheimnisse zum Kampf des lichtvollen Guten gegen das dunkle, alttestamentarisch-jüdische Böse aufbewahrt.

Deutsche Seelentiefe

In Bildern wie Arnold Böcklins *Toteninsel* erblickten die Nationalsozialisten ihre verlorene „nordische Seelenheimat". Wie eine bildnerische Umsetzung kulturpessimistischen Lebensgefühls bringt das Gemälde mystisch-melancholische Seelentiefe, den Abgesang abendländischer Zivilisation zum Ausdruck. Der junge Maler Hitler fertigte Kopien dieses beliebten Motives an; während des Ersten Weltkrieges zirkulierte das sehnsuchtsvolle Bild auf Postkarten zwischen Soldaten an der Front und den Zuhausegebliebenen.[122] Ein Kunstdruck der *Toteninsel* zierte während dieser Zeit schätzungsweise jede zehnte gute deutsche Stube. Erst Fidus'

[121] Sünner, Rüdiger: *Schwarze Sonne. Entfesselung und Missbrauch der Mythen in Nationalsozialismus und rechter Esoterik*, S. 45ff.

[122] Zelger, Franz: *Arnold Böcklin: Die Toteninsel. Selbstheroisierung und Abgesang der abendländischen Kultur*, Fischer, Frankfurt/M. 1991, S. 57f.

Lichtgebet erlangte eine ähnliche Beliebtheit und löste die *Toteninsel* in ihrer breiten Rezeption ab.

Arnold Böcklin, Die Toteninsel, *1883*

Der lichtanbetende, nackte, blonde – in späteren Fassungen immer androgyner wirkende – Jüngling, wird eins mit dem Kosmos in seiner völligen Hingabe an das allumfassende Licht. Das religiös anmutende Gemälde birgt ebenso Sehnsucht, jedoch anders als in Böcklins Begräbnisstimmung ist dort die Hoffnung auf Erlösung, einen neuen Aufbruch, greifbar nahe. Mit dem nächsten Schritt auf der Felsklippe droht der Absturz in den Tod, jedoch wirkt der mit offenen Armen im stürmischen Wind stehende Mensch wie eine auf mystische Wiedergeburt in einer höheren kosmischen Ebene wartende Gestalt, die ein erfüllendes, ergebenes Einssein mit der allumfassenden göttlichen Natur erlebt.

Fidus' Motive wenden sich immer stärker ins Heldenhaft-Mystizistische: Der mit seiner Scholle und Art verbundene germanische Deutsche, der tatkräftig, kraftvoll, mutig, stolz, ruhig und pflichtbewusst seine Familie schützt und zu Höherem strebt. Die Frau stellt Fidus als empfangende, erdverbundene Gebärerin dar, zu Füßen des zu den Sternen strebenden Mannes. Gleichzeitig ist sie beschützende All-Mutter, die dem kämpfenden germanischen Ritter treu zur Seite steht. Fidus' architektonische Gebäudeentwürfe, religiöse Dome, wirken wie Baupläne für nationalsozialistische Ruhmeshallen wie etwa die Kulthallen der Wewelsburg.

Hitler in der Reichskanzlei in Berlin am 12. November 1940 beim Staatsempfang mit dem sowjetischen Außenminister Molotow, im Hintergrund die Toteninsel.

Himmler, der sich selbst für die Reinkarnation König Heinrichs I. hielt, wollte die SS als reinrassige Elite der NS-Bewegung schaffen, aus der sich ein „Neuadel" des Reiches herausbilden sollte. Er bezeichnete die SS als

„Nordischen Ritterorden“, gestaltet nach fester Sippenordnung, basierend auf blutsbrüderlicher Verwandtschaft. Eigene Schulungsstätten entstanden, die größte davon war die Wewelsburg in der Nähe von Paderborn. Auf einem riesigen Areal, für das Himmler plante, umliegende Dörfer zu evakuieren und einen Staudamm zur Wasserversorgung anzulegen, sollte eine mit Autobahnanschluss und eignem Flughafen ausgestattete zentrale SS-Kult- und Schulungsstätte entstehen. Zunächst verrichteten Häftlinge eines Außenkommandos des KZ Sachsenhausen die Bauarbeiten, später wurde ein eigenständiges Konzentrationslager, das KZ Wewelsburg-Niederhagen mit bis zu 1.200 Gefangenen, errichtet. Bis 1945 wurden Teile dieses Großprojektes fertiggestellt. Der Nordturm bildet das Zentrum der Anlage. Bis heute ist er eine Wallfahrtsstätte für Faschisten, ebenso besuchen Esoteriker die Kulträume des Turmes, worin sie einen Ort vermuten, an dem die oberste NS-Führung schwarzmagische Rituale vollzogen habe.

Bodenornament Schwarze Sonne im „Obergruppenführersaal“

In dem nach geomantischen Vermessungen gewählten Platz des Turmes sah Himmler das Zentrum der Welt. Der Turm enthält einen unterirdisch liegenden kuppelförmigen Raum, „Krypta“ genannt, der von zwölf Säulenpodesten umrundet ist und in dem der Lichteinfall durch Schächte eine geheimnisvolle Stimmung erzeugt.[123] Darüber liegt ein zweiter sakraler Raum, der so genannte „Obergruppenführersaal“. In den ebenfalls von zwölf Säulen umrundeten Mittelkreis ist die so genannte *Schwarze*

[123] Die 12 galt in SS-Kreisen als magische Zahl, sie war Sinnbild für die auf der Welt wieder herzustellende höhere Ordnung.

Sonne gelegt; ein Bodenornament aus zwölf, gleich den Speichen eines Rades, in einem Kreis angeordneten Siegesrunen. Der Topos der Schwarzen Sonne geht vermutlich auf die Zentralsonne, den „Mittelpunkt des Universums" zurück, von dem Blavatsky in ihrer *Geheimlehre* spricht. Diese wird verknüpft mit diversen esoterisch-religiösen Vorstellungen von dem „einen Ursprung allen Seins", einem „schöpferischen universalen Licht" und dem Mythos vom Lichtvolk der nordischen Urrasse. Der Bau der Halle erinnert an den Gralstempel in der Bayreuther *Parsifal*-Uraufführung 1882 und weckt Assoziationen zu der Tafelrunde des König Artus. Ebenso unbekannt wie die Bedeutung dieser Säle ist, ob sie jemals von den Nazis zu Kulthandlungen benutzt wurden. Der Plan zur Errichtung eines – auf Grund des Kriegsendes nicht mehr gebauten – darüberliegenden nach oben geöffneten Kuppelsaales lässt die Vermutung zu, dass mit dem Nordturm die steinerne Darstellung der (aus dem nordischen Sagenkreis der *Edda* entnommenen) Weltesche *Yggdrasil* entstehen sollte, die von den Wurzeln im Reich der Unterwelt (Verbindung mit dieser durch den unteren Saal) über ihren Stamm (die zu schaffende Ordnung auf der Erde, symbolisiert durch die *Schwarze Sonne*) mit den Ästen bis in die himmlische Sphäre der Götter reicht (zum Himmel geöffnete Kuppel). Die Schwarze Sonne ist heute, da das Hakenkreuz als Symbol verboten ist, ein Erkennungszeichen der Faschisten.

Der Himmel, von dem der Faschismus fiel

Der Faschismus als eine spezifische, extrem repressive Herrschaftsform bürgerlicher Staaten benötigt zur Machterhaltung neben einem gewaltigen physisch-materiellen Unterdrückungsapparat eine geeignete, an die psychische Disposition des Volkes anknüpfende, ideologische Legitimation. Der deutsche Faschismus fand diesen Anknüpfungspunkt in den völkisch-esoterischen Lehren der Jahrhundertwende. Eine Ideologiekritik am deutschen Faschismus erklärt jedoch nicht die ökonomischen Gründe, die ihm Unterstützung durch Teile der Großindustrie zukommen ließen und die für die faktische Machtübernahme ausschlaggebend waren.[124] Das Auftreten

[124] Kühnl, Reinhard: *Faschismustheorien*, Distel Verlag, Heilbronn 1990; Opitz, Reinhard (Hrsg.): *Europastrategien des deutschen Kapitals 1900-1945*, Pahl-Rugenstein, Köln 1977; Gossweiler, Kurt: *Hitler und das Kapital. 1925-28*, in: *Blätter für deutsche und internationale Politik*, 1978, Heft 7 und 8; Gossweiler, Kurt: *Großbanken, Industriemonopole, Staat. Ökonomie und Politik*

des Faschismus als gewaltsame Herrschaftsform, die geeignet ist, die Ziele der Monopole in einer Zeit unsicherer Ressourcen durchzusetzen, wird im Wesen von materiellen Gegebenheiten und Klassenwidersprüchen bestimmt. Die ideologisch geeignete Begründung für die faschistische Herrschaft kann vielfältige Formen annehmen. So war z.B. im italienischen Faschismus der Antisemitismus ein weitaus schwächeres demagogisches Mittel als in Deutschland. Der geistige Überbau, der Himmel, aus dem der deutsche Faschismus sich seiner Ideologie bediente, war bevölkert von germanischen Göttern, heidnischen Hexen, tibetischen Geheimkammern und nordischen Lichtwesen.

Bei dem Blick auf die Entstehungsgeschichte esoterischer Ideen in Deutschland lässt sich die Existenz einer spezifisch deutschen Form irrationaler Geisteskonstrukte erkennen. Die frühe Verbindung esoterischer Annahmen mit völkischen Rassekonstrukten, die auf der spezifischen historischen Nationalstaatswerdung basieren, verschmolzen miteinander in einer nie wieder aufgelöste Verbindung, welche eine ideale Basis für politische Volksgemeinschaftskonzepte bot. Antidemokratische Ressentiments, antisemitische Erklärungsmuster für die Probleme der Zivilisation fanden in der esoterischen Bewegung einen geeigneten Ausdruck. Auch das Auftreten der Reformbewegten war ein spezifisch deutsches. „Aussteiger", solche, die ein „selbstbestimmtes Leben führen" wollten, gab es in allen Ländern und Kulturen, doch „die Sucht, die eigene Lebenspraxis mit einer Ideologie zu untermauern, Gefolgsleute zu suchen, Vereine zu gründen, Zeitschriften und Flugblätter herauszugeben und alsbald in Sezessionen und Abspaltungen sich wieder zu teilen, um nicht den Feind ('die Moderne', 'die Kultur', 'den Luxus'), sondern einander zu diffamieren und zu bekämpfen – das scheint mir doch sehr deutsch, und dieser Widerspruch zwischen dem richtigen Impuls, dem 'Werde, der du bist', und der Kleinkariertheit, mit der das propagiert und formuliert wurde", war ambivalent und einzigartig. Die Reformbewegung, so Janos Frecot vom Berliner *Archiv der Reformbewegung*, war ein „ideologie- wie mentalitätsgeschichtliches Konglomerat (...), das (...) eine ziemlich einmalig deutsche Angelegenheit zu sein scheint".[125]

---

des staatsmonopolistischen Kapitalismus in Deutschland 1914-1932, Ostberlin 1971.

[125] Frecot, Janos: *Entstehung meiner Sammlung und Intention beim Aufbau*, 1996, http://www-sul.stanford.edu/depts/hasrg/german/lebens.html

In ihrer Propaganda konnten sich die Faschisten jahrzehntelang erprobter, irrationaler, antimodernistischer Ressentiments bedienen. Die Deutschen waren von der Richtigkeit ihres Tuns während des Dritten Reiches überzeugt. Sturmreif geschossen für die faschistische Agitation hatten ihre Köpfe jene gut gereiften Vorstellungen von deutschem Erleuchtungssinn und elitärer Vorherbestimmung, die weit vor 1933 fester Bestandteil der herrschenden bürgerlichen Kultur- und Gedankenwelt geworden waren.

Im faschistischen Weltbild kulminierten die vorangegangenen irrationalen Strömungen; zentrale weltanschauliche Elemente der irrational-esoterischen Lehre wurden zur faschistischen Ideologie. Folgende gemeinsame zentrale Punkte kristallisierten sich heraus:[126]

A. Romantizistische Gesellschaftskritik

> *„Im Deutschen Volk (...) erscheint die Einheit von Gott und Mensch in der sich selbst wissenden Volksgemeinschaft. Diese ist die daseiende Negation des jüdischen Prinzips und des Schachers als seiner weltlichen Gestalt."*
>
> Horst Mahler[127]

Die faschistische Bewegung greift die romantizistische Gesellschaftskritik auf. Der Verfall der Werte wird beklagt, und eine neue Moral verkündet. Eine furchtlose, von ungebrochenen Instinkten getriebene Jugend soll herangezogen werden. Die Gegensätzlichkeit von *Verstand* und *Gefühl* betonend werden der „Wille" und die „Seele" als bestimmende Kräfte des Menschen dargestellt.

Im hierarchischen Staatsaufbau wird das Denken den dafür Auserwählten überlassen. Die aristokratische Erkenntnistheorie baut Rosenberg

[126] Vgl. Kratz, Peter: *Die Götter des New Age: Im Schnittpunkt von „Neuem Denken", Faschismus und Romantik*, Elefanten Press Verlag, Berlin 1994, S. 40ff.

[127] Horst Mahler ist aktueller Vordenker der deutschen faschistischen Bewegung. Horst Mahler / Reinhold Oberlercher / Uwe Meneen (Deutsches Kolleg): *Ausrufung des Aufstands der Anständigen*, Oktober 2000, in: Dietzsch, Martin / Schobert, Alfred (Hrsg.): *Ein „jüdischer David Irving"? Norman G. Finkelstein im Diskurs der Rechten – Erinnerungsabwehr und Antizionismus*, DISS, Duisburg 2001, S. 81.

zur Unfehlbarkeit des Führers aus. Hitler fordert „mit dem, was man Allgemeinbildung nennt, ein für allemal Schluss zu machen. Die Allgemeinbildung ist das zersetzendste und auflösendste Gift, das der Liberalismus zu seiner eigenen Zerstörung erfunden hat. Es gibt nur eine Bildung für jeden Stand und in ihm für jede einzelne Stufe." Aufklärung und moderne Wissenschaft werden als Ballast betrachtet, und so will Hitler „konsequent sein und der breiten Masse des untersten Standes die Wohltat des Analphabetismus zuteil werden lassen" und sich „selbst frei machen von allen humanen und wissenschaftlichen Vorurteilen".[128] Verstand und Vernunft kämen nicht allen gleichermaßen zu, sondern seien naturgemäß nur wenigen gegeben. „Niederen Ständen" wird als angeborene Charaktereigenschaft zugeschrieben, gerne in Unwissenheit zu leben. Die Elite des Landes lerne gemäß ihrer Natur freiwillig. Diese natürliche Verteilung der Bildung habe die Aufklärung künstlich zu beseitigen versucht, der NS-Staat wolle nun die naturgemäße vor-aufklärerische Ordnung wiederherstellen.

Wie ihre kulturpessimistischen Vorläufer um die Jahrhundertwende idealisiert die NS-Ideologie das Bauerntum. In ihm entdeckt sie die Wurzeln wahren Volkstums, das in der Vermassung der dekadenten Großstadt verlorengegangen sei.[129] Mit der Parole von *Blut und Boden* als Lebensquelle des deutschen Volkes wird sowohl die völkische Komponente im Staatsverständnis festgeschrieben als auch eine magische Einheit von regionaler Natur und den dort ansässigen Menschen suggeriert, die schicksalhaft aneinandergekettet seien.

Der Mensch wird als selbstbestimmt gestaltendes Subjekt negiert und stattdessen als Teil eines organischen Ganzen, des „Volkskörpers" gesetzt. Seine Bestimmung verleiht ihm diese gottgleiche Ordnung, erst durch die Eingliederung in sie und den Dienst an ihr bekommt der Einzelne Bedeutung und Lebensrecht zuerkannt. Um ein individuelles Lebensrecht zu erhalten, muss er vorher seinen Anspruch auf individuell bestimmte Lebensgestaltung abtreten.

---

[128] Rauschning, *Gespräche mit Hitler, 1939*, zit. in: Storm-Kirsch, Carola (Hrsg.): *Der Widerspruch*, Nr. 6, Verlag zur Förderung der wissenschaftlichen Weltanschauung, West-Berlin 1976, S. 179f.

[129] Vgl. Gugenberger, Eduard / Schweidlenka, Roman: *Mutter Erde, Magie und Politik*, S. 127ff.

B. Die Lösung für das beklagte gesellschaftliche Dilemma liegt in einer Re-Spiritualisierung der Welt. Alt-europäische Naturmystik wird gegen den dualistischen römisch-katholischen/jüdischen Glauben gestellt und mit völkisch-esoterischen Rassekonstrukten angereichert.

> *„Der Judaismus ist eine tödliche Gefahr für die Völker. (...) Es ist bewusst zu machen, dass das 'wissenschaftliche Weltbild' und der Atheismus nur das Negativ des Judaismus sind: Nur wer, wie die Juden, Gott als den Erhabenen denkt, der sein Leben in absoluter Trennung vom Menschen führt, kann den Gedanken fassen, dass zwar nicht die Existenz des Menschen, wohl aber die Existenz Gottes geleugnet werden kann. Und nur, wenn die Existenz Gottes geleugnet werden kann, ist der Versuch denkbar, den Menschen allein aus sich heraus zu denken (Humanismus) und die Welt unter Absehung von Gott zu erklären (wissenschaftliches Weltbild).“*
>
> Horst Mahler[130]

Wie es spätestens seit den Ariosophen im deutschsprachigen Spiritismus üblich war, bezieht sich auch der Faschismus auf germanisch-heidnische Religionen. Der römisch-katholischen und der jüdischen Religion werden negativ angelastet, durch das dualistische[131] Verständnis die Welt zu entgöttlichen. Dagegen ist nach der vor-christlichen Naturmystik das Göttliche *in* der Welt, d.h. Menschen und Naturerscheinungen *sind* göttlich. Um diese religiöse Vorstellung zu untermauern, bezieht sich die NS-Ideologie auf mittelalterliche Naturmystiker wie z.B. Meister Eckhart (Dominikanermönch, um 1260-1327 u.Z.). Nach Rosenberg habe es „im frühen Mittelalter noch ungebrochenere Charaktere gegeben“, die sich nicht „jeglichem Befehl aus Rom“ beugten. Sie trugen eine „innere Haltung“, die

---

130 Horst Mahler / Reinhold Oberlercher / Uwe Meneen (Deutsches Kolleg): *Ausrufung des Aufstands der Anständigen*, Oktober 2000, in: Dietzsch, Martin / Schobert, Alfred (Hrsg.): *Ein „jüdischer David Irving“? Norman G. Finkelstein im Diskurs der Rechten*, S.79f.

131 Das dualistische Religionsverständnis unterscheidet eine diesseitige Welt von einem jenseitigen himmlischen Reich Gottes. In der diesseitigen Welt ist der Mensch frei in seinem Willen. Er kann selbst entscheiden, ob er die Gesetze Gottes befolgt oder nicht.

Rosenberg als „Heidentum" ausmacht, da die „Erlösung (...) vollkommen ohne Kirche und Papst vor sich [geht] als etwas, was sich zwischen der großen Persönlichkeit und dem göttlichen Wesen unmittelbar abspielt."[132] Meister Eckharts pantheistischer Ansatz, nach dem der einzelne Mensch ohne kirchliche Instanzen zum Eins-Werden mit dem göttlichen Prinzip gelangen könne, wird von Rosenberg in diese anti-klerikale Religionsgeschichte eingereiht. Kirchliche Instanzen in Frage stellend vertrat Eckhart eine mystische Theologie, die der von Rom propagierten Lehre widersprach. Ähnlich buddhistischen Prinzipien (die Rosenberg jedoch dem Wort nach strikt ablehnte) sollte der Gläubige sich zum leeren Gefäß machen, um dann vom Geist Gottes erfüllt zu werden. Gott wurde dabei nicht als personifizierte Wesenheit gesehen, sondern als „Urprinzip des Seins", als „absolute Einheit der Dinge". Im Eins-Sein mit diesem Schöpfungsprinzip erfahre der Mensch die diesseitige Vergöttlichung. Ebenso hält Rosenberg Eckhart eine freie, nicht buchstabengetreue Auslegung des Alten Testaments zugute. (Der Vorwurf der buchstabengetreuen Bibelauslegung ist bis heute Bestandteil antisemitischer Rhetorik.)

Rosenberg unterstreicht den Unterschied zwischen der „undeutschen" römisch-christlichen/jüdischen Mystik und der „artgerechten nordischen Naturspiritualität": „Alle Völker haben in ihrer Jugendzeit in einer von Symbolen erfüllten Welt gelebt. (...) In Germanien rollte Thor über das Himmelsgewölbe. Diese symbolhafte Darstellung verwandelte sich bei unbefangener Naturerforschung in die Darstellung kosmischer Gesetzlichkeit, und das Suchen nach derartiger Gesetzlichkeit ist stets das Kennzeichen des nordischen Menschen gewesen." Weiter: „[Die] Tatsache, dass (...) im römischen Denken der Glaube waltet, durch Magie bei Handlung, Gebet usw. gegen die Natur so genannte Wunder vollbringen zu können oder doch ohne Ahnung einer kosmischen Gesetzmäßigkeit seine Weltanschauung aufzubauen. Für den europäisch-germanischen Menschen ist die geheimnisvolle Gesetzmäßigkeit der Natur aber gerade das größte Wunder; er braucht dazu nicht Wunderheilungen aus epileptischen Ekstasen, aus 'Gesichtern' usw., um die Größe der Natur und seines Daseins zu begreifen."[133]

[132] Rosenberg, Alfred: *An die Dunkelmänner unserer Zeit. Eine Antwort auf die Angriffe gegen den „Mythus des 20. Jahrhunderts"*, Hoheneichen Verlag, München 1935, S. 44f.

[133] Rosenberg, Alfred: *An die Dunkelmänner unserer Zeit*, S. 50, S. 59.

Die „Kinder des Lichts“, wie sich die Deutschen bezogen auf den behaupteten alt-heidnischen Sonnenkult gerne nannten, sahen sich selbst als besten, wertvollsten Teil der Menschheit. Die Weltgeschichte wurde als Herausdifferenzierung menschlicher Rassen aus dem „Völkerchaos“ interpretiert. Dieser Vorgang sei die Verwirklichung eines „heiligen Gesetzes“.[134] Multi-ethnische Staaten (das römische Reich diente den Faschisten dafür als Synonym) seien eine „naturwidrige Idee“, eine „Versündigung gegen die Natur“.[135] Das deutsche Volk sei Vorreiter auf dem Weg zur „Freiheit“ in einer neuen „naturgemäßen“ Weltordnung, in der Staaten als rassereine homogene Zusammenschlüsse existieren sollten.

C. Die begrenzte Erklärungstauglichkeit des mechanistischen Weltbildes wird erkannt, als Ausweg wird eine metaphysisch-idealistische Denkweise beigefügt, die ihren Ausdruck in den Begriffen „organisches , ganzheitliches Weltbild“ erhält.

> *„Dass die Welt eine organische und nicht eine mechanische Einheit darstellt, (...) [diese] Anschauung ist sicher, im besten Sinne des Wortes, eine volkstümliche; und sie ist, gegenüber der heute herrschenden rein materiellen und mechanischen Weltanschauung, die höhere, eben weil sie die tiefere ist. Organismus gilt mehr als Mechanismus; der Deutsche sollte sich von diesem zu jenem aufschwingen.“*
>
> Julius Langbehn

Den Nationalsozialisten galt die Mechanik als die artgemäße germanische Wissenschaft. Nach H. St. Chamberlain ist Wissenschaft „die von den Germanen erfundene und durchgeführte Methode, die Welt der Erscheinung mechanisch anzuschauen“.[136] Rasch stießen die Nazis jedoch an die Grenzen dieser Erkenntnismethode, die untauglich ist, höhere Bewegungsformen der Materie wie die des menschlichen Bewusstseins und des gesellschaftlichen Lebens zu erfassen. Sie erkannten, dass die aus der me-

---

[134] Chamberlain, Houston Stewart: *Die Grundlagen des neunzehnten Jahrhunderts*, München o.J., Bd. I, S. 367.

[135] Ebenda, S. 371.

[136] Chamberlain, Houston Stewart: *Die Grundlagen des neunzehnten Jahrhunderts*, S. 1118.

chanischen Naturbeobachtung gewonnenen Erkenntnisse nicht ohne weiteres auf das menschliche Leben übertragbar sind. Um dieses Dilemma aufzulösen, wurde die Existenz zweier Realitäten behauptet: Der „Welt der äußeren Erscheinung“, die den Gesetzen der Mechanik gehorche, wurde eine übersinnliche Welt hinzugefügt. Diese sei nicht begrifflich und verstandesmäßig fassbar und könne nur durch „metaphysisch begabte“ Menschen (die Arier) inwendig gespürt werden. Sie sei eine Realität, die den Werten des Idealismus gehorche. Mechanische Naturbeobachtung und idealistische Geisteshaltung ergänzten sich nach den Vorstellungen der Nazis notwendigerweise. In der Durchsetzung des „germanischen Mechanismus“ sahen sie den Kampf gegen behaupteten jüdischen sowie römisch-christlichen Materialismus.

Konkrete ideologische Feindbilder des Faschismus waren die durch die Aufklärung und die kapitalistische Gesellschaftsordnung entstandenen philosophisch-politischen Ansätze: Liberalismus, Demokratie, Materialismus, Sozialismus. Dem demokratischen, auf Vertragsbasis beruhenden Gesellschaftsmodell (Hobbes) wird ein Gesellschaftsgefüge mit vorbestimmten, festen Positionen für die unterschiedlichen Elemente entgegengehalten: die *Volksgemeinschaft*. „Gegen Klassenkampf und Materialismus, für Volksgemeinschaft, idealistische Lebenshaltung“, so der erste Ruf bei der Bücherverbrennung. Der Begriff der natürlichen Gemeinschaft wird gegen den der zivilisatorischen, menschlich veränderbaren Gesellschaft gestellt.[137] Demokratie sei das „gewaltsame Zusammenschweißen von vielgestaltigen Wesenseigentümlichkeiten“ und deshalb „die politische Form des rassischen Niederganges eines schöpferischen starken Volkes“. Rosenbergs Ziel war es dagegen, eine „auf den ewigen Charakterwerten des Deutschen aufgebaute Gemeinschaft zu fördern“.[138] Rasse sei „ein organisches lebendiges Wesen“, das mit der Nation ein „organisches Verhältnis“ eingehe.[139] „Das Leben einer Rasse, eines Volkes, ist (...) die

---

[137] Die Anbindung des Einzelnen an einen festen gesellschaftlichen Platz ist Kennzeichen einer feudalen Ständeordnung. Die Demokratie tritt mit dem Anspruch der Veränderbarkeit der gesellschaftlichen Position des Einzelnen an, der Durchlässigkeit der Ebenen („Vom Tellerwäscher zum Millionär“). Der/die Einzelne soll nicht von Geburt an festgelegt sein, sonder je nach seiner Leistung individuell eingestuft werden, d.h. die Chance zum Aufstieg erhalten.

[138] Rosenberg, Alfred: *An die Dunkelmänner unserer Zeit*, S. 89f.

[139] Chamberlain, Houston Stewart: *Die Grundlagen des neunzehnten Jahrhunderts*, Bd I, S. 348.

Ausbildung einer mystischen Synthese, einer Seelenbetätigung, die weder durch Vernunftschlüsse erklärt noch durch Darstellung von Ursache und Wirkung begreiflich gemacht werden kann."[140]

Das Bild der Eingebundenheit in eine kosmisch-natürliche Ordnung, die die Entwicklung der Gesellschaft determiniere, bietet Zuflucht in Zeiten gesellschaftlicher Krise und persönlicher Perspektivlosigkeit. Die individuelle Ohnmacht im Weltgeschehen, die Angst und Resignation induziert, wird durch den Glaube an einen göttlichen Weltenplan nicht mehr länger als Last empfunden.

Exkurs: Steiners Erben

> *„Dieses ganze irrationale Wesen also schmolz der Nationalsozialismus breitplebejisch zusammen; von George bis zur Anthroposophie, bis zu Ekstasen, die vorher in bloßen Tanzschulen waren, bis zu den mannigfachen Kryptoreligionen, deren eine entäußerte und vermissende Zeit voll war."*
>
> Ernst Bloch[141]

Anthroposophie im Nationalsozialismus

1935 wurde die *Anthroposophische Gesellschaft* von den Nazis verboten. Dies geschah jedoch nicht aufgrund antifaschistischer Tätigkeit ihrer Mitglieder sondern eher wegen der ideologischen Konkurrenz, die sie für die faschistische Ideologie darstellte. „Offenbar verhindert nur der starke Anteil anderer Länder an der anthroposophischen Bewegung, dass diese geschlossen zu Hitler übergeht", urteilte Ernst Bloch im selben Jahr über die ideologische Affinität der deutschen Anhänger Steiners zum faschistischen Terrorregime.[142] Guenther Wachsmuth, Mitglied des Vorstands der *Anthroposophischen Gesellschaft* und bis zu Steiners Tod dessen Sekretär, äußerte sich am 6. Juni 1933 im Interview mit der dänischen Zeitschrift *Extrabladet* auf die Frage, wie die Anthroposophen die neue Regierung

---

140 Rosenberg, Alfred: *Der Mythus des 20. Jahrhunderts: Eine Wertung der seelisch-geistigen Gestaltskämpfe unserer Zeit*, Hoheneichen-Verlag, München 1941, S. 117 (Erstausgabe 1930).

141 Bloch, Ernst: *Erbschaft dieser Zeit*, S. 101.

142 Ebenda, S. 188.

Deutschlands betrachteten: „Ich äußere mich ungern über Politik. Aber es soll kein Geheimnis sein, dass wir mit Sympathie auf das schauen, was zur Zeit in Deutschland geschieht. (...) Es muss Bewegung da sein, und die mutige und tapfere Weise, wie die Führer des neuen Deutschland sich der Probleme bemächtigen, kann, meiner Meinung nach, nur Bewunderung erzwingen. Es wird sicher etwas Gutes dadurch entstehen."[143] Durch Wohlverhalten der *Anthroposophischen Gesellschaft* gegenüber dem faschistischen Regime konnte sie lange unbehelligt arbeiten; die Faschisten boten den Anthroposophen sogar an, einige Waldorfschulen als Musterschulen weiterzuführen. Erst 1941 wurde die letzte Waldorfschule geschlossen.

Waldörfliche Andienung

Mehr als nur Wohlverhalten dokumentiert der Brief, den der anthroposophische Lehrer René Maikowski im Auftrag des *Bundes der Waldorfschulen* am 15.2.1934 an Adolf Hitler sandte: „Nach den schmerzlichen Erfahrungen der Nachkriegszeit verspürte ich im kraftvollen Wirken Rudolf Steiners zum ersten Mal wieder die unzerstörbare Kraft des deutschen Geistes. Rudolf Steiner sah seine Aufgabe darin, anknüpfend an Fichtes Idealismus und an Goethes Naturerkenntnis, westlichem Intellektualismus und bolschewistischem Materialismus die Kraft des deutschen Gedankens in klarem Erkenntnisringen entgegenzustellen.

In keiner Schule wird daher heute m.W. so eingehend und verständnisvoll das deutsche Märchen, die deutsche Mythologie und Heldensage, deutscher Idealismus, deutsche Musikgeschichte usw. behandelt. (...) Daher haben sich unter mancherlei Opfern, aus reinem Idealismus, die Lehrer dieser Schule zu dieser Arbeit am werdenden deutschen Menschen zusammengefunden." [144]

Fürsprecher fand die Anthroposophie in Rudolf Hess und Walther Darré, Agrarminister und Reichsbauernführer, die sich für biologisch-dynamischen Anbau begeisterten. Die biologisch-dynamische Landwirtschaftsweise begründete Steiner durch den 1924 auf dem Gut des Grafen Keyser-

143 Anthroposophen und Nationalsozialismus, *Flensburger Hefte* 32, Flensburg 1991, S. 60.

144 *Flensburger Hefte* 32, S. 26.

lingk in Koberwitz bei Breslau abgehaltenen „Landwirtschaftlichen Kurs". Steiner forderte den Verzicht auf Kunstdünger und chemische Behandlung von Pflanzen, Früchten und Unkraut und wollte als „dynamisches" Element „geistige Kräfte" in die Landwirtschaft einbringen.[145] Darré schlug vor, den biologisch-dynamischen Anbau umzubenennen in „lebensgesetzliche Anbauweise". Die Gegner dieser Hinwendung zu Steiners Ideen

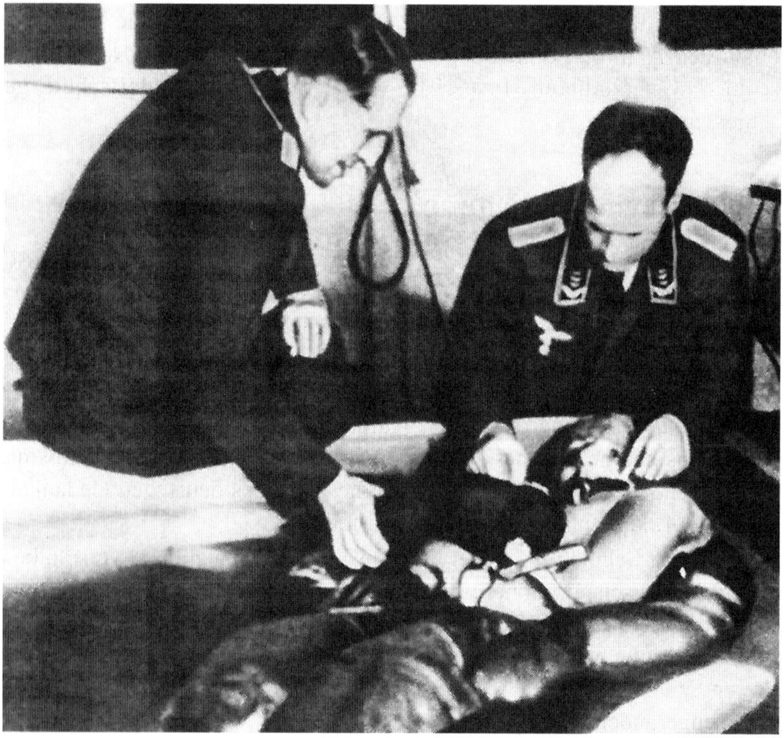

Sigmund Rascher bei einem wehrmedizinischen Unterkühlungsversuch an einem Häftling im KZ Dachau.

[145] Dass geistige Kräfte die Materie bestimmen könnten, galt für Steiner logischerweise auch in der Landwirtschaft. So besaß die vergangene Wurzelrasse der Atlantier nach Steiners Ansicht eine solche Lebenskraft, dass die Atlantier ihr Korn durch Gedankenkraft zum Wachsen bringen konnten.
Steiner, Rudolf: *Aus der Akasha-Chronik*, GA 616, Dornach (Schweiz), S. 29; vgl. Ditfurth, Jutta: *Feuer in die Herzen*, S. 330.

waren der Chef der Sicherheitspolizei, Reinhard Heydrich, und der Reichsmarschall des Großdeutschen Reiches, Hermann Göring, der die Interessen der chemischen Industrie vertrat und somit einem Verzicht auf Kunstdünger prinzipiell nichts abgewinnen konnte.[146] Mit Hess' Flucht nach England 1941 war schließlich auch das Aus für den *Reichsbund für biologisch-dynamische Wirtschaftsweise* gekommen.

Hess sah in der Homöopathie die für den Nationalsozialismus adäquate Form der Medizin; in Kräutergärten der SS, wie beispielsweise der Naturkräuterplantage im KZ Dachau, fanden ehemalige Anthroposophieschüler Anstellung. Der frühere Obergärtner der anthroposophischen Naturdrogeriemarke *Weleda*, Franz Lippert, wurde als Leiter der Naturkräuterplantage der SS des KZ Dachau eingesetzt. Im KZ selbst wurden bei Menschenversuchen Drogerieprodukte von *Weleda* getestet. Diese, wie auch zahlreiche weitere „humanbiologische", also Menschenversuche wurden durch den KZ-Arzt Sigmund Rascher durchgeführt. Rascher war Waldorfschüler, SS-Hauptsturmführer und Stabsarzt der Wehrmacht, sein Vater war ein weithin bekanntes Mitglied der *Anthroposophischen Gesellschaft* und Mitglied der *Freien Hochschule für Geisteswissenschaften* in Dornach.[147]

Die ideologischen Differenzen zwischen der Anthroposophie und der Ideologie des NS-Staates finden in den Worten Peter Bierls eine gute Zusammenfassung: „Die Anthroposophen und Wirth (Mitbegründer des *SS-Ahnenerbe*) stritten über die Himmelsrichtung, aus der die Arier kamen, einig waren sie sich darin, dass diese Arier immer die geistige Führung behielten."[148]

Trotz dieser Affinität zur nazistischen Ideologie fand innerhalb der anthroposophischen Bewegung nach 1945 keine gründliche Auseinandersetzung mit der Vergangenheit statt. Stattdessen wurde sie sofort zu einem mystischen, unerklärlichen Geschehen stilisiert. Rudolf Grosse, ein führender Waldorf-Lehrer, schrieb 1945 im *Goetheanum*, dem Zentralorgan der *Anthroposophischen Gesellschaft*, einen der wenigen Artikel, die auf das Geschehene Bezug nahmen. Darin sprach er vom „Undurchschaubaren und Unfassbaren" und klagte, das „teuflisch Auftretende lastet wie das

---

[146] Vgl. *Flensburger Hefte* 32, S. 30ff.

[147] Vgl. den Beitrag von Wagner, Arfst in: *Flensburger Hefte* 32, S. 53ff.; vgl. Band XXV der Prozessakten des Nürnberger Kriegsverbrecher-Prozesses.

[148] Bierl, Peter: *Wurzelrassen, Erzengel und Volksgeister – Die Anthroposophie Rudolf Steiners und die Waldorfpädagogik*, S. 134.

Rätsel der Sphinx auf uns Zeitgenossen". Entrüstet weist er den Vorwurf zurück, die Idee der „Führerschaft" sei durch Vordenker wie Stefan George und Rudolf Steiner befördert worden.[149] Für sich selbst beanspruchen die Anthroposophen die Opferrolle, denn schließlich seien sie durch die Nazis verboten worden.

Anthroposophie nach 1945

Heute sind die Anthroposophen in der Bundesrepublik eine der gesellschaftlich einflussreichsten esoterischen Gruppierungen mit rund 20.000 Mitgliedern (weltweit 60.000). Die Anthroposophen konnten sich in unterschiedlichsten Gebieten etablieren. Sie verfügen über weitverzweigte Wirtschaftbetriebe (*Weleda, Wala, Demeter*), über eigene Banken, Verlage, Film- und Fernsehproduktionsstätten, Krankenhäuser, Studienzentren, die *Freie Hochschule für Geisteswissenschaften* in Dornach bei Basel, die *Hochschule Witten/Herdecke*. Konzerne wie *Siemens* oder *Bertelsmann* unterstützen anthroposophische Projekte.[150]

Waldorfpädagogik

Vorwiegend besser situierte Eltern geben ihre Kinder in die anthroposophischen Waldorfschulen, die von Steiner 1920 mit Hilfe des Besitzers der Stuttgarter *Waldorf-Astoria Zigaretten-Fabrik* gegründet wurden. Heute stehen allein in der BRD mehr als 65.000 Kinder und Jugendliche in über 160 staatlich anerkannten Waldorfschulen unter den Erziehungsmaximen der Anthroposophen (weltweit existieren mehr als 700 Waldorfschulen und -kindergärten). Bundesinnenminister Otto Schily ist Mitglied im Freundeskreis der Waldorf-Schulen; Berlins ehemaliger Regierender Bürgermeister Eberhard Diepgen (CDU) schickte seine Kinder ebenso wie die bayrische Bildungs- und Kultusministerin (!) Monika (Strauß-) Hohlmeier auf eine private Waldorfschule. Geschätzt 230 Mio Euro fließen den deutschen Waldorfschulen jährlich aus Steuermitteln zu.[151]

---

[149] Das Goetheanum, vgl. Bierl, Peter: *Wurzelrassen, Erzengel und Volksgeister – Die Anthroposophie Rudolf Steiners und die Waldorfpädagogik*, S. 153.

[150] Ditfurth, Jutta: *Feuer in die Herzen*, S. 333.

[151] Jacob, Sybille-Christin/Drewes, Detlef: *Aus der Waldorfschule geplaudert. Warum die Steiner-Pädagogik keine Alternative ist.* Alibri Verlag, Aschaffenburg 2001, S. 90.

Die Waldorfpädagogik orientiert sich streng an der Steinerschen „Entwicklungslehre“.[152] Steiner spricht darin von der vierfachen Geburt des Menschen:

1. des physischen Körpers,
2. des Ätherleibes mit dem Kennzeichen des Zahnwechsels,
3. des Astralleibes, zu Beginn der Geschlechtsreife, bei der erst die Entwicklung des Geistes und die Fähigkeit zu einem eigenen Urteil einsetze,
4. des Ich oder „Ego“.

Die Entwicklung des Kindes bestehe in der Neugeburt je eines weiteren „Leibes“ im Abstand von jeweils sieben Jahren. Der Entwicklungsstand deute sich z.B durch biologische Merkmale an. Beim Zahnwechsel des Kindes zur Geburt des Ätherleibes ließe sich etwa an der Form der Zähne ablesen, welcher Art die Denkkräfte des Kindes sind. Dass die dieser Annahme zugrunde liegende Lehre, die *Phrenologie*, nach der charakterliche und intellektuelle Dispositionen eines Menschen an der Form seines Schädels abzulesen seien, Unsinn ist, ist mittlerweile festgestellt.

Eine frühe Entwicklung der kognitiv-intellektuellen Fähigkeiten des Kinds wird als schädlich erachtet. Im ersten und zweiten Jahrsiebt werden den Kindern unter dem Motto: „Die Welt ist moralisch“ bzw. „Die Welt ist schön“ Fragen nur ausweichend beantwortet, wenig erklärt. Großer Wert wird auf Farbgestaltung und Einrichtung des Kinderzimmers gelegt. Später wird viel mit Märchen, übersinnlichen Naturerscheinungen gearbeitet. Erst ab dem dritten Jahrsiebt, das unter dem Motto: „Die Welt ist wahr“ steht, wird das Kind an die reale Welt und moderne Erkenntnisse der Naturwissenschaften herangeführt. Dies kann jedoch immer noch mit Geisterlehre verbunden werden: Laut dem Physik-Seminarplan einer Waldorf-Oberstufe lerne der Schüler „die Unterschiede der Lichtquellen und ihrer physikalischen Funktionen kennen. Gleichzeitig lernt er (...), dass die Qualität des Lichts einer Kerze, einer Glühfadenbirne und einer Neonröhre sehr unterschiedlich ist, nämlich darin, dass in der Kerze gute Wesenheiten zu Hause sind, und in der Neonröhre der menschlichen Seele sehr scha-

[152] Vgl. Ullrich, Heiner: *Waldorfpädagogik und okkulte Weltanschauung*, S. 101ff.

dende dämonische Geister sich wohlfühlen und dass man darauf achten soll, in wessen Lichtreichweite man sich befindet.“[153]

Waldorf-Kritikerin Charlotte Rudolph fasst die Erziehung nach der Steinerschen Idee zusammen: „Die Waldorfschule ist in erster Linie eine moralisierende Schule, in der die Seele gepflegt werden soll. Um den rechten Zugang zur Seele zu finden, wird versucht, die Kinder von der Außenwelt abzuschotten. Moral wird durch Märchen, Legenden, Gleichnisse, Fabeln, biblische Erzählungen und Mythen transportiert, die bis zur fünften Klasse das Fundament des Lehrplans stellen. Auch Natur, Technik, Geschichte wird über das Wirken von Geistern erklärt. In der Oberstufe müssen die Kinder den staatlich gelenkten Lehrplan nachholen – vielen fällt es aber schwer, zwischen Realität und Anthroposophie zu unterscheiden. Kindliche Neugier am eigenen Körper und Sexualität gelten als unanständig bzw. einer gesunden Entwicklung hinderlich.“[154] Noch heute scheinen an vielen Waldorfschulen Kinder als „Problemkinder“ zu gelten, wenn sie kritische Fragen stellen oder über Sexualität reden wollen. Ebenfalls wird immer wieder von drastischen Strafsanktionen einschließlich körperlicher Strafen berichtet. In den 1990er Jahren noch wurde an einer Waldorfschule einem Jungen der Mund mit Seife ausgewaschen, weil er ein unanständiges Wort benutzte. Aber nicht etwa in hilfloser Wut, sondern nach langem Nachdenken über die geeignete pädagogische Vorgehensweise.[155] Mittlerweile hat sich unter dem Namen *Distel-Bund* in Herne eine Interessensgemeinschaft Waldorf-Geschädigter zusammengeschlossen.

---

[153] Zit. in Rudolph, Charlotte: *Waldorf-Erziehung: Wege zur Versteinerung*, Darmstadt 1987, S. 49.

[154] Rudolph, Charlotte: *Waldorf-Erziehung, Wege zur Versteinerung*, S. 165, zit. in: Ditfurth, Jutta,:*Feuer in die Herzen*, S. 342.

[155] Vgl. Ditfurth, Jutta: *Feuer in die Herzen*, S. 343.

III.
Vom Wirtschaftswunder zum neuen Zeitalter

Esoterische Wiederbelebung nach 1945

Die okkult-religiösen Gedankengebäude, aus denen der Faschismus sich bedient hatte und die viel zu seiner Durchsetzung beigetragen hatten, verschwanden mit dem 8. Mai 1945 nicht sofort aus den Köpfen der Menschen. Die jungen Erwachsenen dieser Zeit waren von Kindesbeinen an mit den mystischen Ideen der nationalsozialistischen Ideologie aufgezogen wurden. So schnell, wie aus den Standardwerken des Faschismus der Besitzername herausradiert wurde und die Bücher von der guten Stube auf den Speicher wanderten, konnte kein neues Bezugssystem für das eigene Denken aufgebaut werden. Der Verlust hunderttausender ermordeter deutscher Antifaschisten wurde deutlich, als es um das Errichten des neuen Staates ging: Antifaschistisch-demokratische Kultur war vom Faschismus im eigenen Land derart vernichtet worden, dass der Aufbau neuer Geisteshaltungen nur schleppend und mühsam vorankam.

Heidnische Religionsgemeinschaften überlebten die Nachkriegszeit. Die Welt war damit beschäftigt, die unfassbaren Horrortaten des faschistischen Systems aufzuklären; für die Aufarbeitung der Ideologie dieses Grauens blieb angesichts der Größenordnung des angerichteten materiellen Elends zunächst kaum Zeit. 1946 wurde in einem Internierungslager in der US-amerikanischen Besatzungszone bei Stuttgart von dort inhaftierten Nazi-Größen ein Grundstein für ihren erneuten organisatorischen Zusammenschluss gelegt. Sie bildeten eine religiöse Gruppierung, aus der in der Folge die *Deutsche Unitarier Religionsgemeinschaft (DUR)* hervorging. Unter dem Deckmantel der Religion wurde die nazistisch-religiöse Ideologie durch die Nachkriegsjahre gerettet. Die *Germanische Glaubens Gemeinschaft*, ein seit 1907 bestehender deutsch-religiöser Verbund, existierte unbescholten weiter. Nach der Einstellung ihrer Tätigkeit 1964 wurde sie 1991 von so genannten „Neuheiden“ wiederbelebt. Bereits in den 1960ern entstand eine neue *Guido-von-List-Gesellschaft*. 1969 gründete sich der geheimbündlerisch organisierte *Armanenorden* (siehe Kapitel II.3 und III.5) und setzte ariosophisches Denken in Westdeutschland fort. Etliche führende Nazis, wie z.B. Werner Georg Haverbeck, zogen sich zunächst auf die okkult-religiösen Wegbereiter des Faschismus zurück. In Folge der Nicht-Beachtung des Potsdamer Abkommens in Westdeutschland konnten faschistische Organisationen schließlich ungehindert weiter arbeiten.

Werner Georg Haverbeck

An Werner Georg Haverbeck (1901-1999) lässt sich ein beispielhafter Werdegang eines deutschen Nazi-Funktionärs studieren, der zeitlebens religiös-esoterische Alternativbewegungen für seine Zwecke zu nutzen wusste. Haverbeck verlebte seine Jugend in der bündischen Jugend im Umkreis der Wandervogelbewegung. Bereits 1926 trat er der NSDAP bei und war seit 1928 in der Reichsleitung der NSDAP-Studentenschaft tätig. Später war er Leiter der Reichsmittelstelle für Volkstumsarbeit, dazu Reichsamtsleiter der NS-Organisation *Kraft durch Freude* und gehörte zum Stab des Stellvertreters des Führers. 1937 promovierte er beim Gründer des SS-Instituts *Deutsches Ahnenerbe*, Hermann Wirth. Ab 1939 war Haverbeck zuständig für Rundfunkpropaganda der Nationalsozialisten in Dänemark, 1942 wurde er Referatsleiter für Südamerika.

Nach der Befreiung studierte Haverbeck Theologie und wurde Pfarrer bei der anthroposophischen Glaubensvereinigung *Christengemeinschaft*, an deren Gründung er 1922 aktiv mitgewirkt hatte. Auf Grund der nach 1945 eintretenden Tabuisierung der NS-Zeit entging die Steinersche Lehre einer Untersuchung ihrer Affinität zum Nationalsozialismus. Der anthroposophischen *Christengemeinschaft* haftete weiter der Ruf der religiösen Unbescholtenheit an und sie konnte Faschisten wie Haverbeck als Rückzugsrefugium dienen und zur ideologischen Rehabilitierung nützen. 1973 wurde Haverbeck als Professor für angewandte Sozialwissenschaften an die Bielefelder Fachhochschule berufen. Ein Jahr später trat er an die Spitze des – 1949 durch frühere NSDAP-Funktionäre gegründeten – *Weltbundes zum Schutz des Lebens (WSL)*. Der *WSL* vertritt im Namen des Umweltschutzes den Schutz der deutschen Heimat vor Überfremdung. Haverbeck gründete ein eigenes Schulungszentrum, das *Collegium Humanum* in Vlotho, wo sich sowohl die esoterische Szene zu Shiatsu-Seminaren zusammenfindet als auch das „Komitee zur Vorbereitung der Feierlichkeiten zum hundertsten Geburtstag von Adolf Hitler (KAH)“ eine Tagung abhielt.[156] Wie Haverbeck sich zeitlebens religiöser Netzwerke zum Transport seiner braunen Ideologie bediente, so wirkte er auch als Bindeglied zwischen neonazistischer und New Age-Szene. In seinem zum 1. September 1989 (Antikriegstag!) vorgelegten Buch *Rudolf Steiner – Anwalt für Deutschland* bezeichnet er sowohl die Kriegsschuld Deutschlands als auch die nationalsozialistischen Massenvernichtungslager als „historische Lüge“, mit der der „Totschlag“ der deutschen „Volksseele“ vollzogen werde.[157]

Im Zuge der Hippie-Bewegung erfuhr der Spiritismus zum ersten Mal in der Nachkriegszeit wieder Breitenwirksamkeit. Ausgehend von den USA erfasste diese Bewegung auch Europa und wies, nicht zuletzt mit dem Gedanken einer neuen Freizügigkeit der Lebensform und der Betonung des Körperbewusstseins, starke Ähnlichkeit mit der Lebensreformbewegung um die Jahrhundertwende auf.[158] Ebenso lässt die sozio-ökonomische Ausgangslage einen Vergleich zu: Ähnlich dem enormen wirtschaftlich-industriellen Wachstum Deutschlands zwischen 1890 und 1914 war die Situation in Westdeutschland in den 50er und 60er Jahren des 20. Jahrhunderts vom „Wirtschaftswunder“ geprägt. Mit dem kompletten Neu-Aufbau der zerstörten Industrie, dem Aufschwung der Volkswirtschaft wuchs eine mittelständische Jugend heran, die über genügend Zeit, Geld und Bildung verfügte, ihre Utopien auszutesten. Muße, Kultur, Ästhetik – für die Mehrheit der Menschen die „Extras“ nach der Arbeit – wurden zelebriert und zum eigentlichen Sinn des Lebens erhoben. Eine eigene Jugendkultur entstand, gekennzeichnet von Erlebnishunger und der Ablehnung alter Autoritäten. Und abermals erlag eine Jugend, die repressionsfreier lebte als ihre Vorgängergeneration, der Täuschung, durch neue Lebensstile politische Umbrüche herbeiführen zu können. Im *Hier und Jetzt* musste die gesellschaftliche Veränderung persönlich erfahrbar sein, durch unmittelbare „Tat“ herbeiführbar (eine Eigenschaft, die diesen Teil der Jugendbewegung mit anarchistischen Tendenzen der politischen Be-

---

[156] Bellmund, Klaus / Siniveer, Kaarel: *Kulte, Führer, Lichtgestalten. Esoterik als Mittel rechtsradikaler Propaganda*, Knaur Verlag, München 1997, S. 84f.

[157] Haverbeck, Werner Georg: *Rudolf Steiner – Anwalt für Deutschland*, Verlag Langen-Müller, München 1989, S. 134.

[158] Vgl. Hermand, Jost: *Der Schein des schönen Lebens*, S. 9ff.

wegung der späten 1960er Jahre verband[159]). Abermals entstanden auf der Suche nach gesellschaftlichen Alternativen Kommunen, wurden gemeinschaftsorientierte Wohn-, Arbeits- und Lebensformen gegründet und gefühlsbetonte, natürlichkeitsbezogene Elemente als die eigentliche Erfüllung des Daseins kultiviert. Hippies verkörperten die Tradition des romantischen Rebellen, der den Warenfetisch der kapitalistischen Ordnung durchbrechen will und nach „echten“, „naturbezogenen“ Erlebnisse sucht, nach einer – mit Hilfe von halluzinogenen Mitteln erlebbaren – anderen, „tieferen“ und „höheren“ Welt hinter dem vermittelten, isolierten und einförmigen Dasein in der Konkurrenzgesellschaft.

Wiederkehr der Wandervögel

Als einer der wenigen erkannte und kritisierte der Liedermacher Franz Josef Degenhardt bereits 1971 in seinem Lied *Die Wallfahrt zum Big Zeppelin* die in der Hippie-Reformbewegung wiedererwachte Spiritualität vergangener deutscher Jugendkulte:

Ja anno 70/71, da warn sie alle wieder da die Wandervögel,
zogen dahin auf Wallfahrt zum Big Zeppelin.
Fürsten aus Afghanistan in Lumpen und in Loden
Prinzessinnen vom Roten Nil,
wehrlos, bis unter den Boden.
So fünf-, achttausend Tage alt, mit Haaren aus Vogelnestern,
darunter ihre Angst versteckt vor morgen und vor gestern.
Und wieder hatten sie dabei die Lauten und die Flöten.
Von Blauen Blumen sangen sie nichts, die waren längst zertreten.
Sie sangen vom Big Zeppelin, dem riesig großen Dicken,
wie der die Welt, das runde Weib, tät' heilen und erquicken.
Die Speier und die Spötter haben wieder mal gelacht
Und mit den bunten Vögeln ihr gut' Geschäft gemacht,
(...)
Und wieder mal nach innen ging der Trip, das große Wandern;
und Schule und Betriebe ließen sie wieder mal den andern.
Und wieder hing der große Traum an einem satten Frieden,
wo Tauben, weil sie Tauben sind, die Habichte besiegen.
Und überm Paradiese, stand drall Big Zeppelin,

---

[159] Harich, Wolfgang: *Zur Kritik der revolutionären Ungeduld*, Verlag 8. Mai, Berlin 1998

die dicke Friedensspritze und Glücklichmacherin
(...)
Und hunderttausend zogen hin zu ihren Heiligen Plätzen
und lagen da und Frieden war in ihren sanften Gesten.
Big Zeppelin, Big Zeppelin hing an zwei Schwarzen Sonnen
und aus Verstärkern dröhnt im Bauch die Litanei der Wonnen.
Und Wolken aus Afghanistan und stampfende Gitarren,
und Schreie nach Befriedigung, nach Klassenkampf der Narren.
(...)
Big Zeppelin, Big Zeppelin, du Friedenswunderwaffe,
du hast erreicht was Wasserwerfer und Polizeiknüppel nicht schafften.
(...)
Und love und peace und freedom, war wieder überall
Und n' paar kaputte Schießer verschmerzt das Kapital.
(...)

Die *Beatles* zogen zu ihrem Guru Maharishi Mahesh Yogi nach Indien und das Musical *Hair* brachte die Botschaft des neuen Wassermann-Zeitalters auf die Bühne. *Aquarius*, das Titellied des Musicals, erklärt die astrologische Grundlage des Glaubens an das um die Jahrtausendwende erwartete New Age: „When the moon is in the seventh house, and Jupiter aligns with Mars, then peace will guide the planet, and love will steer the stars; this is the dawning of the age of Aquarius. Harmony and understanding, sympathy and trust abounding. No more falsehoods or derision, golden living dreams of vision, mystic cristal revelation, and the mind's true liberation: Aquarius."

Zur selben Zeit wurde die Doktorarbeit eines gewissen Carlos Castañeda zum Millionenbestseller. In diesen *Lehren des Don Juan* beschreibt Castañeda seine Begegnung mit einem alten indianischen Schamanen, der ihn in den Gebrauch von Drogen einweiht und ihm dadurch das Tor zu ungewöhnlichen Erlebniswelten aufstößt. Castañedas „wissenschaftliche Feldforschung" stellte sich als reine Schreibtischtätigkeit heraus; seine „historischen" Figuren sind Phantasiegestalten.

Der in der Hippie-Generation wiedererwachte magisch-spirituelle Gedanke fand ab den 1970er Jahren eine beständig wachsende Zahl an Anhängern. In wissenschaftliches Gewand gekleidete Abhandlungen über das „Neue Zeitalter" und das „Neue Denken" erschienen auf dem Markt, die in ihrem Wesen an die Schriften Chamberlains oder Spenglers erinnern.

Hans-Peter Duerr, Direktor des *Werner-Heisenberg-Instituts* (*Max-Planck-Institut für Physik und Astrophysik*, München), ist ein früher Theoretiker der bundesdeutschen Esoterik-Szene. Als 1978 sein Essay *Traumzeit* auf den Markt kam, in dem er „Formen des Außersichseins" erörterte, setzte eine öffentliche Diskussion über Wissenschaft und Irrationalismus ein. In den Folgejahren ergänzten weitere renommierte Wissenschaftler die Theorien des New Age und verliehen ihnen einen seriösen Anstrich. 1982 erschien Fritjof Capras Buch *Wendezeit*, das als internationales Standardwerk der New Age-Bewegung bezeichnet werden kann. Der ehemals friedensbewegte Franz Alt hob in den 1980ern in spirituelle Sphären ab und kann als Beispiel für die Entwicklung weiter Teile der ehemaligen Friedensbewegung angesehen werden. Heute schreibt er für esoterische Zeitschriften wie das *Magazin 2000* oder *Die Andere Realität* ebenso wie für die Hauspostille der deutschen Salonfaschisten, die *Junge Freiheit*. Der Frankfurter Erziehungswissenschaftler und Leiter des *Fritz-Bauer-Instituts (Studien- und Dokumentationszentrum zur Geschichte und Wirkung des Holocaust)* Micha Brumlik bescheinigt Franz Alt, er habe mit seinem „ökologischen Jesus" den ersten antisemitischen Bestseller seit 1945 geschrieben.[160] Zu einer Galionsfigur des deutschen New Age entwickelte sich in den 1980er Jahren auch Rudolf Bahro, der wegen seiner früheren oppositions-politischen Aktivitäten in der DDR große Bekanntheit besaß.

Als Grundkonzepte des aktuellen New Age werden im Folgenden exemplarisch die Theorien Capras und Bahros herausgegriffen und einer genaueren Untersuchung unterzogen. Beide haben in wissenschaftlichen Kreisen anerkannte Standardwerke verfasst. Capra versucht, eine naturwissenschaftliche Grundlage zu schaffen, während Bahro auf sozialwissenschaftlicher Ebene vorgeht. Im Anschluss wird anhand mehrerer Vorreiter der Esoterik im deutschsprachigen Raum die inhaltliche Ausrichtung des Esoterik-Booms der 1990er Jahren aufgezeigt.

---

[160] Brumlik, Micha: *Der Anti-Alt. Wider die furchtbare Friedfertigkeit*, Eichborn, Frankfurt/M. 1991

1. Das ökologische Weltbild Fritjof Capras

„Ich will hoffen, dass das sich daraus ergebende Ganze mehr ist als die Summe seiner Teile."

Fritjof Capra[161]

Fritjof Capra (*1939 in Wien) gilt als berühmtester Vordenker des New Age, dem er mit seinem Werk *Wendezeit. Bausteine für ein neues Weltbild* (Erstausgabe USA 1982; deutsche Übersetzung 1983) ein wegweisendes Kultbuch schrieb. Capra, Atomphysiker und Schüler des Mitbegründers der Quantentheorie Werner Heisenberg,[162] startete damit den Versuch, die New-Age-Spiritualität wissenschaftlich salonfähig zu machen. Capra will ein „ganzheitlich-ökologisches Denken, eine systemische Sichtweise der Welt" durchsetzten.

In der Einleitung von *Wendezeit* spricht Capra von einer existenzbedrohenden gesellschaftlichen Krisensituation, von hoher Arbeitslosenrate, einer Krise des Gesundheitswesens, steigender Gewaltbereitschaft und einer bevorstehenden ökologischen Katastrophe. Schuld an der Krise seien nicht gesellschaftliche Verhältnisse, Besitzverhältnisse oder Produktionsbedingungen, sondern lediglich unsere eigenen falschen inneren Wertvorstellungen, die vom mechanisch-kartesianischen Denken bestimmt

---

161 Capra, Fritjof: *Wendezeit. Bausteine für ein neues Weltbild*, Deutscher Bücherbund, Stuttgart/München 1987, Einleitung, S. X.

162 Schon Capras Lehrer Heisenberg war in den 1920er Jahren Mitglied des *Weißen-Ritter*-Kreises, einer bündischen Männerorganisation, die in der Nachfolge des Wandervogels entstand. Der *Weiße-Ritter*-Kreis speiste sich aus den elitären, germanisch-mystischen Ordensvorstellungen Stefan Georges. Man glaubte, mit Hilfe der „deutschen Dreieinigkeit: Gott, ich und die Waffe" ein „Heiliges Drittes Reich" der Deutschen erkämpfen zu müssen. „Die deutsche Jugend und der deutsche Staat müssen sich zur letzten Schlacht rüsten."
Der weiße Ritter 1920-21, S. 43 zit. in Laqueur, Walter Z.: *Die Deutsche Jugendbewegung*, S. 154.

seien.[163] Die Rettung könne ausschließlich mit dem Durchbruch eines „neuen Paradigmas, einer neuen Sicht der Wirklichkeit, neuer Wertvorstellungen“ glücken. Der Mensch solle sich nicht in konkreten gesellschaftlichen Auseinandersetzungen zur Verbesserung der Situation engagieren, sondern erkennen, dass er vor allem eine „Krise der Wahrnehmung“ habe. Capra leugnet bestehende Herrschaftsstrukturen und geht in idealistischer Tradition von einem Bewusstsein aus, welches das Sein bestimme. Alle Probleme würden sich mit einem „Neuen Denken“ friedlich und ganz „von selbst“ lösen, wenn „der richtige Zeitpunkt gekommen“ sei. Der Mensch solle sich aller Formen der Aktivität enthalten, die nicht mit dem kosmischen Gesetz harmonierten.

Ökologisch – systemisch – ganzheitlich – kosmisch – organische Gemeinschaft

Capra fordert, das gesellschaftliche Zusammensein müsse neu, nach den Gesetzen der Natur, organisiert werden. Diese Forderung versucht er aus der modernen Physik herzuleiten. Einsteins Relativitätstheorie untergrabe die Fundamente des newtonschen Denkens, demzufolge erfordere „die neue Physik (...) tiefgreifende Veränderungen von Grundbegriffen wie Raum, Zeit, Materie, Gegenstand, Ursache und Wirkung“. Den Definitionsversuch seiner systemischen Weltanschauung gestaltet Capra als Abgrenzung zum „alten linearen Denken“. Die gebrauchten Attribute *ganzheitlich-systemisch-ökologisch-organisch-kosmisch* werden nie separat erläutert, sondern sind, wie auch in der folgenden Definition Capras, auswechselbare Synonyme ein und desselben „Neuen Denkens“: „Im Gegensatz zur mechanistisch kartesianischen Weltanschauung kann man die aus der modernen Physik hervorgehende Weltanschauung mit Worten wie organisch, ganzheitlich und ökologisch charakterisieren. Man könnte sie auch ein Systembild nennen, im Sinne der allgemeinen Systemtheorie. Das Universum wird nicht mehr als Maschine betrachtet, die aus einer Vielzahl von Objekten besteht, sondern muss als ein unteilbares, dynamisches Ganzes beschrieben werden, dessen Teile auf ganz wesentliche Weise in Wechselbeziehung stehen und nur als Strukturen eines Vorgan-

---

[163] Wir erlebten eine „ernsthafte Gefährdung unserer individuellen und gesellschaftlichen Gesundheit durch die dem kartesianischen Weltbild und dem ihm zugrunde liegenden Wertsystem innewohnende Begrenztheit.“ (Capra, Fritjof: *Wendezeit. Bausteine für ein neues Weltbild*, S. IX [Einleitung], auch S. 58f.)

ges von kosmischen Dimensionen verstanden werden können."[164] Das Besondere und Neue an dieser Systemtheorie sei die dynamische Wechselwirkung, die die Teile miteinander eingehen.

Capra sieht Ähnlichkeiten zwischen seiner „rhythmisch-dynamischen Wechselwirkung der Elemente" und dem marxistischen Begriff der Dialektik. Er benennt den historisch-dialektischen Materialismus als Hauptkontrahent im Streit um eine neue Weltsicht: „Die Hauptalternative zu diesem Modell (...) ist die marxistische Anschauung von der Geschichte."[165] Lukács' These, die Funktion des Irrationalismus sei es, der Verbreitung des dialektisch-historischen Materialismus entgegenzuwirken, scheint sich bei Capra erneut zu bestätigen. Eine dialektisch-prozessuale Entwicklungsmöglichkeit wird zwar wiederentdeckt bzw. als neu verkauft; ihr Wesen bleibt jedoch mythisch umnebelt. Zur Erklärung wird auf alte mystisch-religiöse Konzepte verwiesen und eine Re-Spiritualisierung betrieben. Auf der Suche nach einer Erklärung des dialektischen Zusammenhangs wendet Capra sich hin zu alten fernöstlichen Religionen, die auf der Grundlage einer Wechselwirkung der Elemente beruhen. Verstanden werden könne dieser Entwicklungsprozess nur aus einer „kosmischen" Sichtweise. Capra beruft sich bevorzugt auf das alt-chinesische *I-Ging*.[166] Er greift die Rolle des Konfliktes und Kampfes im dialektisch-marxistischen Entwicklungsprozess an und stellt ihm die Möglichkeit einer harmonischen friedlichen Weiterentwicklung entgegen.[167] Die beiden widerstreitenden Elemente sollen zum gemeinsamen Weltengeist finden, damit von einem einzigen göttlichen Willen beseelt sein und sich in Harmonie auflösen.

---

164 Capra, Fritjof: *Wendezeit. Bausteine für ein neues Weltbild*, S. 80.

165 Ebenda, S. 30f.

166 *I-Ging*, zu deutsch *Das Buch der Wandlungen*, ist ein ca. 3000 Jahre altes Orakel. Es bietet Lösungen für alle Arten von Problemen. Die Grundidee beruht auf einer beständigen dynamischen Wechselwirkung kosmischer Art. Yin und Yang symbolisieren die beiden polaren Antriebskräfte. Im *I-Ging* werden 64 auf Strichmustern basierende Zeichen (Hexagramme) vorgestellt, denen jeweils eine bestimmte Bedeutung zugeteilt wird. Durch das mehrmalige Werfen einer Münze wird der nach Antwort Suchende auf ein bestimmtes Hexagramm verwiesen, das ihm Rat auf eine vorher formulierte Frage geben soll.

167 Vgl. Capra, Fritjof: *Wendezeit. Bausteine für ein neues Weltbild*, S. 30f.

Menschenbild: Das freie Individuum existiert nicht – der Volksgeist regiert durch Gott

Als Kennzeichen von Systemen beschreibt Capra ein *dynamisches Gesetz der Selbstorganisation*. Ein System sei gegenüber seiner Umwelt relativ autark, gebe sich autonom seine eigene innere Ordnung und erneuere sich aus sich selbst heraus. Die systemische Organisationsform gelte für sämtliche Bereiche des Universums und müsse auch auf die menschliche Gesellschaft übertragen werden. „Ähnliche Koordinationsmuster existieren in (...) Tiergemeinschaften (...). Bienen und Ameisen können in Isolation nicht existieren; in großer Zahl handeln sie jedoch fast wie die Zellen eines komplexen Organismus mit einer kollektiven Intelligenz. (...) Dieses Phänomen von Tieren, die sich zusammenschließen, um größere Organismen zu bilden, ist nicht auf Insekten beschränkt, sondern lässt sich auch bei anderen Arten beobachten, Menschen natürlich eingeschlossen.“[168]

Freie selbstständige Menschen eignen sich für solch ein Gesellschaftsbild nicht, und folgerichtig erklärt Capra den „freien Willen“ zu einem „relativen“ Ding. Er erläutert alte mystische Überlieferungen, nach denen „der Begriff des freien Willens relativ, begrenzt und (...) illusorisch [ist] wie alle anderen Begriffe, die wir bei unseren verstandesmäßigen Beschreibungen der Wirklichkeit gebrauchen“.[169] Der freie Wille, die freie Verstandes- und Entscheidungsfähigkeit jedes Menschen sind Grundannahmen der Aufklärung und demokratisch verfasster Gesellschaften. Für Capra sind sie unnatürliche Ausformungen moderner westlicher Zivilisation. Eine Gruppe von Menschen verfüge über einen kollektiven Geist, ein kollektives Bewusstsein, das das des Einzelnen übersteige. (Capra formuliert diese These in Bezugnahme auf C.G. Jungs Lehre vom kollektiven Unbewussten.[170]) Der individuelle Geist stelle nur ein Untersystem dar, er sei in einen höheren Geist gesellschaftlicher und ökologischer Systeme eingebettet.

---

168 Capra, Fritjof: *Wendezeit. Bausteine für ein neues Weltbild*, S. 307.

169 Capra, Fritjof: *Wendezeit. Bausteine für ein neues Weltbild*, S. 298f.

170 Zur Nutzbarkeit der jungschen Tiefenpsychologie für die Herrschaftsinteressen des NS-Staates siehe den Beitrag von Heinz Gess, in: Weber, Klaus (Hrsg.): *Unterstellte Subjekte: Der Beitrag der deutschen Psychologie zur Faschisierung des Subjekts*, Argument-Verlag, Berlin 1998.

Die Erde funktioniere nicht *wie* ein Organismus, sondern sie *sei* ein lebendiges Wesen. Capra nennt sie *Gaia* (griechische Göttin der Erde). Der menschliche Untergeist sei in *Gaias* weltumspannenden Geist eingebettet, und *Gaias* Geist sei wiederum Untersystem eines kosmischen Geistes. Capra bemüht abermals „alte mystische Überlieferungen" um seine Anschauung zu untermauern und den Mensch weiter seiner individuellen Persönlichkeit zu berauben: „Ziel (...) ist es, sich vollständig aller Ich-Empfindungen zu entledigen und in mystischer Erfahrung mit der Totalität des Kosmos zu verschmelzen. Sobald ein solcher Zustand erreicht ist, scheint die Frage nach dem freien Willen ihre Bedeutung zu verlieren."[171] Gott schließlich sei der Geist dieses Universums, anders ausgedrückt: „die Selbstorganisations-Dynamik des gesamten Kosmos".[172] Capra zieht nun den Schluss, dass alle Erscheinungen „– von den subatomaren Teilchen bis zu den Galaxien und von den Bakterien bis zu den Menschen – Manifestationen (... des) kosmische(n) Geist(es)" sind. Er bekennt, mit der Konstruktion eines „kosmischen Bewusstseins" in seiner Lehre bei einer mystischen Anschauung angelangt zu sein, zeigt sich aber froh, mit der Systemlehre „endlich einen sinnvollen wissenschaftlichen Rahmen" gefunden zu haben, mystische Anschauungen mit einem wissenschaftlich verbrämten Ansatz vertreten zu können.

Sozialdarwinismus

In sozialdarwinistischer Manier spricht Capra weiter über mögliche Störungen des Systems. Das Gleichgewicht eines Systems könne ins Wanken kommen, wodurch sich einige Elemente unkontrolliert vermehrten und zu „Unkraut" würden. Tiere, unter die Capra auch Menschen subsummiert, könnten zu „Schädlingen" werden, die das System bedrohten, weil sie sich nicht in die vorgeschriebene Wechselwirkung einfügten. Diese „Schädlinge" müssten eliminiert werden. Auf welche Weise dies geschehe, darin sieht Capra den Gegensatz seiner Anschauung zu einer sozialdarwinistischen. In sozialdarwinistischer Logik würde durch den Selbsterhaltungstrieb der Stärkere den Schwächeren vernichten. Capra hingegen fordert, der Unterlegene solle einsehen, dass für ihn kein Platz vorhanden sei und sich autonom selbst auflösen(!).[173] Es brauche dazu keinen Kampf; die

[171] Capra, Fritjof: *Wendezeit. Bausteine für ein neues Weltbild*, S. 298.

[172] Ebenda, S. 324 und S. 338.

[173] Vgl. ebenda, S. 310.

Entwicklung könne harmonisch und friedvoll verlaufen. Das „Lebensunwerte“ vernichtet sich, durch Einsicht in seine Unbrauchbarkeit für das System, selbst. Capra propagiert das Recht des Stärkeren in einem pazifistisch anmutenden Gewand.

Dies ist ein Punkt, weshalb die New Age-Ideologie in Manager-Kreisen regen Anklang findet. Die Spaltung der Gesellschaft in einander widerstreitende Interessensgruppen wird bestritten zugunsten einer holistischen Volksgemeinschaftsideologie. Der einzelne sei – wie die einzelne Ameise – nichts, erst im Volkskörper finde jeder seine wahre Bestimmung. Eine engagierte Parteinahme für die Interessen der „abhängigen Organe“ der „Unterschichtungen“, also der unteren, sozial benachteiligten Schichten der Gesellschaft, wird abgelehnt. Es komme nur darauf an, „neu zu denken“, die Verhältnisse änderten sich dann „von selbst“. In idealistischer Manier verkündet Capra, dass „materielle Strukturen nicht länger als die primäre Wirklichkeit angesehen werden“ können, sondern dass sie „Ausdruck“ des „Geistes“ des Systems seien.[174]

Der Mensch besitzt in Capras systemischem Weltbild keinen Wert an sich, sondern wird nach seiner Brauchbarkeit für das System gemessen. Gefordert wird eine reibungslose Einordnung in die Hierarchie. Was diese Ethik für behinderte, alte, kranke Menschen bedeutet, spricht Capra nicht an. In logischer Fortsetzung seiner Theorie werden diese sozialen Gruppen zu dysfunktionalen Schmarotzern, die der vitalistisch-gesunden Lebensgemeinschaft schaden. Die vom NS-Faschismus betriebene großangelegte Kategorisierung von Menschen in „lebenswert“ oder „lebensunwert“ und die Massenvernichtung von für das System „unwertem Leben“ war bereits einmal das historische Resultat eines solchen Menschenbildes.

Untergang des Abendlandes

Ähnlich wie Oswald Spengler in *Untergang des Abendlandes* spricht auch Capra in *Wendezeit* von einer weltgeschichtlichen Entwicklung, die in aufeinanderfolgenden, sich evolutionär ablösenden Gesellschaften erfolge: „Doch es scheint, dass alle Zivilisationen durch ähnliche zyklische Prozesse des Entstehens, Wachstums, Zusammenbruchs und Zerfalls hindurchgehen müssen. Die nachfolgende Graphik zeigt diese eindrucksvolle Dynamik für die großen Zivilisationen im Mittelmeerraum.“[175]

---

[174] Ebenda, S. 331.

[175] Ebenda, S. 21f.

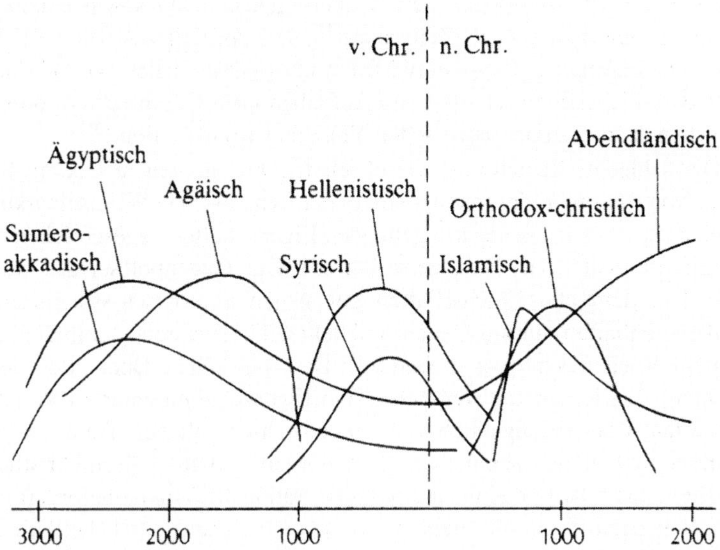

Aufstiegs- und Untergangsmuster der großen Zivilisationen im Mittelmeerraum

Nach Capra hat seine eigene, die abendländische, Kultur den Gipfel ihrer Entwicklung erreicht und schreite nun gesetzmäßig und unaufhaltsam ihrem Verfall entgegen. Andere große Gesellschaftsformationen unserer Zeit, wie der islamisch geprägte Kulturkreis, hätten sich bereits überlebt. Die Vorherrschaft der westlichen Zivilisation findet bei Capra Bestätigung durch die „natürliche kosmische Entwicklungslehre". Lebensphilosophische Anklänge zeigen sich in der Beschreibung der „Lebenszyklen". Bei „Geburt" beschreibt Capra diese als dynamisch, lebendig, reaktionsfähig, während er eine „dem Niedergang geweihte Zivilisation" als starr und versteinert charakterisiert.[176]

Capra prophezeit die friedliche Ablösung der verfallenden Zivilisation des christlichen Abendlandes durch ein neues *Solarzeitalter*.[177] Getragen werde die Idee der Neuen Zeit von einem Netzwerk alternativer Gruppen. Mitstreiter versucht Capra „an den Rändern der in Orientierungs- und Perspektivlosigkeit verfallenden kleinbürgerlichen Protestbewegung zu

[176] Ebenda, S. 22 und S. 24.

[177] Vgl. ebenda, S. 438ff.

fischen",[178] er nennt explizit: „Ökologen, Feministinnen, (...), Friedensbewegung, Umweltgruppen, Verbraucherorganisationen sowie ethnische Befreiungsbewegungen" als Zielgruppe.[179] Sein spezielles Augenmerk gilt der Frauenbewegung. Capra entwirft ein altes patriarchales Weltbild neu, das menschliche Eigenschaften und Aufgaben nach Geschlechtern ordnet. Er bedient sich dazu der taoistischen Yin/Yang-Konstruktion.[180]

Der schlechte Zustand der Gesellschaft rühre aus einem Übermaß an *Yang*. Mit *Yang* wird der männliche Pol der dynamischen Wechselwirkung bezeichnet, der alle als negativ geltenden Eigenschaften zugeschrieben bekommt (rational, analytisch, zersplitternd). Der Gegenpol sei das weibliche *Yin*, dem alle Eigenschaften des neuen ökologisch-systemischen Denkens anhaften (intuitiv, nicht-intellektuell, bewahrend, empfänglich, kooperativ, nach Synthese strebend).[181] Das patriarchale Denken der letzten Jahrhunderte, das die weiblichen Yin-Eigenschaften unterdrückt habe, wurde laut Capra maßgeblich von der jüdisch-christlichen Tradition verschuldet, die einen männlichen Gott vorgab.[182] Die jüdisch-christliche Tradition habe damit das lineare, kausale, rationale Denken befördert und den alten naturreligiösen Glauben von der durch und durch göttlich beseelten Welt verdrängt. In der Konsequenz sei unser Verständnis für das Ökosystem verhindert worden. Capra sieht in einem spirituellen Feminismus den Katalysator der ökologischen Transformation. Er begründet dies mit der alten patriarchalen Rollenzuschreibung an die Frau als antiintellektuell, gefühlsbetont, gebärend, naturnah. „Der spirituelle Gehalt der ökologischen Weltanschauung findet seinen idealen Ausdruck in der von der Frauenbewegung befürworteten feministischen Spiritualität – was angesichts der naturgegebenen Verwandtschaft zwischen Feminismus und Ökologie, die in der uralten Gleichsetzung von Natur und Frau wurzelt, zu erwarten ist."[183] Als Mythos für diesen spirituellen Ökofeminismus bietet Capra weibliche Gottheiten alter Naturreligionen an.

---

[178] Scheinost, Peter: *Überlegungen zu Herkunft und Bedeutung der Irrationalismus-Epidemie*, in: *Streitbarer Materialismus 12* (1992), S. 112.

[179] Capra, Fritjof: *Wendezeit. Bausteine für ein neues Weltbild*, S. 45.

[180] Taoismus: religiös-philosophische Richtung ursprünglich aus China stammend, die auf Laotse zurückgeht. Sie befasst sich mit der Herstellung einer Harmonie zwischen Mensch und Kosmos.

[181] Capra, Fritjof: *Wendezeit. Bausteine für ein neues Weltbild*, S. 36.

[182] Vgl. ebenda, S. 38.

[183] Ebenda, S. 469.

Wendezeit – Bausteine für ein altes Weltbild

In Capras Buch lassen sich – die rassistische Komponente ausgenommen – alle Charakteristika wiederfinden, die bereits historisch kennzeichnend für die esoterisch-irrationale Bewegung in Deutschland waren.

Capra geht von einer herannahenden gesellschaftlichen Katastrophe aus, vor der uns nur neue Wertvorstellungen, ein „Neues Reich", retten könnten. Er verherrlicht vor-industrielle Zustände und macht das mechanistisch-kartesianische Weltbild für die Misere verantwortlich. Die Lösung liege in der Re-Spiritualisierung der Welt (Mutter Erde als lebende Göttin). Eine als natürlich-ganzheitlich bezeichnete Ordnung wird auf die menschliche Gesellschaft übertragen, mit der das demokratische Gesellschaftsbild einem organischen Volksverständnis weicht. Widerstreitende Meinungen gibt es in dieser Gemeinschaft nicht, alle sind vom selben Willen beseelt. Unter dem Schlagwort der Ganzheitlichkeit wird der Mensch seines Verstandes und seiner individuellen Freiheit beraubt. Er wird dazu angehalten, seine Lebenslage als gottgewollt, kosmisch vorgeschrieben hinzunehmen. Das verheißene „neue Zeitalter" besteht damit in verschärfter Durchsetzung bestehender sozialer Ungleichheiten. Das patriarchale Frauenbild der gebärfreudigen, gläubigen, erdnahen Frau wird bestärkt, gleichzeitig eine göttliche Überhöhung „des Weiblichen" vollführt.

Die aristokratische Erkenntnistheorie bezieht sich im New Age auf die eigene Anhängerschaft, die „es" schon erfahren hat. Erniedrigt wird der Rest der Welt, der „noch nicht so weit ist". Bei Capra sind es die wenigen „Neuen Denker", die als einzige schöpferische Kraft innerhalb der untergehenden Gesellschaft das kommende Solarzeitalter erwarten.

Allerdings lässt Capra, der in den USA lebt und arbeitet, eine gewisse Egalität walten, indem er unabhängig von Hautfarbe und Herkunft allen Menschen gleichermaßen die Chance zur Erkenntnis des neuen Denkens zubilligt. Anders als seine (im Folgenden dargelegten) deutschen Weggefährten bedient Capra sich weder des Konstrukts von „Rassen" noch beschäftigen ihn „völkische Besonderheiten" einzelner Systeme.

2. Grün-braune Allianz: Rudolf Bahros „Regenbogen"-Bewegung

„Ich halte viel von Esoterik. Man soll träumen, man soll ganzheitlich denken. Wenn wir unsere Gemeinschaft nach den Gesetzen der Natur organisieren, dann werden wir zu Göttern."

Michael Kühnen[184]

1985 gab der Guru Bhagwan in einem Interview mit dem *Spiegel* den Auftakt für eine esoterisch-irrationale Rehabilitierung des deutschen Faschismus. Er äußerte die Ansicht, dass sein spirituelles Anliegen, die Schaffung des ganzheitlichen, in einer harmonisch-natürlichen Ordnung lebenden Menschen, auch das des Dritten Reiches war. Hitlers eigentliche Bestrebungen seien positiv gewesen,[185] er hätte sie lediglich falsch zu realisieren versucht. Bhagwan wolle die Schaffung des „schönen und lichten" neuen rassebewussten Menschen nun besser ausführen. Bhagwans Äußerungen fielen in eine Zeit, in der deutsche Historiker wie Ernst Nolte bestrebt waren, die Aufgabe der Geschichtswissenschaften neu zu bestimmen im Sinne einer relativierenden Umbewertung der deutschen Verbrechen im Nationalsozialismus.

Bhagwans Vorhaben wurde von Rudolf Bahro mit seinem 1987 erschienenen Buch *Logik der Rettung* weitergeführt. Bahro (1935-1997) hatte sich in der DDR mit der Theorie des „dritten Weges" öffentlich gegen das System gestellt; infolge der Veröffentlichung *Die Alternative*

---

[184] Michael Kühen (1955-1991) war ein bedeutender Anführer der bundesdeutschen Neonazi-Szene. Seit Ende der 1970er Jahre bildete er als Organisationsleiter der *Aktionsfront Nationaler Aktivisten* (dem legalen Arm der NSDAP/AO) bedeutende Kader der faschistischen Szene heran und prägte inhaltliche Ausrichtung und taktisches Vorgehen der Bewegung nachhaltig (zit. in: Ewald, Thomas: *Esoterik – eine historische Betrachtung*, S. 4).

[185] Bhagwan Shree Rajneesh im Spiegel Nr. 32/1985, S. 93, zit in: Gess, Heinz: *Der neue Mensch als Ideologie der Entmenschlichung*, in: Kern, Gerhard / Traynor, Lee (Hrsg.): *Die esoterische Verführung*, S. 283.

(1977) musste er eine 26-monatige Gefängnisstrafe verbüßen. Nach seiner Entlassung in die BRD wurde er Wegbereiter der *Grünen*, deren ökologischen Reformansatz er als neue erforderliche Grundprämisse politischer Analyse ansah. Wie die Physik durch die Relativitätstheorie Einsteins, so sei auch Marx' Theorie „relativistisch zu überprüfen“ denn „Klassenkampf, [das] geht heute einfach nicht mehr, das kann man heute einfach nicht mehr machen“.[186] Stattdessen sollten selbstverwaltet produzierende Kommunen aufgebaut und soziale Bewegungen gefördert werden, welche nicht länger an der Marxschen Klassenanalyse festhielten und damit das Austragen innergesellschaftlicher Widersprüche forcierten. Es bedürfe einer psychologischen Revolution, einer radikalen Umgestaltung der Kultur, einer Änderung der subjektiven Lebensformen, der Abwendung vom Streben nach Wirtschaftswachstum, von Konsumdenken, Fortschritt und Großtechnologie. Auf dem kleinsten „gemeinsamen Nenner der Kritik am kapitalistischen Industrialismus“ solle ein „historischer Kompromiss“ geschlossen werden, um eine Massenbewegung zu begründen, die „nicht rechts im traditionellen Sinne und nicht links (...), sondern vorn“ stehen werde.[187] Ökologische Politik sah Bahro dabei als das verbindende Element: „Grün ist das Dritte, ist das Bindeglied“.[188] Trotzdem verließ er 1985 die *Grünen* und widmete sich alternativ-spirituellen Lebensgemeinschaften wie der *Lernwerkstatt* in Niederstadtfeld in der Eifel. Die *Lernwerkstatt* will nach dem Motto „ganzheitliches Leben – ganzheitliche Politik“ zu einer „spirituellen Neubegründung der Politik“[189] beitragen. Im Zuge der radikalen Umgestaltung der Hochschullandschaft der DDR nach deren Anschluss an die BRD 1990 erhielt Bahro einen Lehrstuhl an der *Humboldt-Universität*, Berlin, wo er bis zu seinem Tode sein Gedankengut als „Sozialökologie“ verbreiten durfte.

Zu dem Kultguru Bhagwan pflegte er ein gutes Verhältnis. Gern berief sich Bahro auf einen vierwöchigen Aufenthalt in dessen *Sannyasin*-Gemeinschaft, auf die er sich „voll eingelassen“ habe. Bahro meinte, würde Meister Eckharts mystisches Religionsverständnis, das Christus in uns

---

186 Bahro, Rudolf: Elemente einer neuen Politik. Zum Verhältnis von Ökologie und Sozialismus, Olle & Wolter, Berlin 1980, S. 74f.

187 Ebenda, S. 103.

188 Ebenda, S. 65.

189 Aus dem Programm '89 der Lernwerkstatt, zit. nach: Ditfurth, Jutta: *Feuer in die Herzen*, S. 293.

allen sieht, im Christentum heute wieder rezipiert, könne er auf die „asiatische Aushilfe“ Bhagwan verzichten.[190]

Bahro beschwor eine ökologische Katastrophe, die nicht durch eine Reformierung des jetzigen Systems aufgehalten werden könne, sondern einen gänzlich neuen Weg erfordere. Die Katastrophe sei durch falsche innere Vorstellungen herbeigeführt. In uns allen hätte sich eine *Logik der Selbstausrottung* manifestiert. Wir sollten die Energien, die bisher mit dem Ziel der Weltveränderung in „Sachenmachen und soziales Kämpfen“ investiert wurden, umleiten und unser Bewusstsein mehr auf uns selbst als nach außen richten. Damit sprach Bahro gezielt ehemals sozial-alternativ engagierte Menschen an. Mit der Auflösung grüner Träume von einer gerechteren, umweltfreundlicheren, friedlicheren Gesellschaft und mit dem Verschwinden der sozialistischen Gesellschaftsform als real existierender Alternative zum Kapitalismus verloren hunderttausende von Bundesbürgern ihre Utopien. Den Kampf für eine bessere Welt sahen viele von ihnen als gescheitert an.

Bahro griff diese Enttäuschung und konzeptionelle Leere auf. Er unterfütterte den Trend des Rückzugs ins Private mit einer passenden Rechtfertigung.[191] Die Verbesserung der äußeren Welt sei nur durch eine Heilung unserer inneren Seele, eine kulturelle Erneuerung erreichbar.

Bahros Begriff der „Ökologie“ hat mit „Umweltschutz“ nichts gemein. Die beiden Begriffe werden jedoch im herkömmlichen Sprachgebrauch gleichgesetzt und boten Bahro ein breites, durch den Boom des Umweltschutzgedanken in den 1980er Jahren sensibilisiertes Klientel. Umweltschutz ist in Bahros apokalyptischer Weltuntergangsprophezeiung nur eine nichtsnutzige Reform des zum Scheitern verurteilten parlamentarisch-demokratischen Systems.[192] Was dagegen gebraucht werde, sei die *Ökologie*, eine „Wiederversöhnung mit der Erde“. Wir benötigten eine Re-Spi-

[190] Vgl. Bahro, Rudolf: *Erzwingt die ökologische Krise eine neue soziale Perspektive?*, in: Lewkowicz, Marina (Hrsg.): *Neues Denken in der Sozialen Arbeit: Mehr Ökologie – mehr Markt – mehr Management*, Lambertus, Freiburg im Breisgau 1991, S. 71.

[191] Wir sollten unsere Energien umleiten „von einer Praxis vornehmlich äußeren zu einer Praxis vornehmlich inneren Handelns, (...) von der Konstruktion zur Kommunion“ (Bahro, Rudolf: *Logik der Rettung*, Edition Weitbrecht, Stuttgart/Wien 1987, S. 23).

[192] Umweltschutz und dergleichen dienen „bloß als Ausputzpflastersteine für den breiten Weg zur Hölle“ (Bahro, Rudolf: *Logik der Rettung*, S. 19).

ritualisierung der Welt, die Wiederentdeckung uralter Religionen, die von einem Einssein des Menschen mit dem Kosmos ausgehen. Bahro setzte für seine Theorie voraus, „dass es eine implizite (...) Ordnung (...) im Kosmos und auf unserem Planeten gibt, und dass diese Ordnung als Verhaltensgrundlage in uns hineinreicht".[193] Damit konnte Bahro auf die Vorarbeit Capras aufbauen, der die Behauptung etabliert hatte, der einzelne Mensch sei nur ein abhängiges Unterelement eines kosmischen Bewusstseins.

Zugang zur „Weisheit der Erde", zum „göttlichen Weltgesetz", könnten wir allerdings nur durch den „dem Verstand entgegengesetzten Pol unserer Psyche" erlangen.[194] „Wir müssen begreifen, da stört der menschliche Geist mit einem unzulänglichen Programm die große Ordnung der Natur."[195] Schuld an der Vorherrschaft des Geistes, die als Herrschaft des männlichen Prinzips bezeichnet wird,[196] ist auch bei Bahro die moderne westliche Zivilisation. „Von dorther, wo 'Kopf out' ist, können Ursprungsenergien für den Widerstand kommen",[197] die zum neuen Zeitalter verhelfen.

Auswechselbar ähnliche Aussagen wie Spengler und Capra trifft Bahro mit der Beschreibung der „rein verstandesmäßigen mechanistisch-kartesianischen Gesellschaft": „Wir haben eine total atomistische Gesellschaft", eine „verheerende Einheitszivilisation", eine von einem „rationalistischen Dämon" besessene „Megamaschine" in der es „im Ganzen falsch" laufe. Die „abendländische Zivilisation" sei „im innersten Kern gescheitert", ihr „Lebensnerv tot". Wir müssten uns zurückbesinnen auf frühere Gesellschaften bis zur Altsteinzeit, in denen die Menschen noch „weitgehend frei von dem deformierenden Ballast ihrer späteren kulturellen Spezialisierung und Entfremdung gelebt" hätten. Die Rettung beginne damit, „dass wir bereit sind, alles loszulassen, (...) vor allem das Geldmachen und die Wissenschaft, die allem zugrunde liegen, aber auch die bestimmte Art von verteilungskämpferischer Demokratie, die ebenfalls eine Phase der Schlinge um unseren Hals ist. Und die Logik der Rettung endet damit, dass wir unseren höchsten Schatz preisgeben, den Doktor Faustus in uns

---

193 Bahro, Rudolf: *Logik der Rettung*, S. 20.

194 Ebenda, S. 462.

195 Bahro, Rudolf: *Erzwingt die ökologische Krise eine neue soziale Perspektive?*, in: Lewkowicz, Marina (Hrsg.): *Neues Denken in der Sozialen Arbeit*, S. 70.

196 Vgl. Bahro, Rudolf: *Logik der Rettung*, S. 166.

197 Ebenda, S. 161.

(Goethes ‘Höchstes Glück der Erdenkinder ist doch die Persönlichkeit’).“[198]

Bahro wettert in demagogisch-populistischer Art über die parlamentarische Demokratie. Der „von Grund auf korrupt konstruierte Parteienstaat“ biete keine Zukunft. Die bürgerliche Demokratie, die ohnehin nur den „Auspuff der individuellen Autonomie“ darstelle, sei eigentlich die Verfassung einer ominösen „Weltregierung“ des Finanzkapitals, der „schrankenlosen Kapitalakkumulation“.[199] Auch hier klingt die faschistische Weltverschwörungstheorie vom internationalen Finanzkapital an.

Wir sollten endlich zugeben, dass „die parlamentarische Demokratie, die aufgebesserte Weimarer Verfassung“ die ökologische Krise nicht aufhalten könne. „Wie Weimar keine Antwort fand auf die soziale, so findet heute Bonn keine Antwort auf die ökologische Krise – und die Deutschen haben sich trotz aller schlechter Erfahrung ein Gefühl dafür bewahrt, dass es eine Instanz des Gemeinwohls geben muss, (...) eine von echter Autorität, wie sie ein Parlament (...) einfach nicht aufbringen kann.“[200] Bahro fordert in der Logik der Volksgemeinschaft ein „über den Einzelinteressen stehendes Gremium“, welches in dieser Schicksalsfrage des Überlebens der Nation für das Volk entscheiden und die unterschiedlichen Interessen und Meinungen beiseite stellen solle.

Bahro nennt das kommende „neue Zeitalter jenseits der industriellen Megamaschine“ die „Ökopax-Formation“ oder auch die „Regenbogen-Gesellschaft“. Aufgebaut sein soll diese zukünftige Lebensform auf menschlichen „Stämmen“, „d.h. soziale Organismen mit überschaubarer Rückkoppelung zur Natur“. „Statt der mechanistischen parlamentarischen Demokratie (...) wird es einen neuen Modus der Konsensbildung aus dem Insgesamt unserer psychischen Kräfte geben, unter Führung der Intuition.“[201]

Bahros „Rettungskonzept“ baut bis hierher auf dem gängigen Muster irrational-esoterischer Heilskonzepte auf: 1. Beschwörung des Untergangs des Abendlandes, 2. Schuldzuweisung an die herrschende mechanistisch-kartesianische Wissenschaft, 3. Lösung durch die „Re-Spiritualisierung“ der Welt, eines ganzheitlichen Neuen Denkens, Forderung der Umgestal-

[198] Ebenda, S. 20f.

[199] Ebenda, S. 344.

[200] Ebenda, S. 344ff.

[201] Ebenda, S. 483f.

tung der Gesellschaft nach göttlich-kosmischen, „ökologischen“ Gesetzen, Überwindung der menschlichen Persönlichkeit.

Bahro erläutert allerdings konkreter, wie die Verbindung von Spiritualität und Politik in Deutschland praktisch umgesetzt werden soll. Er schimpft auf die politische Unverbindlichkeit der New-Age-Bewegung und fordert sie auf, aufzuhören, „kleine Brötchen zu backen“. Eine neue gesellschaftliche Vision müsse her, verkündet durch einen „charismatischen politischen Propheten“.[202] Diese Vision konkretisiert er in *Logik der Rettung*.

Der Ruf nach Volksgemeinschaft

> *„Kein Gedanke verwerflicher als der an ein neues anderes 1933? Gerade der aber kann uns retten. Die Ökopax-Bewegung ist die erste deutsche Volksbewegung seit der Nazibewegung. Sie muss Hitler miterlösen.“*[203]
>
> Rudolf Bahro

Bahro lobt die „vitale“ Kraft der Nazi-Bewegung und will anknüpfen „an die stärksten politisch-psychologischen Dispositionen unseres Volkes“. Nötig sei eine mächtigere Instanz, die sich der parlamentarischen Demokratie überordne. In dieser „Führung“ kämen die Schöpferischsten, dazu Berufenen zusammen.[204] „In der jetzigen Weltsituation wäre echte Autorität wichtig. Jetzt zu sagen, wir machen Basisdemokratie, unter uns Wölfen, ist Schickimicki.“[205] „Was ich jetzt entwickeln will, meint Verfassungsänderung.“ Bahro will eine Rettungsregierung, „Fürsten der ökologischen Wende“, einführen, die über der parlamentarischen Demokratie installiert und mit diktatorischen Vollmachten ausgerüstet werden solle: „Dieser Ökologische Rat unterscheidet sich dadurch von (...) Bürgerparlamenten, dass er sich nicht als Organ der ‘zivilen’ bürgerlichen Ge-

---

[202] Ebenda, S. 245.

[203] Ebenda, S. 346f.

[204] Vgl. ebenda, S. 344ff. und S. 360.

[205] Bahro im Interview mit *Freitag* vom 12.6.1992, zit. in: Ditfurth, Jutta: *Feuer in die Herzen*, S. 302.

sellschaft betrachtet (...), sondern die Stimme der Gottheit hörbar zu machen sucht."[206]

Biozentrismus

Capra und Bahro entwerfen auf „wissenschaftlicher" Ebene die Bausteine für eine biologistische Theorie, die mit dem Namen *Biozentrismus* bezeichnet wird. Oberste Gültigkeit hat der ungestörte Kreislauf der Natur, den der Mensch nicht für sein eigenes Wohl beeinflussen darf. Indem dem Menschen die Fähigkeit zum planmäßigen Eingreifen in die Natur genommen wird, wird ihm sein Mensch-Sein abgesprochen, und er auf die Stufe eines Tieres degradiert. Nach Capra ist ein System ein Netz von ineinandergreifenden Ideen und Modellen, von denen keines wichtiger sein dürfe als die anderen. Der Mensch sei nur ein kleines Untersystem des großen kosmischen Bewusstseins und stehe auf einer Stufe mit Ameisen und Bienen. Bahro fordert, mit der „Anthropozentrik" Schluss zu machen, also den Mensch nicht mehr länger als obersten Wertmaßstab unseres Weltbildes zu setzen.[207] Ein Mensch besitzt nach biozentrischen Maßstäben nur Lebensrecht, wenn er sich in diesen Kreislauf widerspruchslos einfügt. Menschen wird prinzipiell gleiche Wertigkeit zugesprochen wie allen anderen Kleinelementen. Nach diesem Denkmuster verfügt eine Cholera-Bakterie über die gleiche Daseinsberechtigung wie ein Mensch. Die Etablierung dieser Weltanschauung erfordert eine gründliche Revidierung bisheriger humanistischer Werte. Deshalb kommt dem zentralen Postulat der Verfechter des New Age, das Neue Zeitalter beginne mit dem Durchsetzen neuer innerer Wertmaßstäbe, besondere Bedeutung zu.

Die von Bahro ausgemalte neue Regierung („Oberhaus") ist auf dieses Weltbild zugeschnitten. „Es gibt in dieser Institution keinerlei Vertretung menschlicher, sozialer Sonderinteressen". „In diesem Oberhaus müssen, vertreten durch Anwälte, die sich rituell damit identifizieren, Erde, Wasser, Luft und Feuer, müssen Steine, Pflanzen und Tiere Sitz und Stimme

---

[206] Bahro, Rudolf: *Logik der Rettung*, S. 479ff. und S. 493.

[207] Vgl. Bahro, Rudolf: *Erzwingt die ökologische Krise eine neue soziale Perspektive?*, in: Lewkowicz, Marina (Hrsg.): *Neues Denken in der Sozialen Arbeit*, S. 69.

haben." Dieses Oberhaus soll über dem deutschen Bundestag („Unterhaus") als weisungsbefugtes Gremium installiert werden.[208]

Die Deutschen als Naturvolk

Wir müssten, so Rudolf Bahro, in der NS-Bewegung endlich das positive Element sehen, dann „hätten wir es in Deutschland, wo die westliche Demokratie nach wie vor nicht verwurzelt ist, leichter als in jedem anderen 'entwickelten' Land (...), die neue Lösung zu finden".[209] Wieder taucht der Mythos von den Deutschen als Naturvolk auf, das seinen wilden Vorfahren stärker verbunden sei als andere, „zivilisatorisch entwurzeltere" Völker (vgl. Kapitel II.2). Diesmal allerdings ist die ersehnte „gute alte Zeit", in der die spirituelle Verbindung mit den kosmischen Kräften noch intakt gewesen sei, nicht die germanische Stammesgemeinschaft, sondern die vitale faschistische Volksgemeinschaft: Wir müssten nach „dem Positiven" fragen, das in der Nazi-Bewegung „verlarvt" gewesen sein könnte, weil „wir sonst von den Wurzeln abgeschnitten bleiben, aus denen jetzt Rettendes erwachsen könnte".[210] Jochen Kirchhoff erklärt in seinem Buch *Nietzsche, Hitler und die Deutschen. Die Perversion des Neuen Zeitalters* (1990), für das Bahro das Vorwort schrieb: Der Nationalsozialismus sei „die Zerrform einer in der Substanz berechtigten deutschen Visionssuche" gewesen. „Nicht indem wir die geistigen, spirituellen und archetypischen Kräfte leugnen, die zur Katastrophe geführt haben, stellen wir uns der großen Herausforderung, sondern indem wir die Energien von damals (...) erneut wachrufen, allerdings (...) nun in 'richtiger' Polung, in gereinigter, gewandelter Form. Nur derart können wir Deutsche den Hitler in uns erlösen."[211] Bahro formuliert das drastischer: „Eigentlich ruft es in der Volksseele nach einem grünen Adolf. Und die Linke hat davor nur Angst, anstatt zu begreifen, dass ein grüner Adolf ein völlig anderer Adolf wäre als

208 Vgl. Bahro, Rudolf: *Logik der Rettung*, S. 491f.

209 Ebenda, S. 345.

210 Ebenda, S. 461.

211 Zit. nach: Gess, Heinz: *Der neue Mensch als Ideologie der Entmenschlichung*, in: Kern, Gerhard / Traynor, Lee (Hrsg.): *Die esoterische Verführung*, S. 286.

der bekannte."[212] Und: „Wir können uns kaum besser der Herausforderung stellen als mit dem Ausruf: 'Kameraden, beim nächsten Mal besser!'"[213]

Der einmal zu Grunde gelegte Mythos von den Deutschen als Naturvolk, das näher an seinen rettenden Wurzeln sei als andere, wird konsequent fortgeführt. Die Deutschen hätten einen Weltrettungsauftrag, sie seien verpflichtet, auch anderen Völkern zu helfen, zu ihrer natürlichen Bestimmung zu finden. Das Gleichgewicht der Natur sei nur zu halten, wenn es weltweit durchgesetzt werde. Die Deutschen sollten vorangehen und eine „nationale Institution" der Rettungsregierung schaffen. Was Deutschland recht ist, muss anderen Ländern billig sein: Bahro will „jede nationale Beschränktheit vermeiden" und auch anderen die in Deutschland geschaffene Ordnung zukommen lassen. Wir bräuchten „eine Weltregierung", die diese „ewige Perspektive" sichern könne.[214] Mit der Argumentation der natürlichen Notwendigkeit kann – 40 Jahre nach der Befreiung der Welt von der letzten großen deutschen „Vision" – ein deutscher Sozialwissenschaftler wieder von einem „neuen Reich" nach völkisch-diktatorischen Prinzipien träumen. Und mehr als das: nachdem diese Gedanken Bahros seit Jahren öffentlich bekannt waren und kritisiert wurden, berief man ihn an die renommierte *Humboldt-Universität* nach Berlin.

Braune Mutter Erde

Bahro sah in den *Grünen* eine spirituelle Kraft jenseits der Aufklärung, trotzdem kündigte er 1985 seine Mitgliedschaft, weil die *Grünen* das „nationale (...) völkische Moment nicht bedient" hätten.[215] Und im Zurückfin-

---

[212] Gespräch mit Rudolf Bahro: Die deutschen Linken und die nationale Frage oder unsere Ölinteressen am Golf, in: Streitschrift 3/November 1990, zit. in: Ditfurth, Jutta: *Feuer in die Herzen*, S. 297f.

[213] Bahro gibt explizit an, diesen Ausruf aus einem „linksrevolutionären Drama" entnommen zu haben, verwendet ihn aber im Bezug auf Neonazis. Dies ist ein Beispiel der vielfältigen Begriffsumwandlungen, die die Leser von *Logik der Rettung* zunächst verwirren, in der Konsequenz aber den Zugang zu rechtem Vokabular und Gedankengut erleichtern. Das Zitat fährt fort: „Das Wirtschaftswunder hat die Deutschen quasi in ein Volk ohne Raum verwandelt, sogar realer und intensiver." (Bahro, Rudolf: *Logik der Rettung*, S. 347.)

[214] Vgl. Bahro, Rudolf: *Logik der Rettung*, S. 490f.

[215] Gespräch mit Rudolf Bahro, zit. in: Ditfurth, Jutta: *Feuer in die Herzen*, S. 297f.

den zum völkischen Stammesbewusstsein besteht laut Bahro die kommende „Regenbogengesellschaft“. Den Linken, die an alten Dogmen der gegensätzlichen Klasseninteressen festhalten, erklärt Bahro: „Es ist nun einmal so, dass das Stammesbewusstsein tiefer als das Klassenbewusstsein liegt“, somit „die nationale Frage eine objektive Realität von tieferen Gründen als die Klassenfrage“ besitze. Ebensolche nationalistischen Postulate finden sich in seinem Vorlesungsskript. Auch ist sich Bahro nicht mehr sicher, ob wirklich alle Menschen gleich und nur von einer einzigen Gattung sind, denn „es gibt die Gattung Mensch so viele Male, wie es Ethnien gibt.“[216] Bahro zitiert in seinen Vorlesungen auch die neu-rechte Theoretikerin Sigrid Hunke,[217] die von einem statischen Kulturverständnis ausgeht, das sie einem als homogene Masse konstruierten Volk unreflektiert zuschreibt.[218] Bahro bescheinigt Hunke ein besonderes Verständnis für Volkscharaktere.

Ebenfalls in einem Vorlesungsskript findet sich Bahros Aufforderung zu einer parteiübergreifenden Sammlungsbewegung unter der grünen Ökologie: „Ich war und bin der Meinung, dass das Braune nicht (nach Köpfen) ‘isoliert’, sondern dass die Träger dieser Mentalität über die in den Köpfen immer stärker auch vorhandenen grünen Bewusstseinsanteile integriert werden sollten, *damit sie sich gar nicht erst extra sammeln.*“[219]

---

[216] Rudolf Bahro: *Krieg gegen die Fremden, die Anderen? Annahme und Entlastung von Horde, Stamm, Volk, Nation – und von Religion*, Skript der Vorlesung an der Humboldt-Universität, Berlin, am 2.11.1992, S. 3, S. 12, zit. in: Ditfurth, Jutta: *Feuer in die Herzen*, S. 303f.

[217] Sigrid Hunke ist eine der wichtigsten Theoretikerinnen der „Neuen Rechten“. Sie promovierte 1942 bei dem SS-Rassenpsychologen L.F. Clauß, war jahrelang Vize- und Ehrenpräsidentin der *Deutschen Unitarier Religionsgemeinschaft*, einem Sammelbecken für Nazis nach 1945. Hunke steht durch den faschistischen Intellektuellen-Kreis des *Thule-Seminars* in Austausch mit Alain de Benoist, dem Führer der französischen *Nouvelle Droite* (vgl. Kratz, Peter: *Die Götter des New Age: Im Schnittpunkt von „Neuem Denken“, Faschismus und Romantik*, S. 30f.).

[218] Dieses rechte Kulturverständnis unterstellt eine homogene nationale Kultur und leugnet, dass Kultur immer schicht- und klassenspezifische Prägung besitzt.

[219] Rudolf Bahro: Skript der Vorlesung über „Sekten“ und „Ökofaschismus“ an der Humboldt-Universität, Berlin, vom 24.5.1993, S. 15, zit. in: Ditfurth, Jutta: *Feuer in die Herzen*, S. 302.

Mit der spirituellen Ökologie ist ein formidables Konzept gefunden, altem faschistischen Gedankengut eine moderne Variante zu geben. Die völkisch-autoritäre Staatskonzeption, der Volksgemeinschaftsmythos, der alte Gedanke des Volkskörpers (Bahro spricht vom „Gesellschaftskörper“), der nach mythischen Gesetzen funktioniere und töte, was ihm nicht brauchbar erscheint, sind allesamt im Konzept der ökologisch-systemischen Weltauffassung enthalten. Bahros ökologisches Gedankengut besitzt, wie er selbst schreibt, die Integrationskraft, die eine breite Bewegung von Grünen bis Schwarz-Braunen unter sich versammeln kann. Vor diesem Hintergrund wird Bahros Ausspruch: „Die Ökopax-Bewegung ist die erste deutsche Volksbewegung seit der Nazibewegung“[220] verständlich.

Als Plattform, diese Einheit zu schmieden, diente Bahro die *Lernwerkstatt*. Hier trafen Mitglieder der *Arbeitsgemeinschaft Spirituelle Wege in Wissenschaft und Politik* der grünen Bundestagsfraktion mit der esoterischen Rechten zusammen, um gemeinsam „neue Wege für die Politik“ zu finden. Dort breitete Rainer Langhans bei einem Seminar 1990 den Gedanken aus: „Die Nazis und vor allem die SS hatten (...) eine ‘hohe Sterbekultur’ und waren uns (...) im Bewusstsein der ‘Notwendigkeit des Sterbens’ haushoch überlegen.“[221]

Rainer Langhans und der neue Mensch auf dem Baum

Langhans, 1968 Kommunarde der *Kommune 1* in Berlin, geht mit Bahro konform: „Spiritualität in Deutschland heißt Hitler. (...) Wir müssen dieses Erbe von unseren Eltern übernehmen, nicht im Sinne dieses braven, ausgrenzenden Antifaschismus, sondern im Sinne einer Weiterentwicklung dessen, was da von Hitler versucht wurde. (...) Wir müssen also sozusagen die besseren Faschisten werden.“

Wie Bahro, der sich ebenfalls gegen eine strikt *anti*-faschistische Haltung ausspricht, will auch Langhans „das Positive“ am faschistischen Gedankengut hervorkehren. Wir dürften „uns nirgends schrecken lassen, um noch in den fürchterlichsten Verzerrungen das Schöne zu entdecken, das eigentlich intendiert ist.“

[220] Bahro, Rudolf: *Logik der Rettung*, S. 346f.

[221] Vgl. Schweidlenka, Roman: Aufrisse 4/1990, zit. in: Ditfurth, Jutta: *Feuer in die Herzen*, S. 299.

Vor einem abermaligen Versuch, Rasse-Menschen (diesmal eventuell mittels Gentechnik) zu züchten, hat Langhans „nicht so viel Angst, weil ich mich wesentlich in geistigen Bereichen aufhalte, und dort scheint es diese Niederungen nicht so zu geben. Wenn du weiter oben auf dem Baum sitzt, siehst Du von weit her, was kommt, und wenn Du weiter unten sitzt, dann siehst Du die Dinge sehr direkt und musst dich ängstigen. (...) Wenn Du weiter oben sitzt, siehst Du den größeren Zusammenhang und siehst: ES IST GUT. (...) Wir sollten lernen, dass das Nichtstun das wahre Tun ist".[222]

Zentrum für experimentelle Gesellschaftsgestaltung (ZEGG)

Das *Zentrum für experimentelle Gesellschaftsgestaltung (ZEGG)* kann als ein Beispiel gesehen werden, wie Bahros Gedanken in die Tat umgesetzt werden – freilich im Falle des *ZEGG* vermischt mit anderen Einflüssen, vor allem einer Lehre der sexuellen Befreiung durch eine vorgeschriebene „freie" heterosexuelle Liebe. So lud Bahro Dieter Duhm und Sabine Lichtenfels, die beiden Führungsfiguren der autoritär-sexistischen Psychosekte, ein, im Rahmen seiner Vorlesungsreihe an der *Humboldt-Universität* zu sprechen. Nach Protesten von Studierenden wurde ihr Auftritt durch die Universitätspräsidentin verboten.

Das *ZEGG* verfügt über ein eigenes Zentrum in Belzig, 80 km südwestlich von Berlin. Auf dem 15 Hektar großen Gelände, einem ehemaligen Jugendlager der DDR, leben etwa 80 Menschen dauerhaft zusammen. Wesentliche Elemente der Lehre des *ZEGG* gleichen den Ideen Bahros, der wiederum in *Logik der Rettung* Duhms Projekte anerkennend erwähnt.[223] In direkter Anlehnung an Bahro besteht nach *ZEGG*scher Ideologie ein eindeutiger „Zusammenhang zwischen dem Zustand der Erde

222 Alle Langhans-Zitate sind seinem Interview mit Mathias Bröckers (taz) entnommen, das am 12.4.1989 in der *tageszeitung* taz, S. 11-12, erschien. Als Grundlage für diese Arbeit dient die Veröffentlichung des Interviews im Internet unter http://partisan.net/archive/trend/trend97/fo069713.html

223 Bahro lobt Duhms Projekt *Bauhütte*, das dieser von 1978-1983 in der Nähe von Heilbronn leitete. Die *Bauhütte* war ein Vorläufer des 1991 gegründeten ZEGG. Ebenso trat Bahro als Referent im ZEGG auf und nahm zusammen mit dubiosen Esoterik-Sekten – wie beispielsweise dem *Stamm Füssen I* (*Wankmiller-Sekte*) – an Versammlungen des ZEGG teil.

und dem inneren Zustand des Menschen" und es wird gefolgert, dass der „Weg nach innen" bei zunehmender Umweltzerstörung immer stärker gegangen werden müsse, um durch Sehen, Berühren und Angehen der „Arktis in uns" die „geographische Arktis heilen zu können."[224] Das *ZEGG* will ein neues Zeitalter auf spirituell-biologistischer Grundlage, in dem angebliche ökologisch-natürliche Gesetze auf die menschliche Gesellschaft übertragen werden. Wie Capra fordert Dieter Duhm: „Das System Mensch muss kompatibel werden mit dem System Erde und mit dem System Welt."[225]

Die neue Idee solle – wie im New-Age Denken üblich – durch miteinander vernetzte Lebensgemeinschaften getragen werden. Diese könnten durch „morphogenetische Felder" Informationen austauschen, ohne miteinander in herkömmlicher Weise kommunizieren zu müssen. Dieter Duhm gibt in seinem Buch *Politische Texte* ein Anschauungsbeispiel für ein „morphogenetisches Feld": „Wir ziehen durch eine beliebige Wiese in einer beliebigen deutschen Landschaft einen Wassergraben. Die Wände des Grabens bestehen zunächst nur aus nackter Erde. Nach drei Jahren wird er mit ungefähr derselben Pflanzengemeinschaft besiedelt sein wie alle anderen Wiesengräber in Deutschland. (...) Wie kommt das? Liegen überall dieselben Pflanzensamen herum? Kaum. Denn das Wachstum dieser Pflanzen ist gar nicht angewiesen auf das Vorhandensein materieller Samen. Die materiellen Keime und Saaten sind oft durch Umweltzerstörung aller Art längst beseitigt worden. Was überlebt, ist nicht der materielle Kern, sondern die Information." „Der Grundbaustein auf der Welt ist nicht das Atom, sondern die Information."[226] Das Bewusstsein geht in die-

[224] Die rosaroten PantherInnen (Hrsg.): *ZEGGsismus. Irdische Informationen zu einem kosmischen Projekt*, Broschüre der AG Sekten des AStA der FU Berlin, Berlin o.J. [vermutl. 1995], S. 6f.

[225] „Die Wiedereingliederung des menschlichen Lebens in die Ordnung, in die Spielregeln einer höheren kosmischen Welt, ist die Aufgabe Nummer eins in diesem Schöpfungsgedanken, den wir verbinden mit dem Projekt *Heilungsbiotop I.*" (Das *Heilungsbiotop I* war ein Wohnprojekt des *ZEGG.*)
Duhm, Dieter: *Politische Texte – Für eine gewaltfreie Erde*, 1992, S. 139, zit. in: Die rosaroten PantherInnen: *ZEGGsismus. Irdische Informationen zu einem kosmischen Projekt*, S. 20f.

[226] Duhm, Dieter: *Politische Texte – Für eine gewaltfreie Erde*, 1992, S. 171ff., zit. in: Die rosaroten PantherInnen: *ZEGGsismus. Irdische Informationen zu*

sem Denken vollständig der Materie voraus und erschafft sie. Ebenso könne durch rein gedankliche Einwirkung weltweit ein neues Zeitalter des Friedens hergestellt werden. Getreu der Vorstellung, alle „Wesen" seien „Aspekte des Einen Seins und des Einen Bewusstseins", müsste eine „Wiedereinordnung des menschlichen Lebens in die Gesetze der Schöpfung" erfolgen. In Duhms neuem Zentrum, genannt *Heilungsbiotop I*, das derzeit unter finanzkräftiger Mithilfe seiner Anhänger in Tamera/ Portugal gebaut wird, soll ein „Paradigmenwechsel" stattfinden und ein Leben gemäß der „universellen Lebensordnung" (er nennt sie „heilige Matrix der Schöpfung") ermöglicht werden: „Heilung im Sinne der Heilungsbiotope bedeutet: (...) Wiedereinordnung des menschlichen Lebens in die Gesetze der Schöpfung." Gedanken der Menschen („Informationen"), die in Einklang mit den Mustern und Prinzipien der universellen Lebensordnung stünden, könnten dem großen Informationsspeicher der Biosphäre hinzugefügt werden und ihn so verändern. Allerdings müsste eine Mindestanzahl von einigen Hundert Menschen ihre guten Gedanken, „Informationen" bündeln, um eine Wirkung zu erzielen.[227] In mehreren „Heilungsbiotopen", die entlang „geomantischer Energieachsen" auf verschiedenen Kontinenten rund um den Globus errichtet werden sollen, müssten je zwischen 300 und 1000 Menschen ihre Informationen „bündeln" und in die „geistige Gesamtsituation" des Planeten eingeben. Nach der – auf Rupert

einem kosmischen Projekt, S. 21f. Dieselbe These vertritt Thorwald Dethlefsen in seinem Buch *Schicksal als Chance*, Bertelsmann, München 1987, S. 157f.

227 Von einem ähnlichen Gedanken geht auch die *Naturgesetzpartei* aus. Die Naturgesetzpartei ist eine deutsche Vorfeldorganisation der hinduistischen Sekte des Guru Maharishi Mahesh Yogi, einem der größten Anbieter auf dem Psychomarkt. Sie behauptet, mittels *Transzendentaler Meditation* (*TM*) könne positiv auf die Umgebung eingewirkt werden. Maharishi Mahesh Yogi kann genaue Zahlen nennen, wieviele Menschen benötigt würden, um die Umgebung unmittelbar positiv zu beeinflussen: Betriebe die Quadratwurzel aus einem Prozent der Bevölkerung eines Gebietes Transzendentale Meditation, so würde in diesem Gebiet messbar die Kreativität wachsen, Börsenkurse steigen, Patentanmeldungen zunehmen, der Wohlstand sich erhöhen. Bei der Quadratwurzel aus einem Prozent der Weltbevölkerung, die Transzendentale Meditation betrieben, würde der Weltfrieden einziehen. Während des Jugoslawienkrieges hatte die *Naturgesetzpartei* angeblich 200 transzendental Meditierende in Dubrovnik im Einsatz, die den Krieg zu beenden versuchten. In Dubrovnik/Kroatien entstand ein eigenes *Transzendentales Meditations-Center*.

Sheldrake zurückgehenden – Annahme einer „feldbildenden Kraft“ könne dadurch die Weltentwicklung beeinflusst werden.

Rupert Sheldrake

Bert Hellinger (Kapitel III.3), das *ZEGG*, Jan Udo Holey (Kapitel III.6), sie alle berufen sich auf die These der „morphogenetischen Felder“ von Rupert Sheldrake. Wie so oft im New Age, wo aus der Luft gegriffene Behauptungen aufgestellt werden, die jeder wissenschaftlichen intersubjektiven Überprüfbarkeit entbehren, ist mit dem aus dem Griechischen entlehnten Begriff (morphé = Form; génesis = Erzeugung, Entstehen) das Bemühen offensichtlich, einen seriösen wissenschaftlichen Anschein zu erwecken.

Rupert Sheldrake (geboren 1942 in England), Biochemiker und Zellbiologe, lernte während eines Indienaufenthaltes den Benediktinermönch Bede Griffith kennen, der ihn mit seinen Gedanken inspirierte, eine Synthese von christlicher und hinduistischer Tradition zu finden. In Griffiths Ashram verfasste Sheldrake 1981 sein erstes Buch *A New Science of Life* (*Das schöpferische Universum*), in dem er an Theorien von selbstorganisierenden Systemen und an eine Auslegung der Quantenphysik, wie sie auch bei Fritjof Capra zu finden ist, anknüpft. Darin vertritt er bereits seine Überzeugung, dass es außermaterielle Möglichkeiten der Informationsübertragung zwischen Angehörigen ähnlicher Spezies gebe. Sowohl anorganische Materie (z.B. Steine) wie auch Menschen und Tiere empfingen mittels der Telepathie Informationen aus einem gemeinsamen Gedächtnis, in Anlehnung an C.G. Jung auch *kollektives Gedächtnis* genannt. Nicht genetische Informationen und soziales Lernen bestimme Aussehen und Verhalten einer Spezies, sondern allein die immaterielle Information der *morphischen Resonanz* genüge, um Form und Verhalten festzulegen. Über Raum und Zeit hinweg sammle sich im kollektiven Gedächtnis, dem *morphogenetischen Feld*, Erfahrung an, die dem einzelnen Mitglied durch telepathische Übertragung zur Verfügung stünde. Morphische Felder seien wandelbar durch die einfließenden Informationen der Teilnehmer, wenn diese in einem genügend starken Maße auftreten würden. Besonders gut sei die telepathische Informationsübertragung zwischen ähnlichen Spezies anhand von Menschen und ihren Haustieren beobachtbar, wofür Sheldrake in seinen Büchern (*Der siebte Sinn der Tiere. Experimente, die die Welt verändern könnten*) Beispiele anführt. Keiner der dort angegebenen Versuche hielt jedoch einer wissenschaftlichen Überprüfung stand (vgl . Kapitel III.6).

Anschließend an die Gedanken Wilhelm Reichs stellt das *ZEGG* die „sexuelle Heilungsarbeit" ins Zentrum ihrer Lehren. Durch die Unterdrückung des sexuellen Triebes sei „der Fluss der Lebensenergie gestaut", das „verdrängte" Bedürfnis schaffe sich nach tiefenpsychologischer Sichtweise Luft in Gewalt, Aggression und Unterdrückung. Vor allem die Frau sei in der Pflicht, für die Auslebung der sexuellen Bedürfnisse Sorge zu tragen. Frauen wird angelastet, durch ihre nicht gelebte Sexualität sexuelle Energien beim Mann „anzustauen" und den Mann instinktiv zur Vergewaltigung aufzufordern. Frauen müssten zu ihrer „natürlichen Bestimmung" zurückfinden: Heimatlicher Hafen zu sein für Männer, gerne Sex zu haben und gebärfreudig zu sein. Die Frau finde ihre persönliche Bestätigung ausschließlich dadurch, dass sie von Männern begehrt wird. Erst darin „kann sie ihre eigentliche Erhöhung und Freiheit entdecken". „Im Sex erst liegt meine eigentliche Würde als Frau", „die Quelle der Offenbarung". Sabine Lichtenfels drückt dies programmatisch aus: „Die Würde der Frau hat immer ein Loch."[228]

Entgegen offensichtlicher weltweiter Gewalt gegen Frauen sieht Lichtenfels Frauen im Besitz einer großen realen Macht über Männer und fordert, den „antimännlichen Feminismus" endlich aufzugeben. Das *ZEGG* vertritt die These, nur mittels einer frei ausgelebten Sexualität könne die Welt gerettet sowie die Unterdrückung der Frau beseitigt werden. („Der reale Hunger in den Trikontländern wird nicht beseitigt werden, solange der Hunger nach Liebe in Europa und Amerika nicht gestillt ist."[229])

Neben Rudolf Bahro und Wilhelm Reich ist auch Otto Muehl Stichwortgeber für die Ideen des *ZEGG*. Muehl, in dessen spiritueller Lebensgemeinschaft *AAO (Aktions-Analytische Organisation)* in Friedrichshof im österreichischen Burgenland Duhm in den späten 1970er Jahren einige Zeit lebte, wurde Anfang der 1990er Jahre zu sieben Jahren Gefängnis wegen Vergewaltigung abhängiger minderjähriger Mädchen verurteilt. Dieter Duhm, der Muehl bis heute verteidigt, nennt das Verbot von Kindersex einen „Verstoß gegen die Menschlichkeit". Weiter erklärt

---

228 Sabine Lichtenfels: *Der Hunger hinter dem Schweigen*, S. 77/78, zit. in: Die rosaroten PantherInnen (Hrsg.): *ZEGGsismus. Irdische Informationen zu einem kosmischen Projekt*, S. 13.

229 *ZEGG*-Magazin 4/92

Duhm: „Viele so genannte Vergewaltigungen sind von den so genannten Opfern ausgelöst worden.“[230]

Das *ZEGG* praktiziert eine „transparente Hierarchie“. Duhm gibt vor, eigentlich eine basisdemokratische Gemeinschaft zu wollen, jedoch seien die Menschen psychisch auf Autorität und Führertum fixiert. Diese seelische Disposition erfordere eine hierarchische Gruppenordnung, die allerdings transparent sei, d.h. jeder wisse genau, „wo oben und unten ist“ und wo „sein eigener Platz“ ist.[231]

Um das *ZEGG* gruppieren sich zahlreiche Projekte und Unternehmen wie z.B. *Sexpeace*, *Jetzt e.V.*, *Ökotec GmbH*, *Aktion Perestroika*, u.v.m. *ZEGG* verfügt über eine Segelyacht (*Kairos*) sowie über die *Erotische Akademie* auf Lanzarote, eine Appartementanlage am Meer, wo in einem „transformatorischen Bordell“ für die zahlkräftige Urlaubskundschaft „freie Liebe erfahrbar wird“.

Bei den Pfingst- und Sommerlagern auf ihrem Gelände in Belzig treffen sich alljährlich mehrere hundert Menschen. Als Referenten des *ZEGG* fand sich neben Rudolf Bahro und Heide Goettner-Abendroth auch Peter Caddy, Gründer der schottischen *Findhorn*-Gemeinschaft ein.[232]

---

[230] Duhm, Dieter zit. in: Bitzan, Renate (Hrsg.): *Rechte Frauen – Skingirls, Walküren und feine Damen*, Elefanten Press Verlag, Berlin 1997, S. 52.

[231] Eine ausführliche Analyse des faschistoiden Menschenbildes von ZEGG ist von der Uni-Bielefeld, Fachschaft Psychologie, erstellt worden. http://www.fachschaften.uni-bielefeld.de/psychologie/ipu/ZEGG1.html bis .../ZEGG2.html

[232] Die Findhorn-Gemeinschaft wurde 1962 von Peter Caddy, ehemaliger Major der britischen Royal Air Force (RAF), gegründet. Sein Ziel war, gemäß den Lehren der Theosophie die „auserwählte Lichtrasse“ („sechste arische Unterrasse“ im theosophischen System) als „Führungsrasse“ für eine UNO-Weltregierung zu züchten. Die Findhorn-Gemeinschaft lebt in einem großen Anwesen in Schottland. Auf ihrem Gelände befindet sich neben diversen Firmen, Studios und Läden auch eine Rudolf-Steiner-Schule.
Vgl. Ditfurth, Jutta: *Feuer in die Herzen*, S. 282f.

3. „Systemische Familientherapie“ nach Bert Hellinger

„Es gibt eine Tiefe, in der alles zusammenfließt. Sie liegt außerhalb der Zeit. Ich sehe das Leben wie eine Pyramide. Oben auf der ganz kleinen Spitze läuft das ab, was wir Fortschritt nennen. In der Tiefe sind Zukunft und Vergangenheit identisch. Dort gibt es nur Raum, ohne Zeit. Manchmal gibt es Situationen, in denen man mit der Tiefe in Verbindung kommt. Dann erkennt man z.B. Ordnungen, verborgene Ordnungen, und kann in der Seele an Größeres rühren.“

Bert Hellinger[233]

Ein weiteres Beispiel, wie stark esoterisch-irrationales Gedankengut selbst in wissenschaftlichen Kreisen Annahme findet, ist Bert Hellinger. Der 1925 geborene, in Theologie, Pädagogik und Philosophie ausgebildete, erzkonservative ehemalige Missionar gilt seit den 1990er Jahren als Koryphäe der „systemischen Familientherapie“. Seine Bücher finden reißenden Absatz,[234] an Hochschulen werden seine „Theorien“ gelehrt. Hellingers Konzeption bildet eine Mixtur aus sozialtherapeutischen Methoden des Familienstellens und esoterisch-schamanischer Geheimlehre. Während seiner in Seminaren und Großveranstaltungen dargebotenen Kurzzeittherapien verkündet er seiner ergebenen Anhängerschaft seine geheim geschauten Weisheiten in priesterhaftem Ton mit unablässigem Lächeln.

Hellinger geht von der Existenz einer Ordnung aus, die in jeder Familie gleichermaßen gültig sei. Jedes Problem ist nach Hellinger daraus zu erklären, dass ein Familienmitglied („Sippen“mitglied) gegen die Rang-

---

233 Hellinger, Bert / ten Hövel, Gabriele: *Anerkennen, was ist*, Kösel Verlag, München 1996, S. 82.

234 Hellingers Buch *Ordnungen der Liebe* beispielsweise erschien 1994; 2000 lag es bereits in der sechsten Auflage vor. *Zweierlei Glück* (hrsg. von Gunthard Weber, Carl-Auer-Systeme Verlag), eine Einführung in Hellingers Lehre, erreichte 2001 in der 14. Auflage den Rekord von 100.000 verkauften Exemplaren.

ordnung der „Sippe“[235] verstößt. Das ziehe Probleme nach sich, möglicherweise Krankheit und Tod. Die Zugehörigkeit zur Sippe, Blutsverwandtschaft und eine patriarchal strukturierte Familie sind die Grundprämissen des Hellingerschen Ordnungssystems.

Im Familiensystem herrsche eine strenge Rangordnung, die vom traditionellen Familienbild ausgeht. Der jeweils Erstgeborene habe „Vorrang“, die Frau folge dem Mann. Die „Rangordnung“ des Familiensystems ergebe sich aus einem „Sippen-Gewissen“. Dieses „Gewissen“ sei eine „göttliche Instanz“, die Hellinger wiederum mit einer „Seele“ gleichsetzt. Er definiert Begrifflichkeiten zweideutig, gebraucht sie synonym und widersprüchlich, so dass der Zuhörer seiner Vorträge binnen kürzester Zeit den logischen Faden verliert.

Die Sippe sei eine „Schicksalsgemeinschaft“.[236] Ihre „Seele“ umfasse Kinder, Eltern, Großeltern, Urgroßeltern und „alle, die in dieser Gruppe für einen anderen Platz gemacht haben“.[237] Das Gewissen, das in dieser Gruppe herrsche, die göttliche Instanz, habe die Funktion, den einzelnen an die Familie zu „binden“. Dieses „Sippen-Gewissen“ urteile nicht nach herkömmlichen moralischen Kategorien von Gut und Böse, sondern lediglich in der Kategorie der Zugehörigkeit. Hellinger nimmt mit der Umdeutung des Begriffs „Gewissen“ einen Wertwandel vor. Er setzt die Sippenzugehörigkeit als obersten Richtwert der menschlichen Existenz. Für das menschliche Handeln seien gesellschaftliche Wertvorstellungen von Gut und Böse hinfällig. Bestimmende Triebkraft des Menschen sei das Bestreben, die Loyalität zu seiner Sippe aufrecht zu erhalten. Hierin greift Hellinger auf ein totalitäres Menschenbild zurück, das die Chance individueller ethischer Handlungsmaximen negiert.

Hellinger bleibt nicht bei dieser mystischen „Seele“ der „Sippe“ stehen, sondern bindet diese weiter in eine höhere Ordnungsmacht ein. „Es gibt Dimensionen der Seele, die über uns hinaus gehen. Wir haben keine

---

[235] Sippe: Altertümliche Bezeichnung für eine Menschengruppe, die ihre Zusammengehörigkeit aus blutsmäßiger Abstammung herleitet und sich auf gemeinsame mythische Vorfahren beruft. Sippen stehen zumeist unter Führung eines Ältesten und weisen starken Zusammenhalt im wirtschaftlichen und religiösen Bereich auf.

[236] Hellinger, Bert: *Die Mitte fühlt sich leicht an*, Kösel, München 1996, S. 136.

[237] Bert Hellinger in seinem Vortrag an der Katholischen Stiftungsfachhochschule für Sozialwesen in München am 14.5.1997.

Seele, sondern wir sind in einer Seele.“[238] Diese kosmisch-göttliche „Ordnung“ wirke hinein in jede Sippe. Ziel sei es, in „Einklang“ mit dieser Ordnung zu leben – und dieses „im Einklang sein ist nichts beliebiges“.[239] „Ich halte die Idee von Freiheit, die der einzelne bei seinem Tun zu haben glaubt, für völlig illusionär.“[240] Hellinger glaubt, die natürlichen Ordnungsgesetze intuitiv erkannt zu haben. Den Menschen, die bei ihm Hilfe suchen, rät er, ihre Familien nach diesen ewigen festgeschriebenen Gesetzen auszurichten.

Nur wenigen Mensch sei es möglich, die zugrundeliegenden Antriebskräfte, die kosmische Ordnung zu erkennen. Sie wirke „unbewusst“. Von vornherein spricht Hellinger den Hilfesuchenden jegliche Urteilsfähigkeit ab. Die Lösung des Problems liege für die Hilfesuchenden unerblickbar in einer kosmischen Ordnung, die nur durch ihn – Hellinger – erkannt werden könne. Er habe Einblick in diese göttliche Weltordnung[241] und erhalte daher intuitive Eingebungen, wie die therapeutische Lösung eines konkreten Falles auszusehen habe. Kritisches Nachfragen verbietet sich für Teilnehmer seiner Aufstellungen. Wer es doch wagt, wird mit Bloßstellen vor der Gruppe bestraft und beschuldigt, er sei nicht bereit, geheilt, d. h. aus seinen Verstrickungen gelöst, zu werden. Sein Arbeitskonzept kann nicht logisch und rational erschlossen werden. „Die Seele ist in Verbindung mit mehr. So kommt mir manchmal plötzlich, wo die Lösung liegt, und ich sehe Zusammenhänge, die man nicht ableiten kann. Z.B. habe ich gesehen: Wenn jemand einen Bart trägt, hat er eine Mutter, die seinen Vater verachtet und sich für besser hält.“[242] Solch profane Weisheiten des Weltengeistes verblüffen den Zuhörer, aber die Anweisungen des Weltengeistes müssen wohl einfacher Natur sein, denn Hellinger denkt nicht bei der Arbeit: „Wenn ich mit jemandem arbeite, da bin ich nicht im Ich, da

---

238 Ebenda.

239 Ebenda.

240 Hellinger, Bert / ten Hövel, Gabriele: *Anerkennen, was ist*, S. 162.

241 Hellinger gibt hier Ähnliches wie Rudolf Steiner vor, der behauptete, in der *Akasha-Chronik* lesen zu können. Die *Akasha-Chronik* ist eine fiktive Bibliothek, in der das Weltgeschehen für Vergangenheit und Zukunft aufgezeichnet sei. Steiner habe die Gabe besessen, auf geistigem Wege dorthin zu reisen und Antworten dort nachschlagen zu können.

242 Hellinger, Bert / ten Hövel, Gabriele: *Anerkennen, was ist*, S. 88.

denke ich nicht. Ich gehe in meine Seele und habe dann ein ungefähres Gespür".[243]

Geschichtsbild

„Denn das Individuelle wirkt dann nützlich, wenn es der rein persönlichen Willkür entrückt ist; wenn es sich dem großen Bau eines Volks- und Weltlebens einfügt; wenn es dient. Der Deutsche soll dem Deutschtum dienen."

Julius Langbehn

Hellingers Lehre macht den einzelnen Mensch zum gefügigen, unmündigen Objekt geheimnisvoll wirkender Kräfte. Das politische Weltgeschehen wird ebenfalls zum nebulösen Wirken des Schicksals: „Ich denke, dass in der Welt Kräfte am Werk sind, die lassen sich nicht steuern. Deswegen tun mir die Weltverbesserer leid. Die großen geschichtlichen Bewegungen, der Nationalsozialismus, der Humanismus, die Wende, all das sehe ich als Teil eines gesteuerten Prozesses, bei dem die Opfer sowohl wie die Täter in Dienst genommen sind für etwas, das wir nicht begreifen." „Denn ich weiß, dass diese Bewegungen sehr viel größer sind als ich und dass ich da nicht eingreifen kann."[244] In Hellingers Systemtheorie wird alles zum Wirken einer kosmischen „Dynamik" erklärt, die Täter und Opfer auf eine Stufe stellt. Die Täter, vom SS-Schergen bis zum baseballschläger-schwingenden Neonazi werden im Namen der Systemdynamik entschuldigt und zu Opfern stilisiert. „Auf der Ebene von: 'Da muss man doch was machen, das darf doch nicht mehr passieren' herrscht die Vorstellung, als hätten die Täter selbstbestimmt gehandelt. Also: Dieser Betrunkene hat das gemacht, oder Eichmann hat die Judenvernichtung organisiert. Ich gehe da auf eine andere Ebene. Ich sehe sie alle auf einer Ebene von Schicksal, das alle handeln (...) lässt. Jeder ist ausgeliefert." Ein Volk von Opfern, unzurechnungsfähigen Betrunkenen sei das deutsche damals also gewesen. „Unlauter" sei es, wenn Menschen, die nicht unmittelbar selbst

---

[243] Ebenda, S. 87.

[244] Interview mit Bert Hellinger, *Psychologie Heute*, Juni 1995, zit. in: Vowinckel, Sigrid: *Bert Hellinger unter der Lupe: Was bedeutet sein Ansatz für Frauen*, Frauenberatungs- und Therapiezentrum Stuttgart e.V., Stuttgart 1999, S. 3.

von den Nationalsozialisten drangsaliert wurden, heute für die Opfer Partei ergriffen.[245] Das Aufarbeiten der Vergangenheit" gelänge nur, „wenn man sich neben die Opfer stellt und mit ihnen weint, ohne die Täter anzugreifen".[246] Wozu auch, denn alles Schlechte schafft Gutes und umgekehrt: „So schlimm das alles war, für diejenigen, die es überlebt haben, hat es eine wohltuende Wirkung."[247] Leider haben „es", die Folter und Qualen, nicht viele überlebt, und die Anzahl der Überlebenden sank durch Spätfolgen der Tyrannei und durch natürliches Altern bis Mitte der 1990er Jahre beträchtlich, so dass sich derartige Verdrehungen der geschichtlichen Tatsachen und menschenverachtende Ergüsse unwidersprochen öffentlich breit machen können.

In seinem Grundlagenbuch *Ordnungen der Liebe* gibt Hellinger zahlreiche Praxisbeispiele seiner Vorgehensweise. So dokumentiert er darin ein therapeutisches Gespräch mit einem Ratsuchenden, den die Tätigkeit seines Vater während des Faschismus belastet. Dieser Vater hatte als Aufseher eines Konzentrationslager gearbeitet. In dem Gespräch geraten die ethischen, humanen Grundüberzeugungen des Ratsuchenden in Gegensatz zu Hellingers „Ordnung", nach der das Gewissen in Treue der unauflösbaren Bindung an Sippe und Blutsvorfahren gehorchen soll. Die Ausrichtung des Gewissens an individuell gesetzten ethischen Kriterien oder gesellschaftlichen Moralvorstellungen sei nur eine scheinbare, die die wahre tiefer liegende Sippenbindung verschleiere. Die von Vernunft und Humanismus gekennzeichnete Herangehensweise des Ratsuchenden versucht Hellinger denn auch brachial zu zerstören. Mit der Macht des Therapeuten erklärt er, dass es den Sohn nichts angehe, was der Vater getan habe, er hätte ihn per se in allen seinen Taten – explizit auch in den verbrecherischen – zu „achten". Um seine Sichtweise zu verdeutlichen, erzählt Hellinger von einer Frau, die sich in ihrer Heimat Jugoslawien für die Errichtung eines Denkmals einsetzt: „Da hat eine jugoslawische Dichterin unbedingt ein Denkmal errichten wollen für einen deutschen Soldaten. Der war abkommandiert zu einem Erschießungskommando, um Partisanen zu erschießen. Doch er hat sich geweigert, sein Gewehr hochzuheben, ist dann rübergegangen zu den Partisanen und hat sich mit ihnen erschießen lassen." Hellinger kommentiert diesen Akt der Verweigerung eines deut-

245 Vgl. Hellinger, Bert / ten Hövel, Gabriele: *Anerkennen, was ist*, S. 159.

246 Ebenda, S. 158.

247 Ebenda, S. 165.

schen Soldaten gegen das Wüten und Morden deutscher Truppen auf dem Balkan folgendermaßen: „Nun, was ist denn das für einer? Ist er gut, ist er böse? Was hat er denn gemacht? – Er hat sich vor seinem Schicksal gedrückt. Wenn er geschossen hätte, weil er sich sagt: 'Ich bin verstrickt in meine Gruppe, und die sind verstrickt in ihre Gruppe, und das Schicksal hat es so gefügt, dass ich sie erschießen muss statt sie mich, und ich stimme dem zu, was immer auch die Folgen sind', das ist Größe."[248]

Noch deutlicher wird der sanfte Hellinger auf seiner Homepage, dem *Virtuellen Bert-Hellinger-Institut*. Dort betreibt er im Nazi-Jargon die Reinwaschung der deutschen Soldaten, die die NPD seit Jahren auf der Straße einfordert. Das NPD-Motto „Unsere Väter waren Helden", das die Nazis bundesweit der Ausstellung *Vernichtungskrieg. Verbrechen der Wehrmacht 1941-45* entgegensetzten, findet in Hellinger einen eifrigen Verfechter: „Es ist für mich auch ganz klar, wenn man auf unsere Soldaten vom letzten Krieg schaut, dass die Soldaten schon Helden waren. Was sie in diesem Krieg an Heldenmut geleistet in oft verzweifelten Situationen und mit letztem Einsatz, das war schon überragend. Dass das jetzt alles verteufelt wird, schwächt unsere Generation. Wenn man das anerkennt, trotz des Schlimmen, das sie auch angerichtet haben, (...) fließt von ihnen zu uns eine besondere Kraft." Er gerät ins Schwärmen: „Ja, die Täterkraft ist eine besondere, das darf man nicht übersehen", und erklärt, dass ein *Held* derjenige ist, der sich nicht widersetzt, Partisanen zu erschießen und die halbe Welt in Flammen zu legen: „Da gibt es Helden, die sich ausgezeichnet haben durch besondere Tapferkeit und auch Wagemut und dann die großen Orden bekommen. Aber, das sind nicht die, die ich meine, (...) das sind Leute, die dem Feind nicht ins Auge geschaut haben." Den wahren Helden sieht Hellinger in dem einfachen Wehrmachtssoldat, der für den Sieg des Faschismus unermüdlich bis zum Tod kämpfte, „zum Beispiel in Stalingrad. Es war ja unglaublich, was die alles erlitten haben. Das waren keine Helden in üblichen Sinn, aber sie haben ihr Letztes gegeben und haben auch das Letzte geben müssen. Das ist anders. Die habe ich im Blick."[249]

---

[248] Hellinger, Bert: *Ordnungen der Liebe*, Carl-Auer-Systeme Verlag, Heidelberg 2000 (sechste Auflage), S. 277f.

[249] Erfahrungen aus letzter Zeit, Ein Interview von Harald Hohnen mit Bert Hellinger am 26.6.2001 in Berlin, abrufbar auf der Homepage Hellingers unter: http://www.hellinger.com/deutsch/tunnel/tunnelframe_deutsch.html (Stand: Januar 2002)

Die deutsche Vergangenheit zeichnet bis heute das jüdisch-deutsche Verhältnis und wirkt auch auf zwischenmenschlicher Ebene. Wo kritische Psychologen die Unfähigkeit der Deutschen benennen, sich mit diesem Thema auseinanderzusetzen, verfällt Hellinger in einseitige Schuldzuweisungen an den jüdischen Partner. Adornos Feststellung bestätigend, dass *die Deutschen den Juden Auschwitz nie verzeihen werden*,[250] lokalisiert Hellinger die Verantwortung für das Scheitern einer Beziehung zwischen einer jüdischen Frau und einem nicht-jüdischen Deutschen nicht etwa in der geschichtsbedingten Problematik der deutschen Seite, sondern in der jüdischen „Schicksalsbindung". „Eine jüdische Frau kann keinen Deutschen heiraten", postuliert Hellinger und begründet dies mit der alten antisemitischen Vorstellung von der impertinenten Penetranz des Jüdischen, die eine Loslösung vom Glauben nicht ermögliche. Und da nach Hellingerscher Doktrin die Frau dem Mann zu folgen habe, auch in puncto Glaubensbekenntnis, sei eine Beziehung zwischen einer jüdischen Frau und einem nicht-jüdischen Deutschen per se abzulehnen. Als ob damit noch nicht genug völkisch-deutsches Denken propagiert und angewendet wurde, komplettiert Hellinger den antisemitischen Exkurs mit einer Einführung in die Lehre von Blut und Volk. Die völkische Rassetheorie, nach der Charakter, Geisteshaltung und Schicksalsbestimmung blutsmäßig vererbt würden, ist der Hintergrund des von Hellinger zitierten Sitzungsteilnehmers, der sich mit der Bemerkung ins Gespräch einbringt, dass es vielleicht „auch eine Rolle [spielt], wie hoch der Anteil des Jüdischen ist. Vielleicht nur die Hälfte oder ein Viertel?" [251]

In lebensphilosophischer Tradition stellt Hellinger in Bezug auf den Nationalsozialismus klar, dass „schlimme Bewegungen in unserer Entwicklung mindestens genauso wichtig sind wie die guten". Hellinger rechtfertigt den Zweiten Weltkrieg als vitalistische Notwendigkeit, zustimmend zitiert er Heraklit: „Der Krieg ist der Vater aller Dinge". „Die Hoffnung auf ewigen Friede lasse ich fallen. Ich sehe die Gegensätze auf einer höheren Ebene. Das so genannte Gute und das so genannte Böse wirken auf einer höheren Ebene zusammen. So gesehen leistet jede Bewegung, auch wenn wir sie verurteilen möchten, einen Beitrag zum Ganzen. Das heißt für mich auch, dass die großen geschichtlichen Bewegungen unausweichlich sind. Die Nazibewegung und den Kommunismus, aber

[250] Adorno spricht von sekundärem Antisemitismus; dem Antisemitismus nicht trotz, sondern wegen Auschwitz.

[251] Hellinger, Bert: *Ordnungen der Liebe*, S. 233.

auch die Bewegung, die zur Wiedervereinigung Deutschlands geführt hat, betrachte ich als unausweichlich. Es gab keinen, der es in der Hand hatte, sie zu stoppen. Das sind Ausbrüche der Macht, die größer sind als das Ich."[252] „Wir wären in Europa weit zurück, wenn das alles nicht geschehen wäre."[253] Krieg sei also unvermeidlich – mehr als das, Krieg sei entwicklungsförderlich. Kriegsgegnern bescheinigt er dieselbe „aggressive Energie", denselben „Zerstörungswillen" wie den Kriegstreibern. So beschuldigt er die „Männer im Widerstand"[254] „im konkreten Vollzug nicht friedlicher gestimmt" gewesen zu sein als die Faschisten und folglich dieselbe „Gesinnung" besessen zu haben.[255]

Der Mensch solle sich dem politischen Geschehen gegenüber passiv verhalten: „Je mehr Menschen es gibt, die sich für die ganze Welt verantwortlich fühlen, desto schlimmer wird es. (...) Wenn ich keinen Anspruch habe, dass sich die Welt verbessert, sondern Frieden stifte, wo ich Einfluss habe, genügt mir das."[256] Diesen vehement vertretenen Rückzug ins Private verbindet Hellinger mit einer ausgeprägt konservativen Rollenzuschreibung.

Die Frau folge dem Manne

Als Schwerpunkt seines Denkens spricht Hellinger regelmäßig die Rolle der Frau sowie den Umgang mit Inzest und Vergewaltigung an. Hellinger meint, wird lebten in einem „weiblichen Zeitalter". Die „Frauen sind auf gesunde Weise auf dem Vormarsch".[257] Er lobt erkämpfte Frauenrechte und verlangt als Ausgangbasis für eine glückliche Beziehung eine „Ebenbürtigkeit" der Partner. Diese „Ebenbürtigkeit" sei beispielsweise nicht gegeben bei einer Beziehung zwischen einem reichen Mann und einer armen Frau („Eine schreckliche Konstellation, ganz schrecklich! (...) Sie

[252] Hellinger, Bert / ten Hövel, Gabriele: *Anerkennen, was ist*, S. 166.

[253] Hellinger, Bert zit. in: Weber, Gunthard (Hrsg.): *Zweierlei Glück. Die systemische Psychotherapie Bert Hellingers*, Carl-Auer-Systeme Verlag, Heidelberg 2001 (14. Auflage), S. 204.

[254] Etwa ein Drittel der aktiv im Widerstand Kämpfenden waren weiblich.

[255] Hellinger, Bert / ten Hövel, Gabriele: *Anerkennen, was ist*, S. 167.

[256] Bert Hellinger in seinem Vortrag an der Katholischen Stiftungsfachhochschule für Sozialwesen in München am 14.5.1997.

[257] Hellinger, Bert / ten Hövel, Gabriele: *Anerkennen, was ist*, S. 179.

wird immer schiefgehen. Immer.“[258]) oder bei einer Beziehung eines behinderten mit einem nicht-behinderten Menschen. Hier bestehe zwischen den Partnern ein Ungleichgewicht hinsichtlich Geben und Nehmen – der Behinderte würde stetig mehr beanspruchen, als er seinerseits abgeben könne – und somit sei das Familiensystem nicht in Ordnung. Die „Ebenbürtigkeit“ der Geschlechter will Hellinger dadurch herstellen, dass er Mann und Frau auf feste Funktionen für das Sippensystem festlegt, und dass beide Partner diese Funktionen „anerkennen“ (ein weiterer wichtiger Terminus in Hellingers Lehre) und „annehmen“.

Die hierarchische Ordnung Hellingers setzt den Mann an die erste Stelle, ihm folgt die Frau, als nächstes die Kinder.[259] Wird gegen diese Ordnung verstoßen, wenn z.B. umgekehrt „der Mann der Frau folgt, hat das immer schlimme Auswirkungen“.[260] In Hellingers Denksystem, das auf gegenseitigem Güteraustausch basiert (der eine darf nicht mehr geben als der andere zurückgeben kann), folgt die Frau dem Mann (der konkreten Person), dafür dient der Mann dem Weiblich-Göttlichen (Abstraktum).[261] „Das Weibliche ist mehr als die Frau. Wenn der Mann dem Weiblichen dient, ist es mehr, als würde er der eigenen Frau dienen, es reicht über sie hoch hinaus – der Mann sieht die Frau in einem größeren Zusammenhang. Und er würdigt diese Größe.“[262] Der Mann vertrete die Familie nach außen, die Frau stehe im Zentrum der Familie, sie „hütet das Leben und gibt es weiter“.[263] Die Aufgabe der Frau sieht Hellinger in Kindern und Küche. Ganz im Geiste der Zeit seiner Jugendjahre (*1925), in der Mutterkreuzverleihungen die erfolgreiche Frau auswiesen, weiß Hellinger heute über die psychische Disposition der Frau zu urteilen: „Früher hatten die Familien viele Kinder, da war die Frau erfüllt und ausgefüllt mit ihrer Rolle. Eine Frau gewinnt durch die Kinder, eine Frau mit zehn Kindern hat ja eine Wucht, die eine Frau ohne Kinder nicht haben kann – und auch ein Mann nicht. Das ist dann eine Erfüllung. Aber wenn sie nur ein Kind hat, dann ist sie nicht erfüllt. (...) Aber heute ist es ja kaum noch möglich, so viele Kinder zu haben. Deshalb drängen die Frauen (...) ins Berufs-

[258] Interview mit Bert Hellinger, in: *Süddeutsche Zeitung Magazin* vom 21.11.1997, S. 64.

[259] Vgl. Hellinger, Bert / ten Hövel, Gabriele: *Anerkennen, was ist*, S. 175f.

[260] Interview mit Bert Hellinger, in: *SZ Magazin* vom 21.11.1997, S. 64.

[261] Ebenda, S. 62ff.

[262] Ebenda, S. 66.

[263] Hellinger, Bert / ten Hövel, Gabriele: *Anerkennen, was ist*, S. 174.

leben. Und dann entsteht eine Spannung. Die Frau ist (...) schon geeigneter, die Rolle zu Hause zu übernehmen." Als Ausgleich für das Hausfrauendasein würde die moderne Frau heute „sehr hohe Ansprüche an den Mann" stellen. Er müsse deshalb die Frau „würdigen" und „spüren", wann was zu tun sei, denn kognitive Gespräche über Arbeitsteilung lägen nicht im Wesen einer Partnerschaft. „Der Austausch zwischen Partnern ist kein intellektueller", „die gescheiten Ehen, das sind keine Ehen".[264] Die Frau müsse wieder erkennen, dass „es ein Verlust ist, wenn sie arbeitet, statt zu Hause zu sein und Kinder zu versorgen. Wenn sie also die eigentliche Bestimmung der Frau würdigt" und auf „ehrenvolle Weise" auf andere Anteilnahme an der Gesellschaft verzichte, könne sie eine große Quelle der „Kraft" erschließen.[265] Hellinger unterstellt der Frau einen kosmischen Auftrag, eine Vorherbestimmung, die durch die moderne Lebensweise (Erwerbsarbeit der Frau außer Haus; Ablehnung der gesellschaftlichen Zuschreibung von rein weiblichen bzw. rein männlichen Charaktereigenschaften) im Bewusstsein verschütt gegangen sei. Die „Bestimmung der Frau" reduziert er klar auf die biologische Besonderheit des Gebärens, auf „Kindererziehung, Heim und Herd".[266]

Hellinger bedient sich für die Rechtfertigung seiner konservativen Ordnung einfacher Zirkelschlüsse. Die herrschenden Strukturen bestimmen die Rollenerwartungen an den Einzelnen, und erzeugen Anpassungsdruck bzw. psychische Belastung für Menschen, die nicht bereit sind, sich den gesellschaftlichen Erwartungen zu fügen. Da die Mehrheit der Gesellschaft die von Hellinger verbreiteten, konservativen Familienstrukturen als Norm ansieht, fühlt sich der Einzelne in einer guten Rolle, frei von Schuld, wenn und solange er diesen Anforderungen genügt. Der Zirkelschluss Hellingers behauptet nun, da die Mehrheit dieses System, das die eigene Moral hervorbringe, unterstütze, sei es ergo gut. Wer damit Probleme habe, wer ein anderes Leben vorziehe, sei krank (leide etwa an einer „doppelten Verschiebung"). Heilung liege in der Anpassung an die konservative Ordnung.

Hellingers System dient als Verbreitungsbasis für ein konservatives, patriarchales Frauenbild und eine traditionelle Familienpolitik.

---

264 Interview mit Bert Hellinger, in: *SZ Magazin* vom 21.11.1997, S. 64.

265 Ebenda, S. 66.

266 Ebenda, S. 66.

Sexueller Missbrauch

Nach Hellinger schafft der Vollzug der Liebe eine Bindung, die nicht mehr auflösbar ist. Unter „Vollzug der Liebe" versteht er Geschlechtsverkehr, „die Grundlage des Lebens überhaupt". Sexualität „ist etwas ganz Großes", „ist größer als die Liebe". „Sexualität ist gefährlich" und stehe immer im „Angesicht des Todes". „Sexualität und Tod gehören ganz eng zusammen."[267] Die „Bindung" entstehe unabhängig von persönlicher Zuwendung und Liebe, rein durch den Vollzug des Geschlechtsverkehrs. Selbstverständlich kommt es nach Hellinger auch durch Vergewaltigung zu solch einer festen Bindung. „Wenn es eine Vergewaltigung gab, dann ist die Sexualität dennoch etwas ganz Großes. Es ist nicht die Sexualität, die dadurch schlimm wird. Die Sexualität ist dadurch nicht betroffen, es sind nur die Umstände, die schlimm sind. Die Sexualität hat dennoch eine ganz tiefe Wirkung. Die Betroffenen können diese Wirkung nicht rückgängig machen. Manchmal wird eine Frau durch eine Vergewaltigung schwanger." Nach Hellingers Theorie können nahezu alle Vergehen gegen die Sippschaft gesühnt werden, Ausnahme bildeten eine Abtreibung oder die polizeiliche Anzeige eines misshandelnden Vaters. Diese schwere Schuld würde für immer auf der Frau lasten.[268]

Nach einer Vergewaltigung müsse die Frau erkennen, dass mit der Schwangerschaft „aus dem Schlimmen etwas Gutes entstanden ist". Ziel Hellingerscher Bemühungen ist nun, dass die Frau die Vergewaltigung in einem „größeren Zusammenhang" sieht und ihr nachträglich zustimmt.[269] Hellinger meint, die Frau sei dem Kind schuldig, dass sie seinen Vater „achtet" und ihre Liebe für ihn entdeckt. Auch das Kind dürfe sich nicht gefühlsmäßig gegen seinen biologischen Vater entscheiden; es hätte allein deshalb schon eine Bindung zu ihm, weil er sein Erzeuger ist. Hellinger versucht hier, biologische Sachverhalte als Ordnungsmuster auf das soziale Gefüge zu übertragen. Er nimmt damit die biologistische Sichtweise an, die das menschliche Zusammenleben rein aus angeblichen biologisch-natürlichen Gesetzen ableitet. Das Kind müsse die Haltung aufbauen: „Du bist mein Vater und du bist für mich der einzig Richtige. Es gibt keinen anderen für mich."

---

[267] Vgl. Hellinger, Bert / ten Hövel, Gabriele: *Anerkennen, was ist*, S. 145f.

[268] Vgl. ebenda, S. 96.

[269] Vgl. ebenda, S. 146f.

Die Frau soll die Vergewaltigung im Nachhinein gutheißen und sie als vorgegebenes Schicksal empfinden. Sie soll achten, „dass etwas ganz Großes geschehen ist, was auch immer die Umstände waren. (...) Die Frau anerkennt: Es ist etwas Großes vor sich gegangen, das ihr Leben verändert hat, und ein neues Leben ist da. Dem stimmt sie jetzt zu, wie es ist, auch den Umständen, durch die es entstanden ist. Das ist eine Art tiefer Achtung vor dem Schicksal. (...) Das hat etwas von: 'Liebe ist stark wie der Tod'. Eine Frau erlebt bei einer Vergewaltigung, wie nah das Erleben am Tod ist. Etwas Gewaltsames war am Werk, das sie nicht steuern konnte, dem sie ausgeliefert war. Dennoch hat sich dadurch etwas gefügt. Wenn die Frau, die ja die Leidtragende ist, zur Anerkennung der Bindung und der Folgen fähig wäre, hätte sie eine besondere Kraft und Würde. Stellen sie sich vor, eine Frau ist zu einem solchen Vollzug fähig, dass sie zu einem Kind sagt: 'In dir achte ich Deinen Vater, was immer auch war. Ich freue mich, dass du da bist, und ich stimme dem Vollzug nachträglich zu, wie er war.' Was für eine Größe ist da drin.“[270]

Die „Bindung“ ist für Hellinger jenseits von Gut und Böse, sie sei wie ein „Naturereignis“, wie „Naturgewalten der Wellen oder des Wassers“. Auch Sexualität sei ein Trieb der Natur, der einfach zum Leben dazugehöre und sich manchmal auch mit Gewalt Bahn breche. Das sei ganz „natürlich“, da die Menschen eigentlich triebgesteuert seien. Vergewaltigung stellt Hellinger als eine normale, natürliche Spielart der Sexualität hin. Sexualität ist für Hellinger grundsätzlich mit Vergewaltigung, Überwältigung und Tod verbunden. Hellinger benutzt niemals den Begriff „Gewalt“; den Begriff „Vergewaltigung“ entschärft er, indem er mit Bedeutungswandel spielt. Auf die Frage, ob es richtig sei, Vergewaltigung zu verbieten, antwortet Hellinger ausweichend, wir müssten Sexualität „größer“ [271] sehen: „An diesem Beispiel wird deutlich, wieviel größer wir die Sexualität sehen müssen. Wir werden von der Sexualität in einem tiefen Sinn vergewaltigt und überwältigt. Dass das auch diese extremen Formen annehmen kann, liegt in der Natur der Sexualität und nicht in der Natur

270 Ebenda, S. 148f.

271 „Groß“ ist eines von Hellingers meistbenutzten Worten in Bezug auf Sexualität. Das Wort sagt qualitativ und quantitativ nichts aus, es suggeriert lediglich eine unbestimmte psychische Bedeutsamkeit.
In gleicher Art und Weise, ohne damit etwas auszusagen, wird im New Age ebenfalls das Attribut „tief“ häufig verwendet (vgl. Capra u.a.).

eines individuellen Täters."[272] (!) Hellinger stellt Vergewaltigung als etwas durch die Natur des Menschen Bedingtes dar, für das der einzelne Täter nicht verantwortlich gemacht werden könne. Lediglich zum „Schutz der Frauen" müsse der „natürliche Sexualtrieb" „domestiziert" werden.[273] Trotzdem ist Hellinger der Auffassung: „durch den Trieb wirkt ein höherer Geist und ein tieferer Sinn",[274] und so offenbare sich in einem triebgesteuerten Sexualtäter eben der einer Frau schicksalhaft vorgezeichnete Wille des großen Geistes. Besonders makaber gerät Hellingers abermaliger Versuch, den willentlichen Mord durch eine Vergewaltigung als naturgegebenen Vorgang hinzustellen, der auf der selben Ebene stehe wie der Tod bei einer schweren Geburt. Auf die Anmerkung seiner Gesprächspartnerin hin, dass Vergewaltigung von Frauen als vernichtend erlebt würde, antwortet Hellinger: „Es kann vernichtend sein. Auch die Sexualität, die aus Liebe geschieht, kann vernichtend sein, z.B. wenn die Frau bei der Geburt stirbt. In dieser Hinsicht ist da kein Unterschied." Mord, Krankheit – alles dasselbe. Diese Interpretation von sexueller Gewalt ist eine mögliche logische Folgerung aus einem Weltbild, das dem Menschen den freien Willen abspricht, ihn als willenloses Teilchen, gesteuert von einer großen, kosmischen Ordnung hinstellt. Wer Hellingers Grundgedanke annimmt, dass der Mensch determiniert sei und durch ihn der Wille der natürlichen Ordnung sich durchsetze, dem erscheint leicht auch die konsequente Darstellung von Unrecht und Gewalt als „Schicksal", das – fügt man sich ihm – zur persönlichen Reifung gehört, einsichtig.

Hellinger ist patriarchalen Unterdrückungsmustern verhaftet, wenn er den Täter als seinen Trieben ohnmächtig ausgeliefert darstellt und rechtfertigt. In seiner „Therapie", einer etwa 20-minütigen Familienaufstellung, versucht er, dieses patriarchale Ordnungsbild auf Frauen zu übertragen. Während der Aufstellung repräsentieren aus dem Publikum gewählte Personen als „Stellvertreter" die in das Problem involvierten Menschen, Familienmitglieder bzw. Partner des Hilfesuchenden. Besondere Bedeutung lässt Hellinger dabei Verstorbenen zukommen. Ohne dass eine vorherige Darlegung der Lebensumstände und des Problems erfolgt wäre, positioniert der Ratsuchende „die Stellvertreter" auf der Bühne, wie sie nach seinem Empfinden in der Familie zueinander standen. Der „Therapeut"

---

272 Hellinger, Bert / ten Hövel, Gabriele: *Anerkennen, was ist*, S. 152.

273 Vgl. ebenda, S. 151.

274 Hellinger, Bert: *Die Mitte fühlt sich leicht an*, S. 156.

vollendet die Aufstellung, indem er die Beteiligten nach ihren Empfindungen befragt und die Stellung der Personen verändert. Obwohl die Teilnehmenden Platzhalter für ihnen völlig fremde Menschen sind, treten oft heftige emotionale Reaktionen bis hin zu physischen Schmerzen auf. Plötzliches Schreien, Bauchschmerzen, Atemnot und dergleichen werden dabei missverstanden als „Beweis für den Wahrheitsgehalt der Methode. Dabei sind sie ganz normale Reaktionen auf derartige psychische Gewalt", so der Psychologe Micha Hilgers.[275] Der Hilfesuchende hat sich nun vor einzelne Stellvertreter zu stellen und von Hellinger vorgesprochene Sätze zu wiederholen, häufig die Phrase „Ich gebe Dir die Ehre", oder sich vor seinem Gegenüber zu verneigen.

Am Beispiel zweier Aufstellungen soll verdeutlicht werden, dass sein Konzept nicht darin besteht, Opfer aus erniedrigenden Zusammenhängen zu befreien, sondern sie vielmehr in der Unterdrückung zu belassen:[276]

> Eine Frau, die zuvor von sechs Männern vergewaltigt worden war, suchte Hilfe. Hellinger wies die Stellvertreter der sechs Vergewaltiger an, sich in einer Reihe nebeneinander aufzustellen. Die Frau musste vor jeden einzelnen ihrer symbolisierten Peiniger treten und sich vor ihm verbeugen. Danach stellte Hellinger sie an das Ende der Reihe, in eine Linie mit den sechs dargestellten Vergewaltigern und ließ die Frau sagen: „Hier ist mein Platz." Damit war die Therapie zu Ende.

> Eine Frau, die während des Zweiten Weltkrieges von mehreren Männern vergewaltigt wurde, suchte Hilfe in einer Aufstellung. (Hellinger spielt gezielt mit konservativen Vorurteilen und Ängsten, indem er die Vergewaltiger als eine „Horde Russen" bezeichnet.) Als jemand im Verlauf der Aufstellung einwarf, Vergewaltigung sei in diesem Zusammenhang normal, „es sei ja Krieg" gewesen, sei die Frau strahlend aufgestanden, sagte „Stimmt!" und war geheilt. Hellingers Erklärung zu diesem Falle lautete: „So macht man aus Opfern Handelnde." Hellinger sanktioniert 1. in dieser Erzählung Vergewaltigung während eines Krieges positiv, 2. behauptet er, sobald sich die Frau in die vorgegebene Ordnung einfügen und sie als gut anerkennen würde, würde sie nicht mehr unter den Umständen leiden. Das passive Sich-Einfügen

[275] Spiegel, 7/2002, S.202.

[276] Beide Beispiele sind Hellingers Gastvortrag an der katholischen Stiftungsfachhochschule für Sozialpädagogik in München am 14. Mai 1997 entnommen.

benennt er einfach mit dem Wort „handelnd werden“ und stellt damit jegliche Bedeutung sprachlicher Begriffe auf den Kopf.

Mit einer seriösen Therapie, die demokratischen Werten verpflichtet ist, hat Hellingers systemischer Ordnungswahn nicht das Geringste zu tun. Seine „Therapie“ besteht aus nicht nachprüfbaren Behauptungen, die sich einander überdies beständig widersprechen und somit nicht als in sich geschlossene Theorie gelten können. Eine ausführliche Diskussion der Behauptungen Hellingers erscheint angesichts der sich selbst diskreditierenden Aussagen unnötig. Dennoch muss sie erfolgen, denn trotz der offen vorgetragenen anti-demokratischen, anti-humanistischen Haltung Hellingers hat er sich zum „Guru der Familientherapie“ ausgewachsen.

Die heilige Familie

Natürliche Pflicht der Frau sei, mit dem Vater ihres Kindes eine Familie zu gründen. Die Frau verdränge „das Männliche“, wenn sie allein erziehen wolle.

Die feste Zuschreibung von Männlichkeit und Weiblichkeit, die sich gegenseitig bedürften, ist typisch für das New Age. In abgewandelter Form findet sich diese Polarisierung bei allen exponierten Vertretern wieder. Hellinger unterscheidet sich von anderen Repräsentanten dadurch, dass er die Auflösung in einem androgynen Wesen ablehnt. Für ihn besteht, wie z.B. auch für Bahro, das Ziel darin, die angeblich geschlechtsspezifischen Eigenschaften in grober Form und archaischer Wildheit wiederzubeleben und gegenüberzustellen.[277] Einig sind die esoterischen Konzepte sich in der generellen Bedeutung, die sie der Geschlechterdualität zuweisen. Im Namen der „natürlichen Bestimmung der Frau“ greifen sie erkämpfte Rechte der Frauenemanzipation an.

Hellinger weist wie üblich die Schuld pauschal den Frauen zu, wenn er von alleinerziehenden Müttern spricht. Diese hätten den Mann nur ausgenutzt: „Nun gibt es eine Bewegung bei gewissen Frauen, dass sie den Mann nur dazu benutzen, um Kinder zu kriegen (...). Also die freiwilligen

[277] „Wenn der Mann in sich selbst das Weibliche entwickeln und haben könnte, bräuchte er keine Frau; und wenn die Frau in sich selbst das Männliche entwickeln und haben könnte, bräuchte sie keinen Mann. Daher leben viele Männer und Frauen, die in sich die Eigenschaften des anderen Geschlechts entwickeln, allein. Sie genügen sich selbst.“ (Hellinger, Bert: *Die Mitte fühlt sich leicht an*, S. 157f.)

alleinerziehenden Mütter (...). Das ist eine Verleugnung von Wirklichkeit und ein Verstoß gegen die Ordnung".[278] Die Schuldzuweisung führt er fort, indem er aktuelle gesellschaftliche Probleme durch diese faktenverdrehende, a-priorische, irrationale Gedankenkonstruktion erklären will: „Wenn die Mutter sagt: 'Ich kann das alleine', wird das Männliche damit verachtet und verdrängt. (...) Rechtsradikales Verhalten ist oft eine Rache an der Anmaßung der Mütter, die meinten, sie könnten den Mann verachten oder verbannen."[279]

Die von Hellinger angestrebte Gebärfreudigkeit als natürliche Bestimmung der Frau überträgt er in biologistischer Manier auf soziale Empfindungen. Durch die Verhütungsmittel sei ein Verlust entstanden; Sexualität habe ohne die drohenden Folge einer Schwangerschaft an „Tiefe und Kraft" verloren. Sexualität mit Verhütung diene lediglich der Lust, merkt Hellinger negativ an.[280] Dass Hellinger die Beziehung zwischen Mann und Frau gänzlich auf Reproduktion der Familie, Kinderaufzucht, festlegt, wird in seinem Urteil über Sterilisation deutlich. Entgegen aller sonstigen Beteuerungen, dass es bei Geschlechtsverkehr *immer, unter allen Umständen* zu einer „Bindung" komme, erklärt er plötzlich: Wenn „der Mann oder die Frau sich schon vor der Beziehung sterilisieren ließe, entsteht auch keine Bindung, selbst wenn die Partner es wollen".[281]

Im Namen der Systemdynamik rechtfertigt Hellinger inzestuösen Missbrauch an Kindern. Er sieht die Schuld generell bei der Mutter, die er als „Graue Eminenz des Inzest" bezeichnet. Diese komme ihren ehelichen Verpflichtungen nicht nach; dem Täter sei etwas vorenthalten worden. Die Mutter schiebe unbewusst das Kind dem Vater als Ersatz zu; das Kind erfülle diese Aufgabe im Dienste des Ausgleichs in der Familie „gerne". Die Entlastung der Täter durch eine „systemische Dynamik" und die Schuldzuweisung an die Mutter ist das Grundmuster der Argumentation Hellingers.

Vehement wehrt sich Hellinger gegen ein sozialarbeiterisches Verständnis, das in eine Situation verändernd eingreifen will. Außerhalb seiner Sippenbindungen könne sich niemand entfalten, und so würde einem Kind, das aus der Familie genommen wird, meist nur geschadet, weil es

[278] Hellinger, Bert / ten Hövel, Gabriele: *Anerkennen, was ist*, S. 176f.

[279] Ebenda, S. 177.

[280] Vgl. ebenda, S. 152 und 154.

[281] Hellinger, Bert: *Die Mitte fühlt sich leicht an*, S. 155.

seine große Liebe zu seinem ihn misshandelnden Elternteil nicht ausleben dürfe.[282] Hellinger echauffiert sich über Sozialarbeiter, die das Thema des Missbrauchs öffentlich machen. „Die Entrüsteten, die gegen Missbrauch oder alles Mögliche kämpfen, handeln oft aus der Dynamik der doppelten Verschiebung [sind also krank, d. A.], wollen es rechtschaffen nicht, wo es hingehört, sondern in der ganzen Gesellschaft."[283]

Hellingers Theorie bewirkt eine Zementierung der bestehenden patriarchalen Gewalt- und Machtverhältnisse. Seine Aussagen entsprechen weniger einem esoterischen, als mehr einem schwarz-braunen, erzkonservativen Gesellschaftsverständnis. Trotzdem reiht er sich in die Tradition der deutschen Irrationalisten ein; alle Kennzeichen irrationaler Denksysteme lassen sich an ihm feststellen. Er setzt Verstand und Vernunft herab, huldigt der Intuition als Erkenntnisquelle, die ihm als Berufenem zugänglich sei. Er stellt sich gegen moderne Lebensweisen, propagiert eine traditionelle, rückschrittliche Gesellschaftsordnung der patriarchalen Sippenverbände und schafft mythische Vorstellungen von kosmischen Ordnungsmächten. Angebliche biologische Determiniertheit lege den Menschen auf triebgesteuerte Verhaltensweisen fest. In der archaischen Natur des Menschen lägen männliche Aggression, Vergewaltigung sowie weibliche Unterordnung. Diese angeblichen ursprünglichen Kräfte und Gesetze, die in der modernen zivilisatorischen Lebensweise verdrängt seien, will Hellinger wieder aus der Verdrängung hervorholen. Das Leben nach ihnen auszurichten, sei der Weg zur Heilung.

Getreu der deutschen Spezifik des Irrationalismus spielt die Blutsverwandtschaft eine herausragende Rolle in seinem Denken. Die Lösung der Probleme liegt auch bei ihm in der Auflösung des freien Individuums. Der einzelne Mensch soll sich einem universalen Willen unterordnen, der sein

---

[282] Für missbrauchte Kinder gelte dasselbe wie für missbrauchte Frauen: dass sie durch das Gutheißen des Geschehenen eine „besondere Würde und Kraft" bekämen. Im Gespräch mit Gabriele ten Hövel drückt Hellinger das folgendermaßen aus: „Wenn ein Kind mit der Sexualität so früh in Berührung kommt, kommt es ganz früh mit der Wucht von Leben in Berührung." – „Diese Wucht des Lebens kann so eine zarte Kinderseele auch töten." – „Das kann sie, wie Sexualität auch sonst töten kann. Aber wer diese Erfahrung überstanden hat, erreicht eine Tiefe und Kraft, die ein anderes Kind nicht hat." (Hellinger, Bert / ten Hövel, Gabriele: *Anerkennen, was ist*, S. 153).

[283] Bert Hellinger in seinem Vortrag an der Katholischen Stiftungsfachhochschule für Sozialwesen in München am 14.5.1997.

Schicksal determiniere. Dabei bedient sich Hellinger des Bildes eines organisch-systemischen Ganzen, das dem Individuum eine feste Funktion und Stellung zuweist.

Hellingers Ansatz unterscheidet sich von anderen irrationalen Konzepten dadurch, dass er nicht vorgibt, dem herrschenden Gesellschaftssystem gegenüber feindlich eingestellt zu sein. Er unterstützt die politische Ordnung („Ich stimme der Welt zu, wie sie ist. Ich bin ganz zufrieden damit.“[284]), öffnet sie aber im Bezug auf eine Legitimierung des Nationalsozialismus. Dieser sei auch etwas „ganz Großes“ gewesen und dürfe nicht pauschal für schlecht befunden werden.

Die Hellingersche Therapie ist für Hilfesuchende gefährlich, da sie nicht lernen, sich aus schädigenden Abhängigkeitsverhältnissen zu lösen und eigene Fähigkeiten zu entwickeln. Sie müssen sich der autoritären Führung eines Therapeuten unterwerfen, der ihnen die Fähigkeit abspricht, ihre Lebensverhältnisse selbst erklären zu können. Damit werden Ohnmacht und Unselbständigkeit der Hilfesuchenden verstärkt.

Die Ausübung der „systemischen Familientherapie“ nach Hellinger ist nirgendwo festgelegt; es existiert kein geregelter Erwerb der Qualifikation für dieses selbsterdachte Verfahren. Dubiose esoterische Vereinigungen schlagen daraus Kapital. Die zur Füssener *Wankmiller-Sekte* (*Stamm Füssen II*) gehörende *Bayerische Gesellschaft für Ganzheitliche Medizin* bot beispielsweise eine „Heilerausbildung“ an, in der sie innerhalb eines Wochenendes zu „Gesicht- & Handlesen“ oder auch zur „Familienaufstellung“ nach Hellinger ausbildete.[285]

---

[284] Interview mit Bert Hellinger, *Psychologie Heute*, Juni 1995, zit. in: Vowinckel, Sigrid: *Bert Hellinger unter der Lupe: Was bedeutet sein Ansatz für Frauen*, Frauenberatungs- und Therapiezentrum Stuttgart e.V., Stuttgart 1999, S. 3; vgl. ebenso: Hellinger, Bert / ten Hövel, Gabriele: *Anerkennen, was ist*, S. 163.

[285] *Bayerische Gesellschaft für Ganzheitliche Medizin*, Programm 1/1996.

4. Tibet, das gelobte Land der Esoterik

Obwohl die Monarchie in Deutschland seit mehr als 80 Jahren abgeschafft ist, konnte sie sich über lange Zeit hinweg eine Anhängerschaft bewahren. Vornehmlich ältere, traditionell-konservative Menschen huldigten der guten alten Zeit der streng geregelten Verhältnisse, eingeteilt nach Adel, Kirche und Bauernschaft. In der zweiten Hälfte des 20. Jahrhunderts schien es, als sei dieses Denken nur mehr ein im Aussterben begriffenes Relikt. Kaum mehr ließen sich junge Leute für diese Ziele begeistern. Die Mehrheit der Menschen verteidigte die bürgerlich-demokratische Gesellschaftsordnung als Mindeststandard des Zusammenlebens im 20. Jahrhundert.

Wie aber kann heute wieder eine Zeit bei jung und alt Begeisterungsstürme erwecken, in der sich Adel und Klerus den gesamten Landbesitz untereinander aufteilten, in der 60% der Bevölkerung Bauern und 20% Viehzüchter waren, die kein Stück eigenes Land besaßen? Wie kann heute doch wieder eine Gesellschaft idealisiert werden, in der der Großteil der Menschen sein Leben in Leibeigenschaft fristen musste, in der keine einzige öffentliche Schule existierte, kein Gesundheitsdienst, wissenschaftliche Forschung und Technologie unbekannte Vokabeln waren – kurz: wie kann man heute den Feudalismus preisen? Die Antwort: Indem unisono mit dem Dalai Lama „free Tibet“ gefordert wird.[286]

Die Tibet-Bewegung, allen voran vertreten durch den XIV. Dalai Lama, den „Gottkönig vom Dach der Welt“, hat Hochkonjunktur im Westen. Tibet gilt als Ort der unterdrückten natürlich-spirituellen Ganzheit eines Volkes. In den Augen der westlichen Anhängerschaft lebten die Tibeter bis vor 50 Jahren in friedlicher Einigkeit mit der herrschenden religiösen Schicht als ein durch und durch pazifistisches und spirituelles Naturvolk, bis unter kommunistischer Regierung die absolute Herrschaft der Religion beschnitten wurde. Der Dalai Lama wird dabei in den Rang eines pazifistischen Freiheitskämpfers erhoben.

---

286 Sozio-demographische Angaben in Prozent nach: Senanayake, Ratne Deshapriya: *Inside Story of Tibet*, Ceylon 1967, dt. Übersetzung 1972, Verlag das Freie Buch, München, 2. Auflage 1993, S. 5f.

Von seinem Exilsitz in Dharamsala/Indien aus jettet der Gottkönig in den freien Westen, wird empfangen von Staatsoberen wie z.B. 1990 vom damaligen Bundespräsidenten Richard von Weizsäcker, vom damaligen Außenminister Klaus Kinkel und auch von Otto Schily, der als amtierender Bundesinnenminister mit dem Dalai Lama im Mai 2000 in einer ausverkauften Großveranstaltung in München die Frage *Frieden und soziale Gerechtigkeit im neuen Jahrhundert* erörterte. Hollywoodstars und Größen der Pop-Musik umschwärmen den Dalai Lama. Madonna, Richard Gere, Hubert von Goisern, Peter Maffay (der Dalai Lama schrieb ihm gar ein Grußwort zu seiner CD *Begegnungen*) – sie alle zählen sich zur Anhängerschaft des tibetischen Gottkönigs. Dieser reist von Friedenskonferenz über Umweltgipfel, evangelischen Kirchentag (Stargast in Stuttgart 1993), Greenpeace-Schiff zu UNO-Konferenz, während in den Kinos Tibet-Filme wie *Little Buddha* (1994), *Kundun* (1997) oder *Spiel der Götter* (1999, die Geschichte eines fußballliebenden Lamajungen ist für das westliche Publikum maßgeschneidert) Riesengewinne einspielen. Die Zahl der tibetisch-buddhistischen Zentren wuchs von 81 Anfang der 90er Jahre auf 141 (1998); 300.000 bis 500.000 Bundesbürger sympathisieren mit dem Buddhismus (bezogen auf alle Schulen und Richtungen), ohne organisiert zu sein.[287] Das *Journal für die Frau* (5/1998) stellt fest, dass „die Suche nach Sinn (...) Sekretärinnen und Arzthelferinnen en masse in die buddhistischen Zentren der Großstädte treibe".

Zwar machte der Dalai Lama Zugeständnisse ob seiner europäischen Partner, etwa in Fragen eines demokratischen Regierungsentwurfs für Tibet, doch ist gerade die Idee des alten Gottesstaates das faszinierende Moment für zahlreiche westliche Unterstützer. Sehnsüchte nach einem einigen, widerspruchsfreien Gemeinschaftsleben in vor-industrialisiertem Zustand kristallisieren sich im hierzulande herrschenden tibetischen Wunschbild. Die Sicherung des Friedens auf der Welt wird in der Rückkehr zur Religion, in der Ablehnung moderner Technik und Medizin, in der Unberührtheit der „ursprünglichen" Kulturen von westlicher Zivilisation erblickt. Die chinesische Regierung über Tibet gilt demzufolge als Manifestation alles Übelbringenden und Zerstörenden. In ihr repräsentieren sich Zivilisation, Moderne, Industrialisierung, parlamentarische Staatsform, und vor allem der schlimmste Feind der Esoteriker: ein vorgeblich

---

[287] Vgl. Goldner, Colin: *Dalai Lama – Fall eines Gottkönigs*, Alibri Verlag, Aschaffenburg 1999, S. 286.

sozialistisches Gesellschaftssystem, welches die vermeintlich autochthone Volkskultur der Tibeter unterdrücke.

Zur Geschichte der Autonomen Region Tibet

In seiner Geschichte unterstand Tibet wechselnden Vorherrschaften umliegender Großreiche (Mongolei, China). Seit dem 11. Jahrhundert u.Z. ist der Buddhismus bestimmende Religion. Die vier in Tibet herrschenden Hauptschulen des Buddhismus zählen sich allesamt zum tibetischen, tantrischen Zweig. Der Dalai Lama steht der *Gelugpa* („Gelbmützen")-Sekte vor. Diese zu Beginn des 15. Jahrhunderts gegründete Schule zeichnet sich durch straffe Organisierung und eine im Vergleich zu den anderen Orden streng-konservative Haltung im Bezug auf die religiöse Lehre aus.[288] Zur Zeit des „Großen Fünften" Dalai Lama (1617–1628) stürzten die Gelbmützen die Vorherrschaft des *Kagyüpa* („Rotmützen")-Ordens in einem blutigen Hegemonialkrieg. Unter chinesischer Hoheit entwickelte sich im 18. Jahrhundert die Lokalregierung Tibets, der *Kashag*, die bis zum Einmarsch der chinesischen Volksbefreiungsarmee 1951 regierte. Der *Kashag* des Jahres 1951 bestand aus sechs *Kaloons* (Ministern), die auf Geheiß des Dalai Lama aus 20-30 feudalen Herrscherfamilien des Landes ausgewählt wurden. Die Dekrete des *Kashag* hatten nur Gültigkeit, wenn der Dalai Lama keine Einwände erhob.[289] Der Dalai Lama war Gottkönig, geistlicher und weltlicher Herrscher in einer Person. Die Schwäche des chinesischen Reichs nutzend – Krieg gegen Japan, Zusammenbruch der Mandschu-Dynastie im Jahre 1912, darauffolgend Bürgerkriege – rief der XIII. Dalai Lama 1913 die Unabhängigkeit Tibets aus. Bis heute ist der völkerrechtliche Status Tibets zwischen 1913 und 1951 nicht geklärt. Wichtig ist die Einschätzung dieser Frage für die Bewertung des Einmarsches der chinesischen Volksbefreiungsarmee im Jahr 1951. Dass dieser Einmarsch eine völkerrechtswidrige Besetzung darstelle, wie die Tibet-Unterstützer-Szene beharrlich behauptet, fußt auf der Annahme der vorherigen staatlichen Unabhängigkeit Tibets. Eine verbindliche Klärung kann nur durch die UNO erfolgen, die sich allerdings – entgegen anderslautender Behauptungen – noch nie mit der Souveränität Tibets befasst hat. Die feh-

---

288 Vgl. Trimondi, Victor und Victoria: *Der Schatten des Dalai Lama: Sexualität, Magie und Politik im tibetischen Buddhismus*, Patmos Verlag, Düsseldorf 1999, S. 461f.

289 Vgl. Senanayake, Ratne Deshapriya: *Inside Story of Tibet*, S. 23ff.

lende tibetische Unterstützung für den Einmarsch der Volksbefreiungsarmee wird von der Free-Tibet-Bewegung als Beweis dafür angeführt, dass das tibetische Volk einmütig auf Seiten seiner Herren gestanden sei. Die Tatsache des völligen Fehlens jeglicher organisierter Opposition im Land ist jedoch eher als Folge der absoluten Herrschaft der Lamas zu werten, die mittels absichtlichen Belassen des Volks in Unwissenheit und brutalster Unterdrückung (Folterpraxis in den Klöstern) jedes revolutionäre Aufbegehren erstickt hatten.[290]

Zum Zeitpunkt des chinesischen Einmarsches 1951 teilten sich die 1,2 Millionen Einwohner Tibets in zwei Klassen: Feudalherren und Leibeigene. 10% der Bauern und Viehzüchter waren gar versklavt. 15% der Bevölkerung waren Mönche, die sich in mehr als 2.700 Klöstern aufhielten. Die drei Klöster *Drepung*, *Sera* und *Ganden* übten faktisch die Macht über das Land aus. Ein Großteil der Mönche rekrutierte sich aus Kindern, die von ihren Eltern ins Kloster gegeben wurden, damit ihnen ein Teil der drückenden Steuerlast erlassen wurde. Die Mönche aus armen Schichten erwartete auch im Kloster ein miserables Leben. Häufig wird in der Free-Tibet-Szene argumentiert, das fehlende öffentliche Bildungswesen im alten Tibet hätte keinen Mangel bedeutet, im Gegenteil habe durch die große Anzahl der Mönche ein hohes Bildungsniveau geherrscht. Tatsächlich beweist diese Darlegung nur einmal mehr den Unwillen der deutschen Anhängerschaft, sich mit den Realitäten des tibetischen Volkes zu befassen. Keineswegs war mit dem Eintritt ins Kloster automatisch eine Unterweisung in Wort, Schrift und Wissensstand der Zeit verbunden. Obwohl 15% der Bevölkerung Mönche waren (entspricht etwa 180.000), betrug der tibetische Alphabetisierungsgrad lediglich 2%. So schreibt selbst Heinrich Harrer, dessen Reiseberichte aus den Jahren 1944-51 (*Sieben Jahre in Tibet*) die Renaissance der deutschen Tibetbegeisterung seit den 1990ern speisen: „Schon als Knabe wird der Mönchsschüler ins Kloster gebracht (...). Die ersten Jahre muss er die niedrigsten Arbeiten verrichten und seinem Lehrer dienen. Zeigt er sich klug und aufgeweckt, dann lernt er lesen und schreiben, beginnt sein Studium und wird zu den Prüfungen zugelassen. Aber nur sehr wenigen gelingt es, eine Stufe nach der anderen zu bewältigen, die Masse bleibt ihr Leben lang im Dienerstand. (...) Einmal im Jahr finden in der Kathedrale in Lhasa die öffentlichen Abschlussprüfungen der Klosterschüler statt. Aus ganz Tibet werden nur zweiund-

290 Vgl. ebenda, S. 7.

zwanzig Prüflinge zugelassen." Der größte Teil der Mönche lebte ein Leben lang ohne Zutritt zu Bildung und Wissen und hatte gegenüber den Bauern lediglich den Vorzug, genug zu Essen zu bekommen. Auch die heute zur Schau getragene pazifistische, stoische Ruhe der tibetischen Mönche ist keineswegs ein Grundzug des tibetischen Lamaismus: „Die Gestalten in den roten Kutten", so Heinrich Harrer, „sind nicht immer sanfte und gelehrte Brüder. Die meisten sind grobe, gefühllose Gesellen, für die die Peitsche der Disziplin nicht streng genug sein kann. Die ärgsten unter ihnen finden sich in der zwar nicht erlaubten, aber geduldeten Organisation der Dob-Dobs, der Mönchssoldaten, zusammen. Sie tragen eine rote Binde um den nackten Arm und schwärzen ihr Gesicht mit Ruß, um recht furchterregend auszusehen. Im Gürtel haben sie einen riesigen Schlüssel, der je nach Bedarf als Schlagring oder Wurfwaffe dient. Nicht selten tragen sie auch ein scharfes Schustermesser in der Tasche versteckt. Viele von ihnen sind berühmte Raufer; schon ihr frecher Gang wirkt herausfordernd; ihre Angriffslust ist bekannt und man hütet sich, sie zu reizen. Aus ihren Reihen bildete sich später ein Freiwilligenbataillon im Kampf gegen die Rotchinesen, das wegen seiner Tapferkeit berühmt wurde. Aber auch im Frieden haben sie genug Gelegenheit, ihre überschüssigen Kräfte loszuwerden, denn zwichen den Dob-Dobs der großen Klöster herrscht ständige Fehde." „Später hatte ich noch einmal Gelegenheit, den Debatten der studierenden Mönche beizuwohnen, und dabei ging es dann nicht immer so sanft und gesittet zu. Die Zuhörer ergriffen oft Partei für die eine oder andere Seite, man erhitzte sich bis zur Weißglut, und die Diskussion endete nicht selten mit einer handfesten Rauferei."[291]

Den tibetischen Herrschenden war es in den ersten Jahrzehnten des 20. Jahrhunderts gelungen, das Bestreben der Briten im Zaum zu halten, das Land durch technische Hilfeleistungen wie Aufbau einer Infrastruktur, eines Postwesens etc. der modernen Zivilisation anzunähern. Nun drohte der Sieg der kommunistischen Volksarmee im chinesischen Bürgerkrieg. Zu Recht fürchteten sie, ihr feudalistisches Machtsystem würde einem Sieg der bewaffneten Arbeiter- und Bauernschaft in dem Riesenreich nicht standhalten. Nach kurzen aber aussichtslosen militärischen Gefechten schlossen sie im Mai 1951 ein 17-Punkte-Abkommen mit der chinesischen Zentralregierung. Es sollte die Zugehörigkeit Tibets zu China regeln, bei

[291] Heinrich Harrer, zit. nach: Baumhauer, Otto (Hrsg.): *Tibet und Zentralasien Dokumente zur Entdeckungsgeschichte*, Deutscher Bücherbund, Stuttgart/ Hamburg o.J., S. 299ff.

Beibehaltung eines Autonomiestatus, der so weitgehend war, dass selbst die Funktionen und Befugnisse des Panchen Lama (zweithöchster Würdenträger des herrschenden Gelbmützen-Ordens) sowie des Dalai Lama unangetastet blieben. Kein früherer Beamter wurde entlassen. Vereinbarte Reformen auf dem Gebiet der Landwirtschaft, der Industrie und des Bildungswesens sollten von der tibetischen autonomen lokalen Regierung selbst durchgeführt werden. Wechselnd halten beide Seiten einander heute vor, das Abkommen gebrochen zu haben.

Der Friedenskönig

Das Image des Dalai Lama als Botschafter des „inneren und äußeren" Friedens wurde im Sommer 1999 durch Berichte über die in den 1950er Jahren existierende tibetischen Guerillatruppe ins Wanken gebracht. Cheforganisator war Gyalo Thöndup, ein Bruder des Dalai Lama. Über ihn liefen Kontakte zum US-amerikanischen Geheimdienst, der die tibetische Untergrundbewegung in den 1960ern mit jährlich 1,7 Millionen US-Dollar Finanzhilfe ausstattete. 180.000 $ davon, die zur direkten Unterstützung des Dalai Lama bestimmt waren, flossen in den Aufbau von Büros in westlichen Industrieländern sowie in internationale Kampagnen. Der Dalai Lama will von der Unterstützung des CIA damals nichts gewusst haben, wie er heute beteuert. Ab 1956 wurden 400 tibetische Kämpfer von dem CIA auf dessen Trainingszentrum in Camp-Hale in den Rocky Mountains, USA, paramilitärisch ausgebildet. Weitere Ausbildungen erfolgten auf einem Hochplateau im nepalesisch-tibetischen Grenzgebiet. 1959 war die Untergrundarmee auf 85.000 Kämpfer angewachsen.[292]

Anfang März 1959 fanden in Lhasa gewalttätige anti-chinesische Ausschreitungen statt. Nachdem Barrikaden errichtet worden waren und ein Lynchmord an einem tibetischen Beamten, den man der Kollaboration mit den Chinesen verdächtigte, auf offener Straße vollzogen wurde, ohne dass die tibetische Lokalregierung einen Versuch zur Beruhigung der Lage unternommen hätte, griff Ende des Monats das chinesische Militär ein. Bei dessen brutalem Vorgehen gegen die Demonstranten und nachfolgenden Repressionsmaßnahmen wurden auch Klöster zerstört. Am 16. März schon hatte der Dalai Lama in einer Nacht- und Nebelaktion die Hauptstadt in Richtung Indien verlassen, wo er seitdem im Exil weilt. Das 17-Punkte-

[292] *Süddeutsche Zeitung Magazin* vom 8.10.1999, S. 36ff.

Abkommen kündigte der Dalai Lama, der sich seither als unabwählbares politisches Oberhaupt der Exilregierung sieht, einseitig auf.

Heute spricht der Dalai Lama von 87.000 Toten durch Militäraktionen in den Jahren 1951 bis 1959. Suggeriert wird durch die unterlassene Differenzierung nach Kampfparteien, dass es sich ausschließlich um tibetische Opfer handelt. Laut Report des *US Joint Publications Research Service* in Washington waren drei von vier Toten jedoch Chinesen.[293] Mit dem Umschwenken des US-Präsidenten Nixon auf eine chinafreundlichere Politik Anfang der 1970er Jahre versiegte die Geldquelle der Lamas und der bewaffnete Kampf wurde eingestellt.

In dem seit 1961 existierenden tibetischen Exil-Parlament ist der Dalai Lama oberster Regierungschef. Eine Abwahlmöglichkeit ist in der Verfassung nicht vorgesehen. Bis heute wurde die Exil-Regierung von keinem Staat der Erde anerkannt.

Diese kurze Darstellung zentraler Aspekte der jüngeren tibetischen Geschichte ist angesichts der momentan allgegenwärtigen unreflektierten Bezugnahme auf tibetisch-buddhistische Elemente vonnöten. Die esoterische Grundregel, nach der Erkenntnis durch kognitive Leistung verpönt wird, fördert keine Auseinandersetzung mit den Hintergründen der Probleme des tibetischen Volkes. Was richtig ist, sagt einem bekennenden Esoteriker eine Eingebung, mindestens intuitives Erfühlen, niemals jedoch sein Verstand. Eine von Halbwahrheiten getragene Propaganda hat bei solch unkritischer Meinungsbildung leichtes Spiel, sich durchzusetzen.

Der Tibet-Boom ist ein eindrucksvolles Beispiel, wozu die grundsätzliche Ablehnung der erkennenden Ratio, also der Wissenschaft, führen kann. Wer das wissenschaftliche, vernünftige Denken verwirft, wendet sich gegen die Grundwerte der Aufklärung und damit gegen die Grundidee der modernen bürgerlichen Gesellschaft. Die Anhängerschaft des Dalai Lama landet im Ergebnis ihrer linear-historischen Rückwärtsgewandtheit wieder in der vor-demokratischen Gedankenwelt des Feudalismus.

Heute gibt sich der Dalai Lama gern als Botschafter des Friedens, wozu er den bewaffneten Untergrundkampf der 1960er Jahre in gewaltlosen Volkswiderstand umdeutet. Bezeichnete er früher die Tibeter als „von Natur aus kriegerisch", „ihrer Veranlagung nach ziemlich aggres-

[293] Goldner, Colin: *Dalai Lama – Fall eines Gottkönigs*, S. 141f.

siv"[294] und sah Gewalt und das Töten von Menschen als möglicherweise angebracht an, schlägt er seit der Verleihung des Friedensnobelpreises 1989 offiziell pazifistische Töne an: „Das tibetische Volk ist von Natur aus aufrichtig, sanftmütig und freundlich."[295]

Der Dalai Lama hilft deutschen „Underdogs"

Schon einmal herrschte in Deutschland Begeisterung für das tibetische Schneeland. Seit Beginn der 1920er Jahre, insbesondere zwischen 1933 und 1945, waren in den Kinos zahllose Abenteuerfilme über das „Dach der Welt" zu sehen, der Buchmarkt präsentierte Berichte und Legenden, die Tagespresse berichtete und Ausstellungen wurden gezeigt über das von den Nationalsozialisten mystisch verklärte Land. Dem deutschen Faschismus diente die Mystifizierung der tibetischen Kultur, die geheimnisvoll-abenteuerliche Entdeckung fremder Länder und angeblicher Menschenrassen als Ablenkung der Bevölkerung von der alltäglichen grausamen Realität des Krieges. Ebenso wurde in Tibet Spekulationen über „rassische" Besonderheiten der zentralasiatischen Völker und der angenommenen Ur-Verwandtschaft der „indo-arischen" und der „germanischen" Menschenrasse nachgegangen.

Heinrich Himmler, Reichsführer SS, war ein Verehrer der Theosophin H.P. Blavatsky. Deren elitäre Rassenlehre, die sie in ihrem Grundlagenwerk *Die Geheimlehre* aufzeichnete, wurde ihr angeblich durch indische und tibetische Mahatmas übermittelt und wurde neben Himmler auch von Adolf Hitler geschätzt. Himmler zeigte Interesse an der Vorstellung, Überlebende des untergegangenen Kontinents Atlantis hätten im unterirdischen Reich *Shambala* in Tibet ihr Wissen aufbewahrt.

Nach Ansicht führender Rassentheoretiker machte die Neuaufteilung der Welt auch eine Neubestimmung der Rassengrenzen nötig. Der Tibet-Forscher, Biologe und SS-Angehörige Ernst Schäfer unternahm wiederholt, zum Teil durch die SS finanzierte, Forschungsreisen nach Tibet. Expeditionsteilnehmer Dr. Bruno Beger nahm dort „rassekundliche Forschungen" vor, so führte er an hunderten von Tibetern Schädelvermes-

[294] Trimondi, Victor und Victoria: *Der Schatten des Dalai Lama: Sexualität, Magie und Politik im tibetischen Buddhismus*, S. 594

[295] Diese rassistische Zuordnung von biologisch-völkisch determinierten Charaktereigenschaften bedürfte einer eigenen Untersuchung, die den Rahmen dieser Arbeit jedoch übersteigt.

sungen durch. Beger, der zum persönlichen Stab Himmlers zählte, suchte in Tibet auch nach Resten einer „nordischen Rassenseele“, welche die nordische Rasse bei einer einstigen Wanderung nach Japan in den Völkern Asiens als Spuren hinterlassen habe. Später vermaß er weiter Schädel als Arzt im KZ Auschwitz.[296]

Kurz nachdem 1933 mit der Ernennung Hitlers zum Reichskanzler die Macht an die Faschisten übergeben worden war, gründete Himmler die *Forschungsstätte Ahnenerbe*. Unter Leitung von Ernst Schäfer (ebenfalls im persönlichen Stab Himmlers) entwickelte sich ab 1942 das *Institut für Innerasienforschung* zur größten Unterabteilung des *Ahnenerbe*. Im Jahr 1939 wurde im Potala, dem Regierungssitz des Dalai Lama in Lhasa, eine SS-Delegation von Reting Rinpoche (Regent und persönlicher Tutor des Dalai Lama) offiziell empfangen, über deren Inhalt bis heute ebenfalls keine genaueren Informationen preisgegeben werden. 1939 erhielt Schäfer einen Geheimauftrag, indem er ein umfangreiches Kontingent an Waffen und Kriegsgerät nach Tibet schaffen sollte, mit dem der Einfluss der Briten in der Region zurückgedrängt werden sollte. Der Plan wurde aus unbekannten Gründen nicht ausgeführt, der Dalai Lama und sein Hofstaat schweigen sich über die damalige Rolle der tibetischen Regierung in diesem Plan bis heute aus.[297]

1997 wurde die bekannte Biographie *Sieben Jahre in Tibet* des Österreichers Heinrich Harrer (*1912) verfilmt. Harrer zählt zu den bekanntesten internationalen Tibet-Autoren, weltweit wurden seine Bücher in 57 Sprachen übersetzt, über 4 Millionen Exemplare wurden verkauft. In Harrers Beschreibung seines Tibet-Aufenthalts nach 1945 finden sich immer wieder rassistische Formulierungen. Ab Frühjahr 1950 war Harrer ein halbes Jahr lang persönlicher Lehrer des damals 15-jährigen Dalai Lama, brachte es zum Rang eines Ministerialbeamten und wurde später in den tibetischen Adelsstand erhoben. Erst 1997 gelang einem österreichischen Journalisten, Harrers braune Vergangenheit nachzuweisen: Er war als überzeugter Nazi seit 1933 in der SA, später SS-Oberscharführer. Im

[296] Bruno Beger wurde 1971 wegen seiner Verbrechen im KZ Auschwitz von einem bundesdeutschen Gericht zu drei Jahren Freiheitsstrafe auf Bewährung verurteilt.

[297] Nach 1945 wurde der Lehrstuhl für Tibetologie an der Universität München mit dem *Ahnenerbe*-Mitarbeiter Helmut Hoffmann besetzt. Ernst Schäfer setzte sich nach Venezuela ab, wurde Leiter eines biologischen Instituts und kam in den 1960ern zurück in die BRD.

Nachhinein musste der bereits produzierte Kinofilm *Sieben Jahre in Tibet* umgearbeitet werden. Nun wird ein durch den tibetischen Buddhismus geläuterter deutscher nationalsozialistischer Mitläufer präsentiert, der heute für die „Menschenrechte“ kämpft.

Mit Beger, dem Arzt aus Auschwitz, und Harrer hatte der Dalai Lama in den 1990er Jahren wiederholt freundschaftliche Treffen. Die Begegnungen mit Beger „waren jedesmal von großer Herzlichkeit“ geprägt.[298]

Shambala

Der *Shambala*-Mythos nimmt im tibetischen Buddhismus eine zentrale Rolle ein. Das Königreich *Shambala* wird als Heimat der höchsten tantrischen Buddhisten gesehen. Millionen Menschen leben der Sage nach in diesem Reich, dessen geographische Lage je nach historischer Quelle zwischen Nordindien und dem Nordpol vermutet wird. Die Buddhokratie wird umringt von einem Hofstaat, Statthaltern, Beamten und einem starken Militär. Der Herrscher besitzt die Fähigkeit, bis in das tiefste Innere eines jeden Menschen zu blicken, er verfügt über absolute Allmacht. Für das 25. Jahrhundert u.Z. prophezeien die tantrischen Schriften eine Endzeitschlacht. Nachdem die Erde von Krisen, Hungernöten und Kriegen überzogen wurde, werden Barbaren die Welt beherrschen, die nur durch die mit effektivsten Waffen ausgestatteten Krieger *Shambalas* geschlagen werden können. Diese sollen ein 20.000 Jahre währendes spirituelles Paradies auf Erden errichten. Der tibetische Buddhismus bricht mit diesem zentralen Element seiner Lehre das von Bodhisattva (einer zentralen Erlöserfigur des Buddhismus) aufgestellte Gebot vom „Mitgefühl mit allen Wesen“.

Auf den Mythos von *Shambala* begründet sich auch die Vorstellung von der Weltregierung der weisen Mahatmas, welche die Grundlage der theosophischen Lehre von der „Großen weißen Bruderschaft“ darstellt.

Auch mit Miguel Serrano (*1917) traf sich der Dalai Lama in den 1990er Jahren mehrmals. Serrano, ein Schüler Julius Evolas[299], gilt international

[298] Trimondi, Victor und Victoria: *Der Schatten des Dalai Lama: Sexualität, Magie und Politik im tibetischen Buddhismus*, S. 649

[299] Julius Evola (1898-1974) war ein vom tantrischen Buddhismus beeinflusster bedeutender italienischer Esoteriker. Er übersetzte die Werke des deutschen

als okkulte Eminenz des modernen Faschismus. Er war chilenischer Botschafter und international für die UNO tätig, veröffentlichte Abhandlungen über tantrische Themen und war lange Jahre Führer der *Nationalsozialistischen Partei Chiles*. 1978 erschien sein Buch *El Cordón Dorado – Hitlerismo Esoterico* (*Das goldene Band – esoterischer Hitlerismus*). Er bezeichnet Hitler als einen „Hohepriester“ und behauptet unter Bezugnahme auf den tibetisch-buddhistischen *Shambala*-Mythos, dass Hitler in einer unterirdischen Basis in der Antarktis noch am Leben sei. Hitler werde mit einer gigantischen Ufo-Flotte von dort aufsteigen und in einem Endkampf die Weltherrschaft erringen. Diverse bundesdeutsche führende Esoteriker, wie z.B. Jan Udo Holey, hängen diesem Glauben an.

Auf die Frage, ob er von der Verstrickung Harrers in das faschistische System wusste, antwortete der „Ozean der Weisheit“[300] 1997: „Natürlich wusste ich, dass Heinrich Harrer deutscher Abstammung war – und zwar zu einer Zeit, in der die Deutschen wegen des Zweiten Weltkrieges weltweit als Buhmänner dastanden. Aber wir Tibeter haben traditionsgemäß schon immer für die Underdogs Partei ergriffen und meinten auch, dass die Deutschen gegen Ende der vierziger Jahre von den Alliierten genügend bestraft und gedemütigt worden waren. Wir fanden, man sollte sie in Ruhe lassen und ihnen helfen.“[301] Mit dieser Relativierung der deutschen Verbrechen im Zweiten Weltkrieg liegt der Dalai Lama wieder einmal im rechten Zeitgeist. Wo die Inflation der Bedeutungen grassiert, wo Milosevic als Hitler und Jugoslawien als Auschwitz bezeichnet wird, da können auch die Verursacher des Holocaust zu Underdogs werden, denen geholfen werden muss, denn: „Was China in Tibet tut, ist schlimmer als das, was die Nazis in Europa getan haben“ wie Gyalo Thöndup, Bruder des Dalai Lama, meint.[302]

Die tibetisch-buddhistische Grundauffassung von der *Gleichheit alles Seienden* ist für diesen Geschichtsrevisionismus die ideale religiöse Basis. Sie sieht das Leid eines Menschen als karmische Möglichkeit, seelisch-

---

Theosophen Gustav Meyrink ins Italienische, war Berater Benito Mussolinis sowie Ideologe der neofaschistischen Szene in Frankreich und Italien.

300 Die Übersetzung des Namens Dalai Lama mit Ozean der Weisheit, wird gerne von seinen Anhängern verwendet.

301 Playboy (Germany), 3/1998, zit. in: Goldner, Colin: *Dalai Lama – Fall eines Gottkönigs*, S. 83.

302 Zit. in: Trimondi, Victor und Victoria: *Der Schatten des Dalai Lama: Sexualität, Magie und Politik im tibetischen Buddhismus*, S. 648.

spirituelles Wachstum zu erfahren. Wodurch der Mensch spirituelle Erleuchtung erhalte, entziehe sich den gängigen moralischen Einteilungen nach Gut und Böse.

Yin-Yang

> *„Immer mehr Frauen wenden sich dem Buddhismus zu in Europa wie in Amerika. Und wenn man sie betrachtet, mag man denken: Nanu, wohl gerade eine Schönheitsoperation hinter sich? – Nein, es ist die Lehre des Buddha, die sie begehrenswert und schön macht. (...) Buddha ist für Frauen nicht der allmächtige Patriarch im Himmel, sondern ein Guru im Leben. Das macht ihn besonders Frauen sympathisch. Im Buddhismus müssen Frauen ihre Sinnlichkeit nicht verleugnen."*
>
> Wochenzeitschrift *Bunte*, November 1997[303]

> *„Meiner Meinung nach ist der Dalai Lama einer der sehr wenigen männlichen Führer, die sanft und auch feministisch denken (...) So denken nur sehr wenige auf der Welt."*
>
> Petra Kelly[304]

Gerade westliche Frauen zieht es in den Bann des tibetischen Buddhismus und seines obersten Repräsentanten, des Dalai Lama. Durch den jovial und galant auftretenden, immer lächelnden und zu einem Flirt aufgelegten Dalai Lama verwandeln sich auch einstige Rebellinnen der feministischen Bewegung in sanfte Untergebene. Wieso findet der Buddhismus gerade von westlichen Feministinnen so regen Zulauf?

Die Rolle der Frau, ihre geschlechtsspezifischen Verhaltensweisen, definierte Simone de Beauvoir 1949 noch als ein „Kunstprodukt des Mannes", also als sozial konstruiert und nicht biologisch determiniert. In der Entwicklung der feministischen Bewegung nach 1968 wurde die Grundprämissse der prinzipiellen Gleichheit der Geschlechter vielerorts verlas-

---

303 *Bunte* vom 6.11.1997, zit. in: Trimondi, Victor und Victoria: *Der Schatten des Dalai Lama: Sexualität, Magie und Politik im tibetischen Buddhismus*, S. 412.

304 Zit. in: Goldner, Colin: *Dalai Lama – Fall eines Gottkönigs*, S. 253.

sen. Ein neuer Focus der Frauenbewegung richtete sich auf die Frage nach der Berechtigung der Unterschiedlichkeit, der Differenz der Geschlechter. Im Diskurs stand auch die Berechtigung und Notwendigkeit typisch „weiblicher“ Eigenschaften und deren Unterdrückung durch die herrschende Wertenorm. Ihnen sollte in der von männlichen Werten geprägten Gesellschaft mehr Geltung verschafft werden.

In Selbsterfahrungsgruppen (Arbeitstitel z.B.: „Entdecke die Göttin in Dir“) wurden und werden diese tiefen „weiblichen Urkräfte“ aufgespürt und verstärkt.[305] Durch individuellen Rückzug auf eine vermeintliche Natur könne die Frau persönliches Wohlergehen, „Heil“, erlangen. Die Ursache gesellschaftlichen Unglücks wird in der Vorherrschaft männlicher Denk- und Handlungsmuster gesehen. Die Rettung der Gesellschaft, die Bewahrung des Friedens, liege in der verstärkten Präsenz weiblicher Kräfte. Diesem Konstrukt einer gesellschaftlich relevanten speziell weiblichen Urkraft als Ergänzung zur männlichen kommt der tantrische Buddhismus Tibets entgegen.

Die tibetische Staatsreligion des so genannten *Vajrayana* (aus dem Sanskrit übersetzbar mit „Phallusgefährt“), auch genannt tantrischer Buddhismus, ist eine Untergliederung des aus zahlreichen Untergruppierungen bestehenden Buddhismus. Der tantrische Buddhismus ermöglicht es, bereits innerhalb eines einzigen Lebens „Erleuchtung“ zu erreichen und aus dem leidvollen Kreislauf der Wiedergeburt auszusteigen. Ziel ist die Erlangung absoluter Macht, sowohl spiritueller (Erleuchtung, Buddhaschaft) als auch weltlicher (Reichtum, Gesundheit, Sieg über die Feinde, etc.). Der Weg dorthin besteht aus tantrischen Ritualen und Übungen, wesentliches Element ist der phallische Sex. Der Kosmos sei das Spiel der beiden Urkräfte, der männlichen und weiblichen. Der gläubige Mönch sucht, diese beiden Prinzipien *Yin* und *Yang* (tibetisch: *Yab* und *Yum*), männliche und weibliche Lebenskraft, in sich zu vereinen. Dies geschieht in der Sexualität, z.B. durch Vollzug des Geschlechtsverkehrs. Die Dualität der Welt kann so aufgehoben werden. Der Erleuchtete überwindet sein Ego, steigt letztendlich zum androgynen Wesen auf und verwandelt die sexuellen Kräfte in Macht. Er wird zum Überwesen mit unumschränkter Schöpfer- und Vernichtungsmacht, zum *Adi-Buddha*. Der Erleuchtete wird dadurch

[305] Ein Beispiel hierfür ist Clarissa Pinkola Estés Bestseller *Die Wolfsfrau. Von der Kraft der weiblichen Urinstinkte*. Darin werden ausschließlich mythische Erklärungen und ebensolche therapeutischen Hilfestellungen für Frauen gegeben in Anlehnung an C.G. Jungs Archetypenlehre (vgl. Kapitel III.5).

nicht Gott im Himmel ähnlich, sondern er wird selbst zum lebenden Buddha.

Da dem Mönch die männliche Urkraft schon zu eigen ist, muss er nur noch an die weibliche gelangen. Die Bedeutung, die hier einer fest umrissenen weiblichen Kraft zugesprochen wird, kommt zunächst Vorstellungen entgegen, welche die natürliche Ungleichheit der Geschlechter postulieren und die Benachteiligung der Frau in der zu geringen Würdigung ihrer Besonderheiten sehen. Die Frau erfährt im tantrischen Buddhismus eine mystische Erhöhung, es wird vom „Dienst an der weiblichen Partnerin", vom „Lobpreis der Frauen", von der Frau als „Mutter des Universums" gesprochen.[306]

Der hohe Stellenwert, der der Sexualität zugesprochen wird, und die Ausführlichkeit, mit der zum Teil stimulierende Praktiken dargestellt werden (ähnlich dem brahmanistischen *Kama Sutra*), erweckt auf den ersten Blick den Eindruck einer lebens- und körperbejahenden Religion.

Zu den wichtigsten und komplexesten Ritualen zählt die Kulthandlung des *Kalachakra-Tantra*. Neben dem *Shambala*-Mythos ist das *Kalachakra-Tantra* zentraler Aspekt des tibetisch-buddhistischen Lehre. Das *Kalachakra-Tantra* ist die bedeutendste tantrische Schrift. Eingeteilt ist es in 15 Stufen, die ersten sieben davon dienen hauptsächlich der inneren Reinigung, diese werden öffentlich vollzogen. Die Aneignung weiblicher Energie, *Gynergie* genannt, geschieht darin imaginär durch Meditation und das „Visualisieren" der geistigen Frau (*Inana Mudra*). Die höheren acht Einweihungsstufen unterstehen strenger Geheimhaltung, sie sind nur wenigen Auserwählten zugänglich. Hier wird mit realen Frauen (*Karma Mudra*) praktiziert. Sexualität geschieht auch hier nicht um ihrer selbst Willen, sondern zu höheren Zwecken, zur Aneignung der weiblichen Gynergie und Transformation des Eros in geistige und weltliche Macht. Initiiert werden kann ein Mönch hierin nur, „wenn keinerlei sexuelles Verlangen mehr vorhanden ist. Die Voraussetzungen sehen ungefähr so aus: Wenn Dir jemand ein Glas Wein und ein Glas Urin, eine köstliche Speise und einen Teller Kot anbietet, musst Du in der Verfassung sein, dass Du von allem essen und trinken kannst und es dich überhaupt nicht berührt, was

[306] Die verabsolutierte Zuweisung weiblicher Aufgaben und deren göttliche Erhöhung erfolgt in ähnlicher Weise bei der Familienaufstellung nach Bert Hellinger.

du da gerade zu Dir nimmst."[307] Dem liegt die buddhistische Lehre von der Leere aller Erscheinungen, der Gleichheit alles Seienden zugrunde, mit dem der Lama in einen Zustand jenseits von Gut und Böse, von moralischem Empfinden, versetzt werden soll. Erworbene soziale Normen, gesellschaftliche Wertvorstellungen und Verhaltensmuster sollen vom Initianden aufgegeben werden.

Die Aneignung weiblicher Energie erfolgt in diesen hohen Stufen nicht mehr rein imaginär, sondern durch Aneignung von Sekret oder Blut der Frau (*Sukra*). Hierzu sucht der Tantriker sein Ejakulat, vermischt mit den Scheidensekreten, aus der Vagina seiner Mudra durch die Harnröhre „zurückzusaugen". Die Frauen werden dem Lama u.a. auch von seinen Schülern angeboten, denen es eine Ehre sein soll, ihre Schwestern, Töchter oder Ehegattinnen dem Guru zu geben. Ab der 10. Stufe hat der Initiand selbst Geschlechtsverkehr.[308] Bevorzugt werden dabei nach der klassischen Zahlenmystik vier geeignete Frauen-/Mädchentypen: Achtjährige, Zwölfjährige, Sechzehn- und Zwanzigjährige. Der „moderne" Tantriker Lama Gedün Chöpel warnt in seinen Texten aus den 1920er Jahren ausdrücklich davor, es könne bei gewaltsamem Eindringen in junge Mädchen Verletzungen geben, und so sei es bei Gegenwehr besser, sich nur zwischen den Schenkeln des Mädchens zu reiben. Weiter empfiehlt er, Kinder vor dem Ge-

---

[307] Dalai Lama: Advice from the Dalai Lama, in: Aquiring Mind Vol. 10, Nr. 1/1993, zit. in: Goldner, Colin, *Dalai Lama – Fall eines Gottkönigs*, S. 161.

[308] Im Sinne der Lehre wird das Sexualorgan in diesen Riten zwar gebraucht, die Energie jedoch beherrscht und nicht entladen, d.h. es kommt zu keinem Samenerguss. Erst in den höchsten, geheimen Stufen wird auch ejakuliert. Der Lehrling muss zuvor lernen, den ejakulierten Samen wieder in das Glied zurückzuziehen, geübt wird beispielsweise (Vajroli-Methode) mit einem Strohhalm, der in das Genital eingeführt wird. „Zuerst zieht man Wasser, später dann Milch durch den Strohhalm herauf. Damit wird die Fähigkeit der Umkehr des Flusses während des Geschlechtsverkehrs geübt. Wer eine sehr große Erfahrung hat, kann nicht nur den Fluss an einem sehr weit unten liegenden Punkt umkehren, sondern auch die Flüssigkeit bis zum Scheitel aufsteigen lassen, dem Ort, von dem sie ursprünglich heruntergesunken war." (Ausführung des Dalai Lama zitiert in Varela, Francisco: Traum, Schlaf und Tod. Grenzbereiche des Bewusstseins, München 1998, S. 153f.) Später würde durch den Rückzug des Ejakulats und des weiblichen Sekrets die Energie wieder in den Körper des Lama gelangen. (Vgl. Goldner, Colin: *Dalai Lama – Fall eines Gottkönigs*, S. 164f.)

schlechtsverkehr mit Honig und Bonbons zu füttern.[309] „Mit Frauen über dieses Alter hinaus soll nicht praktiziert werden, denn sie absorbieren die okkulten Kräfte des Gurus. (...) Die 21-30-jährigen bezeichnet ein berühmter tantrischer Kommentator als 'Göttinnen des Zorns' und gibt ihnen folgende Namen: Die Schwärzeste, die Fetteste, die Gierige (...). Die 31-38-jährigen gelten als die Manifestationen bösartiger Geister und die 39-46jährigen als 'unbegrenzte Manifestationen der Dämonen'. Sie heißen: Hundeschnauze, Saugfresse, Schakalfratze (...).“[310] „Die *Karma Mudra* (Reale Frau) (...) hat eine rein pragmatische und instrumentale Bedeutung und ist am Ende überflüssig“, so der italienische Tibetologe Raniero Gnnoli in der Einleitung zu einem *Kalachakra*-Kommentar.[311]

June Campbell ist eine der ersten Frauen, die die extreme Frauenfeindlichkeit des tibetischen Buddhismus öffentlich anklagt. Sie verbrachte lange Jahre an der Seite des 40 Jahre älteren ranghohen Lamas Kalu Rinpoche (1905-1989), zuerst als dessen Übersetzerin, später als sexuelle Gefährtin. Campbells 1997 erschienenes Buch[312] gibt Einblicke in den bislang weitgehend geheimen Umgang mit Frauen durch die höchsten tibetischen Würdenträger. Allmählich durchbrechen Frauen das jahrhundertealte Schweigegebot, das ihnen als Sexgefährtin auferlegt wurde. Die Lamas schüchterten sie ein, drohten mit Wahnsinn, Tod und Höllenstrafen für den Fall der Preisgabe dessen, was mit ihnen während der Riten geschah. Zusätzlich erhielt die jeweilige Frau aber im kleinen Kreis der Informierten auch hohes Ansehen, indem sie die Gefährtin eines hohen Lamas war; ihr wurde versprochen, durch Sex mit einem Lama ein gutes Karma ansammeln zu können.[313]

---

309 Trimondi, Victor und Victoria: *Der Schatten des Dalai Lama: Sexualität, Magie und Politik im tibetischen Buddhismus*, S. 80.

310 Ebenda, S. 81.

311 Zit. in: ebenda, S. 82.

312 Campbell, June: *Göttinnen, Dakinis und ganz normale Frauen: weibliche Identität im tibetischen Tantra*, Theseus Verlag, Berlin 1997.

313 Neben der Karma Mudra (reale Frau) und der Inana Mudra (geistige Frau) besteht noch die dritte typisierte Form der Maha Mudra (durch tantrische Praxis verinnerlichte Frau). Trimondi/Trimondi stellen die These auf, dass die Aufopferung der äußeren Frau Voraussetzung ist für die Entstehung der inneren. Tatsächlich werden in tantrischen Schriften Frauenopfer beschrieben, ob diese real durchgeführt werden, ist nicht nachprüfbar. „Eine Tatsache ist es auf jeden Fall, dass das gesamte tantrische Ritualwesen ohne Leichenteile nicht

Im tantrischen Buddhismus wird die Frau als gleichberechtigte und autonome Partnerin abgelehnt; das Prinzip des Yin-Yang weist der Frau eine starre, gottgewollte Rolle zu. Sie tritt im Dienste ihres Meisters zurück und liefert ihre Kraft ab, um sein Weiterkommen zu unterstützen.

Mittlerweile klagen zahlreiche westliche Frauen über sexuelle Ausbeutung durch ihre buddhistischen Lehrer. Damit haben sie sich bereits über die Grunddoktrin der Unfehlbarkeit ihres Lehrers hinweggesetzt, mit der ihnen von Beginn an kritisches Denken und Zweifel verboten wurde: Schwere Sünde begehe, wer es an Verehrung für seinen Meister mangeln lasse, ihm gar Antipathie entgegenbringe, seine Worte anzweifle. „Wenn dein Guru sich scheinbar auf unerleuchtete Weise verhält und du das Gefühl hast, es wäre heuchlerisch, ihn als einen Buddha anzusehen, dann solltest du bedenken, dass *deine eigenen Ansichten unzuverlässig sind und die Mängel, die du zu sehen glaubst, möglicherweise nur eine Spiegelung deines eigenen verblendeten Geistes sind.* Bedenke außerdem, dass dein Guru, wenn er sich vollkommen verhalten würde, für dich unerreichbar wäre und du nicht zu ihm in Beziehung treten könntest. Deshalb ist es ein Ausdruck seines großen Mitgefühls, dass er den Eindruck erweckt, mit Mängeln behaftet zu sein. Dies ist im Zusammenhang hilfreicher Methoden zu sehen, die er benutzt, um dich zu unterweisen. *Er spiegelt deine eigenen Mängel.*“[314] Der zweifelnde Menschenverstand wird in diesem autoritären Konzept ausgeschaltet; man „ist eben noch nicht so weit“, zu

---

auskommt und davon üppig Gebrauch macht.“ (Trimondi, Victor und Victoria: *Der Schatten des Dalai Lama: Sexualität, Magie und Politik im tibetischen Buddhismus*, S. 126) Der niederländische Anthropologe und Buddhismusforscher Fokke Sierksma beschreibt die Meditationszelle eines tibetischen Lamas, die mit Menschenhäuten ausgeschmückt war. Auf einer Leine hingen abgeschnittene und getrocknete Frauenbrüste; auch das Essgefäß des Lama bestand nicht – wie oft – aus Menschenschädeln, sondern aus der getrockneten Haut einer Frauenbrust. (Sierksma, Fokke: *Tibet's Terrifying Deities: Sex and Aggression in Religious Acculturation*. The Hague 1966, S. 189, zit. in: Goldner, Colin: *Dalai Lama – Fall eines Gottkönigs*, S. 166) Ein stark nekrophiler Kult ist im tantrischen Buddhismus nachzuweisen. Er basiert auf der prinzipiell lebensverneinenden Haltung des Buddhismus, der die Welt als ein zu überwindendes Jammertal definiert.

314 Lama Beru Kyhentze-Rinpoche in: *The Mahamudra. Library of Tibetan Works and Archives*, übersetzt und hrsg. von Alex Berzin (1978), S. 160, zit. in: Campbell, June: *Göttinnen, Dakinis und ganz normale Frauen: weibliche Identität im tibetischen Tantra*, S. 38.

begreifen. Letztlich zeichnet der Schüler für Fehler des Lamas verantwortlich; der Lama beginge Fehler nur, weil er dem Schüler Gutes tun wolle und sei somit per se frei von Schuld.

Angesichts der Tatsache, dass in der westlichen Tibet-Unterstützerszene besonders viele Frauen aktiv sind, hat sich der Dalai Lama nach Bekanntwerden der sexuellen Exzesse hoher Lamas in den letzten Jahren um ein Image bemüht, das ihn als Reformator der frauenfeindlichen Lehre zeigt. Er verkündete 1996 die Göttin Tara als „erste Feministin des Buddhismus" und kann sich vorstellen, sich im nächsten Leben als Frau in der westlichen Hemisphäre zu inkarnieren.[315]

Angespornt durch diese Aussagen, hat sich ein Teil der feministischen Buddhistinnen zur „gynozentrischen Rückeroberung des Schneelandes" aufgemacht. Sie berufen sich auf vergangene matriarchale Kulturen im Gebiet des Himalaya, in denen das, was heute als *Tantra* bekannt sei, exklusiv von Frauen ausgeübt wurde. Ihr Bestreben ist, der Frau in der Religion und der weltlichen Herrschaft die Macht einzuräumen, die bisher Männern zustand.[316] Es geht also nicht um Systemkritik, sondern um eine Legitimierung dieser religiösen Zustände und deren Verfestigung, indem sie modernen Gleichberechtigungsforderungen angepasst werden.

In der öffentlichen Berichterstattung findet sich jedoch trotz zahlreicher Affären im Umfeld der tibetischen Führungsschicht in den 1990er Jahren kein Wort der Kritik. Lediglich die Beziehung des Dalai Lama zur AUM-Sekte Shoko Asaharas, einer ebenfalls tantrisch-buddhistischen Gemeinschaft, wird dem Gottkönig negativ angerechnet. Noch nachdem die Sekte 1995 das Giftgasattentat[317] in der Tokioter U-Bahn verübt hatte (12 Tote, 5.000 zum Teil Schwerverletzte), bezeichnete der Dalai Lama Asahara als seinen Freund.[318]

315 Trimondi, Victor und Victoria: *Der Schatten des Dalai Lama: Sexualität, Magie und Politik im tibetischen Buddhismus*, S. 418.

316 Ebenda, S. 413f.

317 Als Hommage an Shoko Asaharas Vorbild Adolf Hitler wurde das Attentat mit dem Giftgas Zyklon B verübt. Das Blausäuregift Zyklon B wurde von NS-Chemielaboratorien entwickelt und in den Konzentrationslagern zur Massentötung von Menschen verwendet.

318 Stern 36/95, in: Trimondi, Victor und Victoria: *Der Schatten des Dalai Lama: Sexualität, Magie und Politik im tibetischen Buddhismus*, S. 672.

5. Heidnische Renaissance

„Erst die in der vollständigen Zersetzung der Germanischen Volksgemeinschaft hervorgehende selbstbewusste und selbst gewollte Rückbindung (religio) der vereinzelten Einzelnen in den Volksgeist der Germanen als einer Gestalt Gottes, ausgesprochen in der deutschen Idaelistischen Philosophie, ist das wahrhafte Dasein der Freiheit. Sie liegt als Aufgabe noch vor uns. Bei der Lösung dieser Aufgabe ist jeder Deutsche, der diesen Gedanken erfasst, ein Gehilfe Gottes."

Horst Mahler[319]

In Politik, Kultur, Unterhaltungsindustrie – überall lebt der Gedanke an ein europäisches vorchristliches kulturelles Erbe wieder auf. Bis heute geistert das von den Nazis gebrauchte Symbol des „römischen Imperiums" durch die rechte Propaganda, welches im Zuge der Unterwerfung und Christianisierung der europäischen heidnischen Völker diese ihrer religiösen und kulturellen Überlieferungen, ihres Wesens und ihrer Eigenart beraubt habe. Die imperiale römische „Idee einer Weltreligion und eines Weltreiches" sei eine „naturwidrige", wie Alfred Rosenberg bereits im Oktober 1921 im *Völkischen Beobachter* schrieb. Äußere hegemoniale Mächte, die „Tyrannei eines fremden Zentralismus", unterdrückten deutschen Charakter und Kultur; mittels der Berufung auf das „Volkstum", dem „Urquell aller Lebensformen" könne das deutsche Volk von „wesensfremder Überlieferung" befreit werden.[320]

---

[319] Horst Mahler / Reinhold Oberlercher / Uwe Meneen (Deutsches Kolleg): *Ausrufung des Aufstands der Anständigen*, Oktober 2000, in: Dietzsch, Martin / Schobert, Alfred (Hrsg.): *Ein „jüdischer David Irving"? Norman G. Finkelstein im Diskurs der Rechten*, S. 81.

[320] Rosenberg, Alfred: *Der deutsche Gedanke*, in: *Völkischer Beobachte*r vom 22.10.1921; Rosenberg, Alfred: *An die Dunkelmänner unserer Zeit. Eine Antwort auf die Angriffe gegen den „Mythus des 20. Jahrhunderts"*, Hoheneichen Verlag, München 1935, S. 49.

60 Jahre später suchen deutsche Intellektuelle wieder in vermeintlichen vor-christlichen Wurzeln, um das durch die jenseits der Alpen liegende „Zentrale“ seiner „Religion“, „Traditionen“ und „Fruchtbarkeit“ beraubtem Volk in seine nationale Selbstfindung zu drängeln.[321] Weitere 15 Jahre vergehen, bis Martin Walser deutlicher wird und in seinen prosaischen Mordphantasien[322] unverblümt erklärt, dass es die durch die USA gestützte hegemoniale Geltung jüdischer Moral und Weltsicht sei, welche den tiefsinnigen Deutschen um sein Wesen gebracht habe. Auf der Suche nach deutscher Kultur ist der Mainstream so weit nach rechts gerückt, dass heute auch ein Fraktionschef der SPD im Bundestag den Weltmarktkonkurrenten USA als ein „neues Rom“ und deren Präsident Bush einen römischen Imperator zeihen kann.[323]

Seit längerem versuchte die so genannte Neue Rechte die Wiederbelebung einer heidnischen Identität als politisches Instrument einzusetzen. Das *Thule-Seminar* beispielsweise, intellektuelle Denkstube der Faschisten, will unter Vordenker Alain de Benoist[324] seit Beginn der 1980er Jahre ein „europäisches biokulturelles Bewusstsein“ fördern, welches eine „heidnisch-metaphysische Alternative“ zum „transatlantisch“, d.h. in den USA, verorteten „Judäo-Christentum“ darstellen soll.[325]

Die Kontinuität deutschen Denkens ist ungebrochen, wo exponierte Vertreter der demokratischen Regierungspartei sich der Vorarbeit der Faschisten bedienen und altbewährte rhetorische Metaphern verwenden, um Bedrohungsängste und Nationalismus zu mobilisieren.

Nicht nur auf politischer Bühne erlebt der heidnische Gedanke eine Renaissance. In Freizeit, Alltagskultur und Unterhaltungsmusik entwickelte sich mittelalterlich-heidnische Folklore zum Massenphänomen der

---

321 Martin Walser im Gespräch mit dem katholischen Theologen Karl-Josef Kuschel in: Kuschel, Karl-Josef (Hrsg.): *Weil wir uns auf dieser Erde nicht ganz zu Hause fühlen. 12 Schriftsteller über Religion* und Literatur, München, 1987 (4. Auflage), S.151f., zit. in: Weißmann, Karlheinz: *Druiden, Goden, Weise Frauen*, Herder, Freiburg im Breisgau 1991, S.147.

322 *Tod eines Kritikers*, Suhrkamp, Frankfurt / M 2002

323 Der Fraktionsvorsitzende der SPD-Bundestagsfraktion, Ludwig Stiegler, in: *Münchner Merkur* vom 7.9.2002; siehe auch *Süddeutsche Zeitung* vom 10.9.2002.

324 Vgl. de Benoist, Alain: *Heide sein – zu einem neuen Anfang. Die europäische Glaubensalternative*, Grabert-Verlag, Tübingen 1982

325 Selbstdarstellung des *Thule-Seminars* unter: http://www.thule-seminar.org

90er Jahre. Marion Zimmer Bradleys Roman *Nebel von Avalon* avancierte zum Bestseller und brachte ein buntes Gemisch aus feministisch angehauchter Geschichtsschreibung, keltischen und germanischen Mythen hunderttausenden Lesern nahe.

Titelbild von Elemente *Nr.6, der Zeitschrift des* Thule-Seminars. *Es bezieht sich auf die hinduistischen Gottheiten Brahma (Erschaffer), Vishnu (Bewahrer) und Shiva (Zerstörer). Gedankliche Anspielung besteht dabei auf die behauptete gemeinsame Abstammung der Inder und Europäer von einer indo-germanischen menschlichen Urrasse, die bis heute in der spirituellen Seelenverwandtschaft beider Völker nachwirken würde. Das Thule-Seminar untertitelt das Bild: „In der Mitte das schlafende Europa, das rechts aus seiner Erstarrung erwacht und links die notwendige Tat erkennt.“*[326]

Mit Bands wie *Schandmaul* oder *Subway to Sally* hat sich eine eigene Musikszene entwickelt, in deren Liedern mit einfach gestrickten Topoi (der Tod, der Magier, die Hexe, die Prostituierte) ein verklärtes Mittelalterbild beschworen wird. Zahlreiche Rollenspielgruppen imaginieren die Märchenwelt nicht nur am Spieltisch, sondern treffen sich mit Gleichgesinnten in der Natur, um mit ihren etliche hundert Euro kostenden mittelalterlichen Kostümen und Schwertern als Kelten oder Germanen verkleidet durch die Wälder zu stapfen.

Ebenso stieg die Zahl der an heidnisch-esoterischen Kulte angeschlossenen Menschen. Nach Schätzungen des Insiders Roman Schweidlenka hängen bis zu 50.000 Menschen in Deutschland modernen Naturreligionen an. Zahlreiche kleine private Gruppen treffen sich, um keltischen oder

[326] http://www.thule-seminar.org/HTML/RAHMEN/rahmen-start.htm

germanischen Vorstellungen zu huldigen, schamanische Riten[327] sind mittlerweile gängige Praxis im New Age. Mit der Vorstellung, selbst eine Hexe zu sein und ungeahnte Kräfte des eigenen Geschlechts in sich schlummern zu haben, begeben sich esoterische Frauenzirkel auf Entdeckungsreise nach einer weiblichen Spiritualität.

Offenbar ist der völkisch-heidnische Gedanke nach wie vor eine Option, der in Zeiten deutscher Sinnsuche ein Sammelbecken abgibt, sowohl für rechte nationalistische Strategen als auch für vermeintlich entpolitisierte Kleinbürger und nach Authentizität und Erlebnis suchende Heranwachsende.

Von der Kraft der weiblichen Urinstinkte – Spiritueller Ökofeminismus

> *„In der Schicksalsidee offenbart sich die Weltsehnsucht einer Seele, ihr Wunsch nach dem Licht, dem Aufstieg, nach Vollendung und Verwirklichung ihrer Bestimmung. Sie ist keinem Menschen ganz fremd, und erst der späte, wurzellose Mensch der großen Städte mit seinem Tatsachensinn und der Macht seines mechanisierenden Denkens über das ursprüngliche Schauen verliert sie aus den Augen, bis sie in einer tiefen Stunde mit furchtbarer, alle Kausalität der Weltoberfläche zermalmender Deutlichkeit vor ihm steht."*
>
> Oswald Spengler[328]

Sämtliche angeführte modernen Vordenker der Esoterik stützen ihre Theorie wesentlich auf die Behauptung besonderer, angeborener weiblicher Charaktereigenschaften und Fähigkeiten. Mit dem Begriff *spiritueller Ökofeminismus* hat sich mittlerweile eine Bezeichnung für irrationale Theorien herausgeprägt, in der Frauen eine idealistische Überhöhung er-

---

[327] Schamanen sind als religiöse Funktionsträger in so genannten Naturreligionen bekannt. Sie gelten als Mittler zwischen der diesseitigen und einer angenommenen jenseitigen Welt, in die sie mittels Trance und Ekstase Einblick erhielten. Die Ausübung des Schamanismus folgt tradierten Regeln, diese werden in Einweihungsritualen vermittelt.

[328] Spengler, Oswald: *Der Untergang des Abendlandes*, S. 154.

fahren und Weiblichkeit als rettendes Prinzip definiert wird, wobei auf biologistische[329] Denkmuster aufgebaut und die Frau, insbesondere ihre Sexualität, mit der Natur gleichgesetzt wird. Vertreterinnen dieses Denkens sind z.B. Marilyn Ferguson[330] und Zsuzsanna Budapest. Auch Clarissa Pinkola Estés Bestseller *Die Wolfsfrau. Von der Kraft der weiblichen Urinstinkte* ist ein typisches Beispiel des spirituellen Ökofeminismus. Ihre breite Leserschaft, die nicht auf die esoterische Szene beschränkt ist, sondern weit ins bürgerliche Lager reicht, bezeugt die hohe gesellschaftliche Akzeptanz der Vorstellung einer weiblichen naturbezogenen Spiritualität.[331]

Estés baut auf C.G. Jungs Archetypenlehre auf. Sie geht von einem „Archetypus von der wilden Frau" aus, einer weiblichen Schöpferkraft, weiblichem Urwissen.[332] In dieser Urkraft seien die Wesenszüge einer „Urfrau", einer „universellen Mutter" enthalten. Durch „Überzivilisation" sei die Verbindung zu diesen unveränderlichen Urkräften abgerissen.[333] Die gegenwärtigen gesellschaftlichen Faktoren verhinderten eine „natürliche Entwicklung" im Einklang mit der „wilden Alten". Um wieder in Kontakt mit den verschütteten inneren Kräften zu kommen, rät Estés zum einen zu einer „natürlichen Lebensweise", dem verstärkten Gang in die Einsamkeit und „Unberührtheit" der Natur, zum anderen zum Kontakt zu den eigenen Ahninnen. Die momentane Lebensweise sei nur ein ungenügender Schein, der unserer inneren Wahrheit und Größe nicht gerecht werde. Die befreiende Urkraft sei nicht näher definierbar, sie könne jedoch im Vagen, Halbbewussten, über „tausend Organe der Intuition", über „Träume", „Sehnsucht", „Instinkt", „Inspiration", erfahren werden.[334] Ent-

[329] Biologismus: Übertragung angeblicher Naturgesetze auf Mensch und Gesellschaft, mit der Forderung, menschliches Verhalten und politisches Handeln hätten sich an eine natürliche Ordnung zu halten.

[330] Marilyn Ferguson schrieb das Kultbuch *Die sanfte Verschwörung: Persönliche und gesellschaftliche Transformation im Zeitalter des Wassermanns* (1980). Durch einen Paradigmenwechsel hin zu weiblichen Werten sollte die Gesellschaft gleich einer stillen Revolution eine Umwälzung von unten erhalten.

[331] Ein Jahr nach Erscheinen (1992) wurde der Roman bereits in der 24. Auflage verkauft.

[332] Estés, Clarissa Pinkola: *Die Wolfsfrau: Die Kraft der weiblichen Urinstinkte*, Heyne Verlag, 24. Auflage, München 1993, S. 19.

[333] Vgl. ebenda, S. 191.

[334] Vgl. ebenda, S. 27ff.

deckt haben will Estés die Kraft auch in alten Mythen und Märchen, mit denen sie die Leser durch das – in „Einweihungsstufen" gegliederte – Buch begleitet. Die gesuchte Kraft sei in alten heidnischen, naturreligiösen Bräuchen zu finden. Das Christentum habe die alten Geschichten gesäubert, sie ihrer Kraft beraubt.

Der Weg zur Verbesserung der Situation für die Frauen der Welt sei der über die Wiederentdeckung der Spiritualität und das Durchsetzen einer vermeintlichen natürlichen Ordnung. „Mit der Verbindung zu Wilden Alten sind Frauen nicht länger Freiwild für Ausbeuter, sondern unter den Gesetzen der Natur berechtigt, sich zu entfalten, sich durchzusetzen."[335]

Estés neues Konzept für die Frauenbewegung klammert die unterschiedlichen Existenzbedingungen von Frauen, die Zugehörigkeit zu soziale Schichten, völlig aus. Die Kraft der Urfrau lebe unter allen gleichermaßen, „unter Königinnen und Campesinas", „im Ghetto, an der Universität".[336] Estés' Ausführungen sind deutlich ihre Herkunft aus der gutsituierten Schicht westlicher Industrienationen anzumerken. Erzählungen aus fremden Ländern speisen zwar Estés' Märchenfundus, sie entstammen jedoch alle einer romantisch-verklärten, heilen Welt. Wie alle Vertreterinnen und Vertreter des New Age betrachtet auch Estés gesellschaftliche Probleme vorwiegend als Probleme der Innenwelt der Menschen, als psychische Angelegenheit. In hegemonialem Wohlstandsdenken verfangen ignoriert sie die Nöte von Millionen Frauen der Welt, deren Alltag aus Armut, Hunger und Krieg besteht, und die dringend auf eine Änderung der materiellen Verhältnisse angewiesen sind. Mit sattem Bauch lässt es sich einfach auf die Suche nach dem inneren „Heil-Sein" gehen, doch für den Großteil der Menschheit gilt noch immer das Dilemma: *Erst kommt das Fressen, dann kommt die Moral.*

Hexen und Priesterinnen

Auch der moderne neuheidnische Hexenkult ist in seiner Bezugnahme auf weiblichkeitsbetonte Kultformen, der Anbetung einer *Großen Göttin*, Heidentum und Naturheilkunde eine Ausformung des spirituellen Ökofeminismus. Die Frauenbewegung der 1970er Jahre löste den Begriff der *Hexe* von seiner bis dahin negativen Bewertung los. Die *Hexe* wurde zum Inbegriff für unterdrücktes weibliches Wissen, zum Symbol eines neuen

[335] Ebenda, S. 22.

[336] Ebenda, S. 29.

Selbstbewusstseins und der Verteidigung weiblicher Sichtweisen, zum Symbol der Frechheit, der Selbstbestimmung, des Ungehorsams gegenüber der herrschenden Gesellschaft. Im esoterisch-neuheidnischen Hexenkult wird dieses geschichtliche Beispiel für die Unterdrückung weiblicher Lebenswelten nicht mehr historisch verstanden, sondern als für heutige Verhältnisse gültiges Bezugssystem angenommen. Mit naturheilkundlichem Wissen und magisch-okkulten Praktiken aus dem Mittelalter werden für Lebensaufgaben des 21. Jahrhundert adäquate Lösungen gesucht.

In Deutschland haben sich etwa 2000 Menschen aktiv dem *Wicca-Kult* angeschlossen, der durch die Veröffentlichungen Gerald Gardners[337] (1884-1964) zu Beginn der 1950er Jahre begründet wurde und im Zuge der Hippie-Bewegung Verbreitung fand. Die Wiccas bezeichnen sich als Erben des *Schamanismus* und verstehen sich als Anhänger einer bis in die Jungsteinzeit zurückreichenden Urreligion, in der Frauen eine besondere spirituelle Rolle als Priesterinnen oder Schamaninnen spielten. Tatsächlich lässt sich ein religiöses Brauchtum, das eine solche Religion vom Matriarchat bis in die Neuzeit tradiert haben soll, nicht nachweisen. Mittlerweile gestehen einige Anhänger des *Wicca-Kultes* selbst ein, dass ihre Religion erst 1939 entstand, als Gardner in England mit einigen Gleichgesinnten die Hexenriten begründete.

Wiccas sind in *Coven* (Hexenzirkeln) zu 13 Leuten organisiert, die Aufnahme in die Zirkel erfolgt durch Einweihungsrituale.[338] Zahlreiche Wicca-Gruppen sind reine Frauengruppen. Daneben finden sich auch Hexen, die alleine oder in kleineren Grüppchen ihren Glauben ausleben. Neben dem gemeinsamen Zelebrieren bestimmter jahreszeitlicher Feste (Tag- und Nachtgleiche, Voll- und Neumond etc.), der Weitergabe von speziellen Rezepturen und Kräutermischungen spielen auch sexualmagische Vorstellungen eine Rolle.

Anhängerinnen des Hexentums sehen sich in der Tradition eines weiblichen Protestes gegen die herrschende abendländische Weltauffassung. Historisches Hexentum begreifen sie als widerständische Untergrundbewegung, welche der von Rom ausgehenden Christianisierung entgegenstand. Die mittelalterlichen Hexen, genannt *Weise Frauen*, seien Trägerin-

337 *High Magic's Aid* (1949), *Witchcraft Today* (1954), *The Meaning of Witchcraft* (1959)

338 Vgl. Awadalla, El: *Die Priesterin kocht ganzheitlich – Heiden und Sekten*, in: Bitzan, Renate (Hrsg.): *Rechte Frauen – Skingirls, Walküren und feine Damen*, Elefanten Press Verlag, Berlin 1997, S. 52f.

nen überlieferten naturheilkundlichen Wissens gewesen, sie seien vor allem auf Grund ihrer Kenntnisse um Empfängnisverhütungsmethoden von der römisch-katholischen Kirche gefürchtet worden. In heidnischen religiösen Mythen, in denen diese Naturerkenntnis und die Weltvorstellung ihre Widerspiegelung fand, hätte Hexen ihr Wissen bewahrt und weitergegeben. Ungleich anderen Esoterikern, die ihre Vorliebe für naturwüchsige Spiritualität in überseeischen Kulten ausleben, wie z.B. indianische religiöse Riten, Schwitzhüttenzeremonien mit anschließendem meditativen australischem Didgeridoo-Blasen, haben sich neuheidnische Hexen auf die landestypische Variante der Naturreligiosität festgelegt.

Wie Fearrac Dearraich, Mitbegründer des Frankfurter *Hecksenkreises Yggdrasil*, meint, hätten Europäer nun einmal einen angeborenen besseren Bezug zur einheimischen Spiritualität. Wir sollten unser „Heil" nicht in „exotischen Religionen suchen", denn „ab einem bestimmten Punkt verlieren diese ihren Bezug zu uns. Versuch einmal, dir eine Lotusblüte vorzustellen und dich darauf zu konzentrieren; mit einem Eichenbaum wird dir das wesentlich leichter fallen!"[339]

Auch andere neuheidnische Vereinigungen suchen Anknüpfungspunkte an Hexen und Freizeitgermanen. Der *Armanen-Orden* (vgl. Kapitel II.3) beispielsweise will sich für die Wiederherstellung des weiblichen Einflusses und der weiblichen Rechte einsetzen, die vom patriarchalen Christentum unterdrückt und im Zuge der Hexenverbrennung blutig niedergeschlagen worden seien. Zu diesem Zweck möchte der Orden, dessen Mitglieder einen geheimen Einweihungsweg in zehn Stufen durchlaufen, spezielle Priestergrade für Frauen einführen. Der Orden wollte damit „nicht nur die schöpferische und (...) göttliche Spaltung der Geschlechter fördern, sondern vor allem die Tatsache bewusst machen, dass die Frau als ganzheitlich fühlendes Wesen dem einseitig verstandesmäßig zergliederten Denken des Mannes (...) anlagemäßig (...) überlegen ist und deshalb eine seelisch-geistige Führungsaufgabe für beide Geschlechter wieder erreichen und ausüben muss."[340]

---

339 Interview mit dem *Yggdrasilkreis e.V.*, unter: http://www.amanita.de/partner/sehnsucht/text/magie/interview1.html

340 Schleipfer, Adolf: *Der armanische Minne-Reigen*, Ammerland o.J. [vor 1982], S. 5, zit. in: von Schnurbein, Stefanie: Weiblichkeitskonzeptionen im neugermanischen Heidentum und in der feministischen Spiritualität, in: Fantifa Marburg (Hrsg.): Kameradinnen. Frauen stricken am Braunen Netz, Unrast, Münster 1996, S. 123.

Seltsam, dass gerade diejenigen, die sich am vehementesten auf eine angebliche natürliche Determiniertheit der Geschlechter berufen, den Fakt totschweigen, dass nur durch gesellschaftlichen Zwang die Zweigeschlechtlichkeit aufrechtzuerhalten ist. Ließe man „Mutter Natur" freien Lauf und operierte Neugeborene, bei denen geschlechtliche Unklarheiten bestehen, nicht, wären etwa 40.000 Deutsche nicht als Mann oder Frau kategorisierbar.[341]

Auf der Titelseite des Buches von Oliver Ritter prangt das okkulte Symbol der Faschisten, die Schwarze Sonne

Erklärt werden in der esoterisch-neuheidnischen Szene jedoch nicht nur die angeblich natürlichen Charaktereigenschaften und die daraus gefolgerten gesellschaftlichen Aufgaben der Frau. Auch für Männer werden Verhaltensmodelle vorgegeben. Das 2001 erschienene Buch *Magische Männlichkeit* von Oliver Ritter (*Verlag Zeitenwende*) beklagt den Verfall des „wahrhaften Mannes". Im „Einheitsbrei", „der Endphase des Kapitalismus, wo global alles ausgepresst und verfügbar gemacht wird [... werden] Menschen (...) um ihr Wesen gebracht". Die moderne Frau

[341] 0,05% der Neugeborenen (eines von 2.000), sind *Hermaphroditen*, sind nicht männlich oder weiblich bestimmbar. Diese Kinder werden durch operative Eingriffe in ein Geschlecht gezwängt, unter Inkaufnahme schwerer gesundheitlicher Schädigungen. Bei einer weitaus größeren Anzahl von Neugeborenen (ca. 2%) sind die Geschlechtsmerkmale nicht eindeutig. Diese Kinder ließen sich bei geschlechtlich freier, medizinisch unbeeinflusster Entwicklung bezüglich ihres biologischen Geschlechts ebenfalls schwer in die Kategorien männlich/weiblich einordnen.

emanzipiere sich, weil es keine echten Männer mehr gebe, einem „richtigen Mann, der die Tradition verkörpert, würde sie augenblicklich zu Füßen sinken".

Männlichkeit werde gebildet durch die Eigenschaften des „vierfachen Gebot einer alten kriegerisch-initiatischen Tradition: Wissen – Wagen – Wollen – Schweigen".[342] Gängig in der neuheidnischen Esoterik ist die Zuordnung der Sonne zum Mann, des Mondes (Luna) zur Frau. Ritter erklärt die Bedeutungen: „Männliche Spiritualität ist solar bestimmt, weibliche lunar. Die Sonne – symbolisch der Kreis mit dem festen Punkt in der Mitte – steht für das unwandelbare Sein, das Geistige hinter allen Erscheinungen. Hier liegt die letzte Bestimmung des Mannes, nämlich ‚unbewegter Beweger' zu sein, lichthaft und in sich selbst gegründet über die Kräfte des Werdens zu herrschen, ‘zu siegen ohne zu kämpfen', ‘an sich zu ziehen ohne zu rufen', um mit Laotse zu sprechen. Das heißt ‘tun', ‘schöpferisch sein', wirklich aktiv sein; davon hat das Abendland, das nur verzehrenden Aktivismus kennt, keine Ahnung. Weibliche Spiritualität ist lunar. – Der Mond ist wechselhaft, werdend, ‘launisch'; die Frau ist auch so. (...) Auch zum Wesen der Frau gehört es, sich zu beziehen, für jemanden da zu sein, das Zentrum außerhalb ihrer Selbst zu suchen." „Die starren, pseudomännlichen Systeme, denen die Frauen sich heute ausliefern – Schule, Beruf, Karriere – schaden ihr sehr (...) Frauen sollten sich aus der Politik heraushalten. (...) Ihre Macht liegt in Ihrer Gebärfähigkeit, ihrer Empfänglichkeit und der Gabe, den Männern und Kindern ein Heim zu bieten." Fast wäre dem Esoterikmarkt dieser Erguss geballten männlichen Intellekts erspart geblieben, denn Ritter klagt: „Bei den Schreibarbeiten haben mir drei Frauen schlapp gemacht, weil sie den Inhalt nicht mehr ertragen konnten. Sie müssen was falsch verstanden haben."[343]

Wallfahrt zu den Externsteinen

In der neuheidnischen Bewegung findet eine Wiederbelebung nazistisch-germanischer Mythen statt. Neuheiden geben oftmals vor, die alten Natur-

---

[342] Die kulturellen Überlieferungen seien verlorengegangen, Ritter sucht nach „Rückverbindung mit einer ewigen Weisheit, aus der alle höheren Kulturen geschöpft haben". „Dahindämmernde Teile gibt es bestenfalls noch im Orient oder im fernen Osten."

[343] Interview mit Oliver Ritter unter: http://www.verlag-zeitenwende.de/21/Ritter/Interview/interview.html

religion vom Geist des Nationalsozialismus säubern zu wollen und berufen sich auf die angebliche Existenz heidnischer Kulte vor dem Dritten Reich. In ihrem tatsächlichen Auftreten bezieht sich die neuheidnische Bewegung jedoch durchweg auf religiöse Konstrukte, die entweder durch die Nationalsozialisten (vor allem im *SS-Ahnenerbe*) geschaffen wurden oder die auf die unmittelbaren Vorläufer nationalsozialistischer Ideologie zurückgehen, etwa Lanz Liebenfels oder Guido List. Ein Beispiel hierfür ist der Kult um die Externsteine. Die Externsteine im Teutoburger Wald sind einzelne Felstürme von fast 40 Metern Höhe. Bereits die Wandervögel suchten an diesem Platz in romantischer Tradition die Spuren ihrer Urahnen. Unter Heinrich Himmler, der während des Dritten Reiches Vorsitzender der Externstein-Stiftung war, wurde der Ort zu einer Kultstätte des Germanentums aufgebaut. Fieberhaft wurde nach Beweisen gesucht, dass die Germanen die Steine als religiöses Heiligtum angesehen hätten. Dass diese historischen Behauptungen der Nazis niemals ausreichende wissenschaftliche Bestätigung finden konnten und lediglich mythologische Verbrämung darstellen, stört die heutigen Anhänger des Externstein-Kultes nicht. Sie greifen die Annahmen der Faschisten auf und suchen bei ihren Zusammenkünften im Teutoburger Wald den Geist der nordisch-germanischen Art zu erfühlen. Jedes Jahr zur altheidnischen Feier der „Sonnenwende“ treffen sich an den Externsteinen hunderte esoterische Hippies und Rechte, um in einer Art Pilgertum an diesem Ort spirituelle Erfahrung im „Geist der Ahnen“ zu machen.

6. Antisemitische Verschwörungstheorien

Wir müssen die „Geburtswehen" eines neuen Zeitalters durchleben, die einer „Schreckensperiode" gleichen. „Grauenhafte Kriege [werden] Länder und Städte verwüsten und gekennzeichnet wird die Zeit durch das Auftauchen sonderbarer Flugwesen. (...) [Eine] große Sonnenfinsternis, große Erdbeben, politische Umwälzungen (...), eine Völkerwanderung. (...) Danach kommt aber [das] 'Zeitalter des Friedens', in welchem 'die geistliche Gewalt wieder zu höchster Macht gelangen wird'. (...) [Es wird] ein der Engelwelt entsprossenes Volk auf der Erde herrschen."

Jörg Lanz-Liebenfels[344]

Vielleicht sind gerade Sie der Affe, der das energetische Potential zum Überlaufen bringt

Im April 1996 wurde eine bundesweite Beschlagnahmeaktion gegen das Buch *Geheimgesellschaften und ihre Macht im 20. Jahrhundert* von Jan van Helsing durchgeführt, nachdem in der Schweiz bereits zu Beginn desselben Jahres Strafanzeige gegen den ausliefernden Verlag wegen Verstoßes gegen das Anti-Rassismus-Gesetz erstattet worden war. Gegen Helsing, dessen antisemitisches Machwerk bis dahin in einer Auflage von mehr als 100.000 Stück in der bundesdeutschen esoterischen Szene rasende Verbreitung gefunden hatte, erging wegen Volksverhetzung (§ 130 StGB) eine Strafanzeige der Staatsanwaltschaft Mannheim. Helsings Buch steht in einer langen Tradition antisemitischer Verschwörungstheorien, die vom Beginn des 20. Jahrhunderts bis heute vertreten werden.[345]

---

344 Lanz-Liebenfels, Jörg: *Rassenmetaphysik der Krieges 1914/16*, Ostara Nr. 81, Wien 1915, S. 14f.

345 Vgl. Ludendorff, Erich: *Kriegshetze und Völkermord*, München 1936.

Bis zu seinem Verbot hatte das 1993 erschienene Buch bis hinein in „alternative" Kreise eine breite Anhängerschaft gewonnen. Bis heute findet es – vertrieben durch die Niederlassung des Verlags auf Gran Canaria, über österreichische Versandbuchhandlungen oder einfach unter der Ladentheke – regen Absatz.

Jan van Helsing (*1967), dessen bürgerlicher Name Jan Udo Holey lautet, gab sich sein Pseudonym nach dem Vampirjäger in Bram Stokers berühmtem Roman *Dracula*. Im Vorwort seines Buches kündigt Holey sein Ziel an: Er wolle den wahren Regenten dieser Welt den Schleier vom Gesicht reißen. Die Welt werde in Wahrheit von einigen geheimen Logen und Juden regiert, allen voran den Rothschilds, die das heimliche Zentrum des internationalen Bankgeschäfts darstellten. Diese Zirkel, genannt „Illuminati", beherrschten das politische Geschehen der Welt seit 300 v.u.Z. Sie hätten politische Parteien geschaffen, um die dadurch in verschiedene Gruppen gespaltenen Menschen besser regieren zu können. Die „Illuminati" hätten alle Kriege inszeniert, Revolutionen diktiert. Das Kommunistische Manifest sei in Wirklichkeit nicht von Marx und Engels, sondern von einem jüdischen Mitglied einer bayerischen Freimaurer-Loge geschrieben. Lenin sei ein Mitglied der Weltverschwörungs-„Illuminati" gewesen. Die „Illuminati" hätten das Immunschwäche-Virus HIV in die Welt gesetzt... – soweit nur einige Kostproben aus Holeys weltverschwörerischen Phantasien.

Holey holte die *Protokolle der Weisen von Zion* aus der Versenkung hervor, eine nachgewiesene antisemitische Fälschung, die bereits unter Hitler eine jüdische Weltverschwörung beweisen sollte. In ihnen sei seit Jahrhunderten der Plan zur Erringung der jüdischen Weltherrschaft aufgezeichnet.

Die so genannten „Protokolle der Weisen von Zion"

Das „Protokolle der Weisen von Zion" genannte Buch wurde um 1900 in Russland vom Leiter des Auslandsabteilung der russischen Geheimpolizei (Ochrana), P.I. Ratschkowski, geschrieben und veröffentlicht, um die revolutionären Unruhen in Russland in antisemitische Pogrome zu verwandeln. In ihm wird ein angeblich Jahrtausende alter Plan zur Erringung der jüdischen Weltherrschaft unterbreitet.

Ratschkowski benutzte dabei ältere Schriften, die als Propagandamittel gegen die Französische Revolution entstanden waren. Diese stellen die

Französische Revolution als freimaurerische Konspiration dar. Die zwölf Stämme Israels hätten revolutionäre politische Bewegungen wie Liberalismus, Anarchismus und Sozialismus inszeniert, um nach der Destabilisierung der bestehenden gesellschaftlichen Ordnung die Weltherrschaft ergreifen zu können. Hieraus entwickelte sich die irrationale, antisemitische und antikommunistische Hetze gegen eine „jüdisch-bolschewistische Weltverschwörung".

Heute werden die „Protokolle", die in unterschiedlichen Fassungen zirkulieren, in der Esoterik-Szene herumgereicht. Jan Udo Holey bedient sich ihrer, indem er jede politische emanzipatorische Bewegung in Deutschland als einen durch die „Illuminati" gesteuerten Versuch bezeichnet, das wiedererstarkte Deutschland (in Holeys Augen das Bollwerk gegen die jüdische Weltverschwörung) zu Fall zu bringen. Das starke Deutschland ist für Holey der Befreier von der Weltherrschaft der – von den USA aus agierenden – „Illuminati".

Deutschlands 1990 gewonnene Größe und Kraft bedrohe die Herrschaft des Bösen, der „Illuminati", auf der Welt. Deshalb versuchten die „Illuminati", dem ihrer Macht trotzenden, erstarkten Deutschland Einhalt zu gebieten. Die Attentate der *Roten Armee Fraktion* (*RAF*) Ende der 1980er bis Anfang der 1990er Jahre (z. B. auf Alfred Herrhausen, den Vorstandsvorsitzenden der Deutschen Bank) seien in Wirklichkeit durch die „Illuminati" ausgeführt worden. Die Ermordung führender deutscher Politiker und Wirtschaftler sei „Teil eines großen Planes" der in Washington und New York beheimateten Verschwörer gegen Deutschland.[346]

In der Folge des durch die Weltverschwörer „inszenierten Asylantenstromes" [347] bildeten sich sowohl faschistische Gruppierungen heraus wie

---

[346] Vgl. Helsing, Jan van: *Geheimgesellschaften und ihre Macht im 20. Jahrhundert oder Wie man die Welt nicht regiert*, Ewertverlag, Meppen 1993, S. 207ff.

[347] Holey inszeniert ein aberwitziges Schreckensszenario von hungernden Flüchtlingen, die gleich einem Heuschreckenschwarm über Deutschland hereinzubrechen drohen: „Wenn die Armut und der Hunger in den GUS-Staaten und den nordafrikanischen 'Dritte Welt'-Ländern noch stärker zunimmt (...), werden diese ganz bestimmt nicht nach China oder die USA gehen, um sich zu holen, was sie benötigen, sondern nach Deutschland. Die Schweizer haben damit kein Problem, da sie Schutzbunker besitzen und Gewehre im Haus haben und zum anderen in den Bergen wohnen, die die hungernden Menschen ganz bestimmt nicht noch besteigen wollen. Doch die Deutschen werden die-

auch linke und antifaschistische, die den „inneren Frieden“ in Deutschland gefährdeten und den „Illuminati“ in die Hände spielten.[348] Holey fordert damit ehemals Linke und gesellschaftkritisch eingestellte Menschen deutlich auf, sich nicht wieder zusammenzuschließen und die Gesellschaft zu polarisieren.

Holey liegt ganz im Trend deutscher Großmachtsträume: Das wiedervereinte Deutschland könnte durch „die Kraft und den Glauben von 85 Mio. Menschen doch – gegen den Willen der „Illuminati“ [die er zuvor in London und Washington lokalisiert hat, d. A.] – erfolgreich sein“ und fähig, „eventuell andere Länder aufzuwecken und mitzureißen“.[349] Deutschland soll in Holeys Konzeption wieder erwachen und seinen Weltrettungsauftrag erfüllen. Holeys Verkaufsschlager knüpft also an alte deutsch-nationale Mythen an (vgl. Kapitel II.2).

Als Versuch, den Weltverschwörern zu trotzen, stellt Holey auch die deutsche Geschichte dar. Die internationalen Bankiers hätten den Ersten Weltkrieg verschuldet. Im anschließenden „Schandfrieden von Versailles“ „haben diese skrupellosen Monopolgeier die Deutschen benutzt und dermaßen ausgenutzt, dass sie eigentlich deren unvergänglichen Hass verdient hätten“.[350] Sie seien ebenfalls Schuld am Aufkommen der faschistischen Bewegung in Deutschland. Der Zweite Weltkrieg sei Deutschland aufgezwungen worden.[351] Die Deutschen nehmen in Holeys Buch die Rolle eines verkauften, geblendeten, getretenen Volkes ein, das eigentlich zur Rettung der Welt berufen sei. Die „Illuminati“ hätten sogar die Bibel verfälscht: in den ursprünglichen Texten bestimme Jesus das germanisch-deutsche Volk anstelle des jüdischen zum auserwählten Volk. Das „ger-

---

sem Geschehen ziemlich wehrlos gegenüberstehen müssen.“ In dieser Passage ist Holey in der Argumentationslinie von Franz Alt, der die kommenden Kriege als Kampf um Ressourcen ausmalt. Alt fordert ein ökologisches Umdenken für ein solares Zeitalter, da ansonsten die hungernden Menschen der „überbevölkerten Dritten Welt“ Europa überschwemmen würden. (Vgl. Helsing, Jan van: *Geheimgesellschaften und ihre Macht im 20. Jahrhundert*, S. 259f.)

348 Vgl. Helsing, Jan van: *Geheimgesellschaften und ihre Macht im 20. Jahrhundert*, S. 214.

349 Vgl. ebenda, S. 207.

350 Helsing zitiert zustimmend Des Griffin, *Die Absteiger*, in: ebenda, S. 102.

351 Vgl. ebenda, S. 94.

manisch-deutsche Volk" sei beauftragt, ein „Lichtreich" auf Erden zu schaffen.[352]

Holey wirft den US-Amerikanern vor, 1945 nicht weiter nach Osten marschiert zu sein, um den „Sozialismus, der sich wie eine Krankheit (...) ausbreitete, aufzuhalten".[353] Damit hätten die US-Amerikaner den Tod des Sudetenlandes zu verantworten. Zudem sei die Kapitulation Hitler-Deutschlands ausgeschlagen und dem Deutschen Reich ein finaler Endkampf aufgezwungen worden.[354] Holey spottet der geschichtlichen Tatsache, dass noch in den letzten Kriegstagen ein Befehl des obersten Heeresführung halbwüchsige Kinder an die Front schickte und die Order, sich nicht zu ergeben, sondern Deutschland trotz offensichtlicher Niederlage bis zum Letzten zu verteidigen, noch abertausenden Menschen kurz vor dem 8. Mai das Leben kostete.

Um so viel Geschichtsrevisionismus leichter verbreiten zu können, fordert Holey die Leser gleich zu Beginn seines Buches auf, „offen zu sein. Vergessen wir einmal (...) unsere religiösen, politischen, ethischen Vorbelastungen und Meinungen und lassen Sie uns einfach einmal Mensch sein, wie ein kleines Kind, das noch offen und lernfähig ist. Und (...) gehen wir einfach einmal nach unserer Intuition, unserem Gefühl und spüren selbst, ob diese Informationen stimmig sind – auch wenn sie im Endeffekt beunruhigend sein mögen." Eine typisch irrationale Forderung: Erkenntnisgewinn durch Intuition. In Holeys Buch wird dieses Merkmal in seiner ganzen Gefährlichkeit deutlich, wenn gefühlsgeleitet ganz kindlich und neu über den den hilflosen Deutschen aufgezwungenen Zweiten Weltkrieg schwadroniert wird.

Nach dem Zweiten Weltkrieg sei in Form der UNO der größte Zusammenschluss der internationalen Freimaurerlogen, das Zentrum der jüdischen Weltverschwörung, gebildet worden.[355] Hitler hingegen sei 1945 nicht wirklich gestorben. Wie Holeys esoterischer Kumpan Dieter Rüggeberg genauer beschreibt, seien zu Kriegsende der Führer sowie 60.000 Reichsdeutsche mit diesen UFOs in die Antarktis und von dort ins

[352] Vgl. ebenda, S. 105.

[353] Ebenda, S. 152.

[354] Vgl. ebenda, S. 153.

[355] Vgl. ebenda, S. 156.

Erdinnere geflogen.[356] Sie hätten dort im Reich „Agarthi“ überlebt (außer Hitler, der mittlerweile eines natürlichen Todes gestorben sei), und würden eines Tages heraufsteigen und zum „Endkrieg“ der Welt die wenigen Erleuchteten zu sich aufs UFO holen.[357] Auch Holey präsentiert in *Geheimgesellschaften* Fotos von der angbelichen geheimen UFO-Flotte Nazi-Deutschlands. In seinem neuen Buch *Unternehmen Aldebaran* führt Holey die ursprünglich auf Miguel Serrano zurückgehenden abstrusen Gedanken über Hitlersche UFO-Flotten weiter aus.[358] Zusammen mit den Koautoren Karin und Reiner Feistle behauptet Holey, drei Millionen „Reichsdeutsche“ versteckten sich seit dem Ende des Zweiten Weltkrieges unter dem Südpol. Diese Version des „esoterischen Hitlerismus“ verbreitet in modifizierter Form auch die Sekte *Fiat Lux* der „Heilerin“ *Uriella*, die mittlerweile – vertreten durch Uriellas Ehegatten *Icordo* – im Gemeinderat von Ibach (Baden-Württemberg) sitzt. *Uriella* prophezeite den Weltuntergang zum Jahrtausendwechsel.[359]

Nach Helsing beginnt im Jahr 2000 ein neues Sonnenjahr, wodurch die Welt in ein neues Zeitalter eintreten werde. Menschen, die an alten Gedanken festhielten und nicht bereit seien, umzudenken, „müssen (...) zwangsweise auf der Strecke bleiben. Sie werden durch Krankheiten, Katastrophen oder Kriege sterben, um für die Platz zu machen, die ihre Bewusstseinsebene erhöhen oder sich neu inkarnieren werden“. Dann werde ein neuer Mensch entstehen, cin Mensch in seiner „wahren Größe“. Das „irdische Bewusstsein“ würde ebenfalls erhöht werden. Zuvor müsse die Welt, wie in der Heilkunde beschrieben, eine „Heilkrise“ durchlaufen. Dies sei eine „*Verschlechtbesserung*, was so viel bedeutet wie, dass sich

---

[356] Vgl. Michel, Karl Markus / Spengler, Tilman (Hrsg.): *Kursbuch 86: Esoterik oder die Macht des Schicksals*, Kursbuch Verlag, Berlin 1986, S. 59; vgl. Helsing, Jan van: *Geheimgesellschaften und ihre Macht im 20. Jahrhundert*, S. 264.

[357] Begründer dieser Legende ist der Alt-Nazi Miguel Serrano (vgl. Fußnote xxx).

[358] Helsing, Jan van: *Unternehmen Aldebaran. Die sensationellen Erlebnisse der Familie Feistle*. Ewertverlag, Lathen (Ems) 1997.

[359] Laut Uriellas übersinnlichen Einblicken in die Zukunft der Welt sollte zum Jahreswechsel 1999/2000 Russland Deutschland angreifen (eine alte antirussische, antikommunistische Horrorvision) und so den Dritten Weltkrieg auslösen. Das sei der Zeitpunkt, an dem eine UFO-Flotte alle Erleuchteten zu sich hole. Sie würden dann die „große Weltreinigung“ mittels Krieg von den UFOs aus als Zuschauer betrachten.

das Symptom eines Patienten vor einer Heilung erst noch einmal verschlimmert, noch einmal richtig *ausbricht*, um danach zu gesunden. Auch unsere Erde wird diese Heilkrise durchmachen, einen so genannten Reinigungsprozess. Sie wird sich Schmutz abwaschen und einmal richtig tief durchatmen, was wir als Hurrikane, Erdbeben, Vulkanausbrüche und einen Polsprung wahrnehmen werden."[360] „Geburt und Tod, bzw. Diesseits und Jenseits" sind auch bei Holey „zwei Seiten der gleichen Münze",[361] Katastrophen und Krieg in vitalistisch-lebensphilosophischer Tradition also Voraussetzungen für das „wahre, neue" Menschengeschlecht des „Lichtzeitalters". Da auch Holey fordert, wir sollten die alten Kategorien von Gut und Böse aufgeben,[362] scheint einer derartigen Katastrophenanbetung nichts mehr im Wege zu stehen. Holey rekurriert auf eine organizistische Gesellschaftsvorstellung, in der Krieg und Elend zu natürlichen Elementen des Systemkreislaufs definiert werden, die kathartische Wirkung besäßen.

Am Ende seiner Ausführungen gibt Holey praktische Anweisungen, was zu tun sei. Auch für Holey kann nichts durch aktives Handeln gelöst werden. Das Problem wird in den Einzelnen lokalisiert, die nicht bereit sind, sich dem „Neuen Denken" zu unterwerfen. Holey geht bei seinen Erörterungen von *morphogenetischen Feldern* aus, die auf nicht-energetischer Basis in einer Ebene jenseits von Raum und Zeit Informationsübertragung möglich machten (vgl. *ZEGG*, Kapitel III.2). Würden genügend viele Menschen die nächst höhere Bewusstseinsstufe erreichen, könnte der „Rest der Menschheit" diese Stufe der Erleuchtung einfacher erklimmen.[363]

Morphogenetische Felder

Holey beschreibt das Wirken angeblicher *morphogenetischer Felder* anhand einer Horde Affen auf einer Insel. Die Affen entdecken, dass die Nahrung schmackhafter ist, wenn sie zuvor in Meerwasser gewaschen wurde. Kurze Zeit später waschen die Affenhorden auf umliegenden Inseln ihre Nahrung ebenfalls in Salzwasser. Die Idee sei ihnen gedanklich

---

360 Helsing, Jan van: *Geheimgesellschaften und ihre Macht im 20. Jahrhundert*, S. 289f.

361 Ebenda, S. 277.

362 Vgl. ebenda, S. 268.

363 Vgl. ebenda, S. 296ff.

durch *morphogenetische Felder* übermittelt worden. Entsprechend würde sich nach Holy auch das Neue Denken auf der Welt durchsetzen. Wenn genügend viele Menschen von dem selben, einen Gedanken beseelt seien, könnte sich dieser durch neue Energiefelder auf metaphysische Art durchsetzen. Möglicherweise sei nun der angesprochene Leser genau „der Affe", der „das energetische Potential zum Überlaufen" bringe, dessen Energie noch gebraucht werde, um die gesamte Gesellschaft auf eine höhere Bewusstseinsstufe zu katapultieren.[364]

Die Geschichte der Makaken-Affen, die zahlreiche Esoteriker als Beleg für die Existenz übersinnlich-feinstofflicher Ebenen heranziehen, ist längst als nicht haltbare Ausschmückung von Berichten japanischer Primatenforscher entlarvt. Tatsächlich ist den Forschungsberichten zu entnehmen, dass die neue Verhaltensweise auf der Insel Koshima von den erwachsenen Affen an ihren Nachwuchs weitergegeben wurde. Weder fand ein überdurchschnittlicher, parsnormaler Entwicklungssprung statt, noch wirkte sich das Verhalten der Affenhorde auf andere Stämme aus. In einigen entfernter liegenden Stämmen begannen im zehnjährigen Beobachtungszeitraum lediglich einzelne Affen damit, ihre Kartoffeln zu waschen – ein völlig normaler Vorgang.[365]

Gegenstand der Kritik Holeys sind nicht die gesellschaftlichen Verhältnisse, sondern individuell falsche Lebensweisen: „Wenn Du herausfinden willst, was an Deinem Land nicht stimmt, geh' und schau mal in den Spiegel."[366] Statt gesellschaftlichen Handelns predigt auch Holey den Rückzug ins Seelenleben. Die Wirklichkeit ändere sich entsprechend von selbst. Unser Körper sei nicht wirklich „wir selbst". Wir seien nur Bewusstsein, welches sich – in idealistischer Tradition – die Realität selbst erschaffe.[367] Alles, was wir wollen, würde geschehen. Holey nimmt hier Anleihe bei Aleister Crowleys Grundsatz: „Tu was Du willst, soll sein das ganze Gesetz. Es gibt keine Tabus."[368] Holey stellt „kosmische Gesetze" dar, die be-

---

364 Vgl. ebenda, S. 296ff.

365 Amundson, Ron: Der hundertste Affe, in: Randow, Gero von (Hrsg.): *Mein paranormales Fahrrad und andere Anlässe zur Skepsis, entdeckt im 'Skeptical Inquirer'*, Rowohlt Taschenbuch Verlag, Reinbek bei Hamburg 1993.

366 Vgl. ebenda, S. 261.

367 Vgl. ebenda, S. 295.

368 Der Okkultfaschist und selbsternannte Hexenmeister Aleister Crowley gilt als Vater des modernen Satanismus. Er war Mitglied des 1895 in Wien gegründe-

sagen, dass die Realität sich gemäß unseren Wünschen und Gedanken einrichten wird. Dieses „Reich der unbegrenzten Möglichkeiten" schränkt er jedoch gleich wieder ein, indem er behauptet: geschehen würde nur, was im Weltenplan vorherbestimmt sei. Die Synthese dieser beiden konträren Behauptungen lässt sich durch Abschaffung des freien Willlens bilden: Erkenne den kosmischen Plan/Willen und mache ihn zu Deinem eigenen. Holey formuliert diese Synthese auf seine Weise: Wir müssten unsere Sichtweise der Realität ändern und erkennen, dass alles, was auf der Erde geschehe, kosmischen Gesetzen folge und nichts durch Zufall geschehe. Vielmehr sei alles, was uns zustößt, vom Schicksal vorherbestimmt. Das Gesetz der Wiedergeburt bestimme das Schicksal. Ein schlechtes Leben sei durch ein schlechtes Vorleben selbst verursacht worden. Dies müsse anerkannt werden, dann könne mit dem „Abarbeiten" des schlechten

---

ten Geheimordens *Ordo Templi Orientis* (O.T.O.), in dem nach dem Vorbild des mittelalterlichen Templerordens satanistische und sexualmagische Praktiken inszeniert wurden. Ab 1912 leitete Crowley den britischen Zweig des O.T.O., dessen deutscher Zweig – ernstzunehmenden Quellen zufolge – von 1906 bis 1914 Rudolf Steiner unterstand. Obwohl Steiner formal nie Mitglied des O.T.O. wurde, erreichte er als „Großmeister" und „Supremus Rex" den höchsten Einweihungsgrad. Auch L. Ron Hubbard, Gründer der *Scientology Church*, gehört zu den späteren Mitläufern des bis heute existierenden Ordens.
Crowley bezeichnete sich selbst mit dem Namen das „Tier 666", dem aus der Johannes-Apokalypse 13,7-18 entlehnten Anti-Christen. Die Zahl 666 leitet sich aus der jüdischen Kabbala ab. Seit etwa 300 v.u.Z. wurden hebräische Buchstaben auch als Zahlzeichen gebraucht. (z.B. a=1; b=2; c=3) Die kabbalistischen Wahrsager zählten die Buchstaben eines Namens als Quersumme und versuchten, daraus zu prophezeien. Diese Art der Prophezeiung, „Gematrie" genannt, und die daraus abgeleitete „Numerologie" erfreuen sich in der Esoterik-Szene der 1990er Jahre abermals großer Beliebtheit
Jan van Helsing bedient sich des okkulten Glaubens an die Numerologie. Er deutet den Strichcode, der heute zur digitalen Erfassbarkeit auf nahezu jedem käuflich zu erwerbenden Produkt angebracht ist, als verschlüsselte Zahl 666. Damit sei die Anwesenheit und wachsende Macht Satans und der Illuminati auf Erden bewiesen.
Vgl. Helsing, Jan van: *Geheimgesellschaften und ihre Macht im 20. Jahrhundert*, S. 248ff.; vgl. Engels, Friedrich: *Zur Geschichte des Urchristentums*, Die neue Zeit, XIII. Jg. Bd. I, 1894/95, in: Marx, Karl / Engels, Friedrich: *Über Religion*, Dietz Verlag, Berlin 1958, S. 272ff.

Karma begonnen werden. Dabei seien möglichst schlimme Lebensumstände von Vorteil, da sie größere Entwicklungsmöglichkeiten böten.[369]

Als weitere Handlungsmöglichkeiten schlägt Holey dem Leser vor, Selbstversorger zu werden („Getreide wieder eigenhändig anbauen, einen Brunnen bohren, ein paar Ziegen für Milch und Käse halten, etwas Gold für den Notfall im Garten vergraben",[370] um den von Helsing in einem eigenen Buch prophezeiten Dritten Weltkrieg zu überstehen[371]), Kommunen zu gründen und „Freie-Energie-Maschinen" zu bauen.

Holeys Ergüsse haben faschistischen Ideologien, die 50 Jahre lang nur in nazi-internen Zirkeln weitergegeben wurden, den Zugang zu einem breit gefächerten gesellschaftlichen Spektrum geöffnet. Dies zeigt auch der abermalige Erfolg, den er mit dem Video *Geheimgesellschaften. Verschwörungstheorie heute und im 3. Reich*, erzielte. Darin interviewt Holey den 1998 verstorbenen, unermüdlichen Altnazi Wilhelm Landig. Dieser will während des Krieges an der Entwicklung von UFOs sowie der geheimen V2-Waffe beteiligt gewesen sein, mit denen Hitler plante, New York anzugreifen. In seinem Thule-Roman gab Landig die Hitlersche Idee vom „Kampf gegen die Symbole" wieder, auf die sich auch die bundesdeutsche rechtsextreme Szene in ihrer positiven Bewertung der Terroranschläge in den USA vom 11. September 2001 stützt. So begrüßt der NPD-Anwalt Horst Mahler, der die weltgeschichtliche Entwicklung als „Kampf des zersetzenden Jüdischen Geistes gegen den sittlichen Geist der Germanen" begreift, den Terroranschlag auf das *World Trade Center*. Mit ihm sei symbolisch die als jüdisch gesehene Weltherrschaft des US-Kapitals angegriffen: „Die militärischen Angriffe auf die Symbole der mammonistischen Weltherrschaft sind – weil sie vermittelt durch die Medien den Widerstandsgeist der Völker beleben und auf den Hauptfeind ausrichten – eminent wirksam und deshalb rechtens."[372]

---

369 Vgl. Helsing, Jan van: *Geheimgesellschaften und ihre Macht im 20. Jahrhundert*, S. 268ff. und S. 289.

370 Vgl. ebenda, S. 262.

371 Helsing, Jan van: *Buch 3. Der Dritte Weltkrieg*, Ewertverlag, Gran Canaria / Lathen (Ems) 1996

372 Aus Horst Mahlers Internettext *Independence day live*, http://www.deutsches-kolleg.org/hm/texte/independence.html (12.9.2001)

Schicksal als Chance *oder:* Wer leidet, verdient sein Leid

In *Geheimgesellschaften und ihre Macht im 20. Jahrhundert* verweist Holey zum besseren Verständnis des angeblichen karmischen Schicksals eines jeden Menschen auf die Schriften Thorwald Dethlefsens. Thorwald Dethlefsen, Diplompsychologe, Psychotherapeut, Leiter des *Privatinstitutes für außerordentliche Psychologie* in München, „esoterischer Psychologe" und Rückführungstherapeut, ist Autor der esoterischen Bestseller *Schicksal als Chance* (1979) und *Krankheit als Weg* (1983), die bis in die 1990er Jahre hinein in Hunderttausenderauflage Rekordumsätze erzielten.

Dethlefsen baut seine Lehre auf astrologischen Theorien auf. Astrologische Berechnungen sollten nicht zur Zukunftsdeutung verwendet werden, sondern dazu, einem Menschen seinen detailliert vorgezeichneten Lebens- und Aufgabenplanes aufzuzeigen.[373] Dieser ergebe sich aus den früheren Inkarnationen des jeweiligen Menschen. Die Aufgaben würden durch astrologische Mächte an den einzelnen Menschen herangetragen. Astrologische „Gottheiten" verlangten die „Darbietung von Opfern", das Erfüllen bestimmter Aufgaben.[374] Nach Dethlefsen sind die Gesetze des Kosmos die selben wie die der individuell-menschlichen Ebene; gesetz-

---

373 „Eine astrologische Beratung sollte den Menschen damit bekannt machen, welchen Lehrplan er in dieser Inkarnation zu erfüllen hat". (Vgl. Dethlefsen, Thorwald: *Schicksal als Chance*, Bertelsmann, München 1987, S. 131.)

374 Wie nach Dethlefsen ein „richtiges" Reagieren auf eine erkannte astrologisch gestellte Aufgabe erfolgt, zeigt er an einem Beispiel: Ein Mensch gerate z.B. in nächster Zeit unter den Einfluss einer „Saturnkonstellation". Diese bedeute in gängiger astrologischer Auslegung Verlust, Unfall, Krankheit, etc. Nun solle der Klient den „Gott Saturn" in sich aufnehmen, ihn lieben lernen, dadurch vollkommener werden und sich weiter entwickeln. Er müsse die zu erwartenden Entbehrungen als „berechtigt" anerkennen und seine Widerstände dagegen abbauen. Der Betreffende möge in der folgenden Zeit nicht mehr gesellschaftlicher Unterhaltung nachgehen, möglichst ausschließlich schwarze Kleidung tragen, Spaziergänge über Friedhöfe machen. Er solle einen kargen Raum ganz schwarz oder weiß anstreichen und als Wandschmuck die Todeskarte des Tarot aufhängen, im Anschluss aus dem tibetanischen Totenbuch lesen und homöopathische Substanzen einnehmen. Folge ein Mensch nicht freiwillig diesen Forderungen des Saturns, hole dieser sich sein Opfer durch Zwang, beispielsweise durch einen schweren Verkehrsunfall, der das Opfer an das Krankenhaus binde und ihn mit dem Leiden konfrontiere. (Vgl. Dethlefsen, Thorwald: *Schicksal als Chance*, S. 132ff.)

mäßige Strukturen des Mikrokosmos seien identisch mit denen des Makrokosmos.[375]

Aufgabe des Menschen sei es, zur Bewusstseinserweiterung zu gelangen. Dies sei durch die Annahme und Erfüllung der kosmisch gestellten Aufgaben möglich. Lernziele seien auf unterschiedlichen Ebenen angesiedelt: Ein enthaltsames Leben zum Beispiel könne entweder unter den Ärmsten dieser Welt als Unterernährter in einem Slumbezirk oder aber als reicher Westeuropäer in einem Meditationszentrum „erlernt" werden. „Der Gegenstand, an dem wir lernen, [hat] keine große Eigenbedeutung."[376] Das Handeln wird seines zweckgerichteten Inhalts entleert und als reiner Ritus begriffen. Jede Handlung bekommt einen Sinn, der über den realen Inhalt der Handlung hinausweist. Zweck menschlichen Handelns ist nicht, vorausschauend und zielgerichtet tätig zu werden, sondern nur mehr, Taten zu vollführen, die ein göttlicher Wille uns aufgetragen habe. Über Sinn oder Unsinn unseres Handelns, über Auswirkungen unseres Tuns auf die Mitmenschen bräuchten wir uns keine Gedanken zu machen.[377] Gesellschaftliche Verantwortungslosigkeit, egoistische Interessensbefriedigung sind die Konsequenz solchen Denkens. Der „Weg in die Freiheit" bestehe darin, sich „freiwillig und vollständig" unter die erkannten Gesetzmäßigkeiten zu stellen und ihnen zu „dienen".[378] Wird der Wille der kosmischen Gottheit nicht freiwillig erfüllt, hole diese sich mit Gewalt, was ihr zustehe.[379] Schicksalsschläge oder Krankheiten seien die – selbstverschuldeten – Folgen.[380]

---

375 Diese Gleichsetzung von Mikro- und Makrokosmos lässt sich schon bei H.P. Blavatsky finden.

376 Vgl. Adolf Hitler: „Jede Tat hat einen Sinn, selbst das Verbrechen." Rauschning, *Gespräche mit Hitler*, 1939, zit. in: Storm-Kirsch, Carola (Hrsg.): *Der Widerspruch*, Nr. 6 (1976), S. 181; vgl. Dethlefsen, Thorwald: *Schicksal als Chance*, S. 208.

377 Dethlefsen lehnt seine Esoterik an buddhistische Grundelemente an: die Gleichheit alles Seienden; die Leere aller Erscheinungen; die Meisterung dieser Aufgaben und die dadurch anwachsenden Erleuchtung bis hin zur Erlösung vom Kreislauf der Wiedergeburt.

378 Vgl. Dethlefsen, Thorwald: *Schicksal als Chance*, S. 138f.

379 Vgl. ebenda, S. 130.

380 „Schicksal und Krankheit sind fast immer nur der passive Aspekt eines nicht freiwillig wahrgenommenen Lernprozesses. (...) Der Mensch wird nicht in diese Welt inkarniert, um in Faulheit den Schein der Sonne zu genießen, son-

Hier wird deutlich, dass die Esoterik ein durchaus geeignetes Welterklärungsmuster für wohlhabende weiße Angehörige westlicher Industrienationen darstellt. Die Karma-Theorie nützt jenen, denen die heutige Welt so gefällt, wie sie ist; jenen, die zur privilegierten Schicht gehören und eine moderne Rechtfertigung benötigen, weshalb 80% der Weltbevölkerung in bitterer Armut leben, weshalb farbige Menschen diskriminiert werden und weshalb Solidarität mit unterdrückten und ausgebeuteten Menschen ganz und gar unnötig sei. Einem Verdurstenden zu sagen, das sei nun mal sein Karma, in das kein Dritter eigenmächtig eingreifen dürfe, ist blankester Zynismus, der nur hartgesottenen Vertretern der heutigen Weltordnung über die Lippen kommt und die erfolgreiche Ausmerzung jeglicher humanistischer Grundwerte voraussetzt.

Dethlefsen bezeichnet das Bewältigen der gestellten Schicksalsaufgaben als „lernen". Habe der Leser das Prinzip durchschaut und unterwerfe sich dem kosmischen Plan, so könne er sich vor weiteren Schicksalsschlägen hüten und bewusst „lernen". Alle anderen zwinge das Schicksal zum „unbewussten lernen" durch Schicksalsschläge. Dabei suche der unbewusste Mensch trotzdem innerlich unterbewusst die Prüfungen auf; er begebe sich auf eine unterbewusste Suche nach den schicksalhaft geeigneten Konstellationen für die Aufarbeitung seines Karmas.[381] Unfall, Krank-

dern um sich zu entwickeln und nach seinen Fähigkeiten der Welt zu dienen." (Dethlefsen, Thorwald: *Schicksal als Chance*, S. 123.)

381 Dethlefsen führt das Beispiel eines Familienvaters an, der von einem betrunkenen Autofahrer angefahren wird und für den Rest seines Lebens gelähmt bleibt: „Unsere gewohnte Reaktion: tiefes Mitleid mit dem harten Schicksal des gelähmten Familienvaters, Wut und Abscheu vor der Verantwortungslosigkeit des betrunkenen Autofahrers. Die Wirklichkeit ist anders. Der Unfall und die Folgen sind das Schicksal des Familienvaters, für das er alleine die Verantwortung trägt. Deshalb ist dieser Unfall auch in seinem Horoskop sichtbar. Die inhaltliche Konstellation dieses Horoskopes musste sich ihre formale Verwirklichung zwangsläufig in der Umwelt holen – in diesem Fall über die Unachtsamkeit eines Betrunkenen. Die Art der Verwirklichung ist jedoch sekundär, entscheidend ist die unbewusste Bereitschaft." Selbst ein Mörder könne seine Tat „ausschließlich nur an einem Menschen begehen, der inhaltlich für ein solches Ereignis die Bereitschaft mitbringt. (...) Was das Opfer betrifft, so ist sub specie aeternitatis [unter dem Blickwinkel der Ewigkeit, d.A.] betrachtet, 'alles in Ordnung'; es suchte eine Todessituation und fand sie, indem es einen anderen Menschen zur Schicksalsverwirklichung benützte. Dieser andere Mensch, der Mörder, hat mit der Tat seinem Opfer 'einen Gefallen

heit, Vergewaltigung, Folter, Krieg – alles seien selbstverschuldete Resultate nicht erfüllter höherer Aufgaben, die dem Karmagesetz zufolge auf das Individuum zurückgeworfen werden. Nach Dethlefsens Sichtweise ist die „Konstellation", in der das Schicksal Erfüllung fordert, weder mit „positiv" noch mit „negativ" zu bewerten.[382] Sie sei als neutral zu beurteilen und hinzunehmen. Nach der homöopathischen Grundregel des „similia similibus curantur", dem Prinzip der Ähnlichkeit, könne eine Krankheit durch ähnliche, krankmachende, Substanzen geheilt werden. Dementsprechend wichtig ist für Dethlefsen das Durchleben von Unglück und Krankheit als Heilungschance für schlechtes Karma. Er jubelt, dass sich einige Krankheiten durch die Medizin immer noch nicht heilen lassen: „Ich sage: Gott sei Dank – denn mit dem Verschwinden der Krankheiten wäre auch die Möglichkeit menschlicher Entwicklung beendet (...) – ohne Krankheit kein Heil." Das Wort „Heil erlangen" wird in der New Age-Bewegung häufig als nicht näher bestimmte persönliche Zielvorstellung genannt. Dethlefsen geht näher auf diesen Begriff ein. Er sieht „Heilen" als einen „priesterlichen Akt", der nur begrenzt erlernbar sei. Ein „Heiler" müsse initiiert, eingeweiht sein, „die Natur" legitimiere ihn.[383] Heilung vollziehe sich prinzipiell auf nicht-materieller Ebene. Dethlefsen ist auch der Meinung, Krankheiten besäßen in Wirklichkeit keine materielle Basis. „Erkranken kann ein Mensch immer nur an einem Urprinzip, nicht an Bakterien, Viren, Toxinen oder ähnlichem. Heilen heißt, den Menschen heiler machen, ihn zu heiligen, dem Heil näherzubringen. Heilung ist an einen Bewusstwerdungsprozess gebunden, der ihn mit dem Urprinzip (Gottheit), an dem er erkrankte, wieder aussöhnt."[384] In seinem Buch *Krankheit als Weg* beschreibt Dethlefsen, welche Krankheiten bei welchen persönlichen Verfehlungen aufträten und zu welchen Lerneffekten sie beitragen sollten. Eine Erkrankung an AIDS weiß er beispielsweise als vorangegangenen zu großen Egoismus sowie als Defizit in der liebevollen Hinwendung an andere Menschen zu werten: „AIDS zwingt letztlich zu Verantwortung, Rücksicht und Vorsicht dem anderen gegenüber – Themen, die gerade bei AIDS-Patienten bisher zu kurz kamen." Damit bestätigt Dethlefsen das

erwiesen'." (Dethlefsen, Thorwald: *Das Leben nach dem Leben: Gespräche mit Wiedergeborenen*. München 1974, S. 141 und S. 143, zit. nach: Goldner, Colin: *Die Psycho-Szene*, S. 102.)

[382] Vgl. Dethlefsen, Thorwald: *Schicksal als Chance*, S. 120.

[383] Vgl. ebenda, S. 151.

[384] Vgl. ebenda, S. 150f.

Bild von HIV als „Lust-Seuche", der ein egoistisches, verantwortungsloses Lotterleben vorausgegangen sei. Der Patient habe sich seine Erkrankung selbst zuzuschreiben. Mit solchen Schuldzuweisungen und platten Übertragungen sinnbildlicher Wortbedeutungen versucht Dethlefsen, medizinische Probleme zu lösen. Hautausschläge zeigten z.B. einen verwundbaren, dünnhäutigen Menschen an, der sich nach außen verhärtet hätte und sich einen Panzer zulegen wollte.[385] Diabetiker können Zucker nicht ohne zusätzliches Insulin verarbeiten. „Liebe ist süß" – Diabetiker könnten Liebe nicht verarbeiten und behalten. Da wird der Mensch „sauer", ärgerlich, ergo wird der Körper übersäuert. Auf dieser Ebene deutet Dethlefsen in seinem Buch eine große Anzahl gängiger Krankheitsbilder.

Auch andernorts sind Erklärungsmuster nach Karmagesetzen dafür gut, jedes einem Menschen widerfahrende Unglück zu rechtfertigen. Jutta Ditfurth berichtet von der Schülerin einer Waldorf-Schule, die von ihrem Vater sexuell missbraucht wurde, und sich ihrer Klassenlehrerin anvertraute. Diese habe das Mädchen mit der karmischen Antwort zurückgewiesen: „Du hast Dir Deine Eltern selbst ausgesucht."[386]

Alles Karma

Auf der selben Erklärungsebene menschlichen Unglücks als selbstverschuldeten Karmas bewegen sich auch andere Größen der New Age-Psychologie. Peter Michel, Leiter des *Aquamarin*-Verlages, meint: „Wer leidet, verdient sein Leiden (...) grundsätzlich dürfte die Beschreibung Steiners zutreffen, wonach ein Mensch, der in seinem Leben schlechte Neigungen und Eigenschaften veröffentlicht hat, im nächsten Leben mit einem ungesunden physischen Körper geboren wird."[387] Die US-amerikanische Theosophin Anne Alice Bailey stellte die Überlegung an, die Juden selbst seien in karmischer Sichtweise die Verursacher des Holocaust. Diese Ansicht fand in den 1990ern in der deutschen Esoterik-Szene viel Unterstützung. Der szene-bekannte „Reinkarnationstherapeut" und Seminarleiter Trutz Hardo, mit bürgerlichem Namen Tom Hockemeyer (*1939), veröffentlichte 1996 den Roman *Jedem das Seine*. Unter diesem

---

[385] Dethlefsen, Thorwald / Dahlke, Rüdiger: *Krankheit als Weg*, Goldmann, München 1990, S. 234f.

[386] Ditfurth, Jutta: *Feuer in die Herzen*, S. 343.

[387] Michel, Peter: *Karma und Gnade*, Grafing 1988, S. 118f.

Titel, der als Inschrift über dem Lagertor des KZ Buchenwald traurige Berühmtheit erlangte, breitet Hockemeyer die spiritistische Erkenntnis aus, dass die Juden selbst schuld an dem millionenfach an ihnen begangenen Mord gewesen seien. Auschwitz sei „karmischer Ausgleich“ für Verfehlungen des jüdischen Volkes in früheren Leben gewesen. Der Holocaust sei das „Bestmögliche“, was den Juden habe geschehen können, denn die Vernichtung habe ihr „seelisch-spirituelles Wachstum“ vorangetrieben.[388] Hardos Buch ist mittlerweile indiziert.

In die selbe Richtung argumentiert auch der Esoterik-Psychologe Erhard Freitag. Er ist mit angeblich sechs Millionen verkauften Exemplaren der meistgelesene Autor esoterischer Literatur. In München unterhielt er die größte private psychotherapeutische Praxis Europas.[389] Freitag lässt dem Holocaust ebenso karmischen Sinn zu Teil werden. Die sechs Millionen ermordeten Juden hätten auf diese Weise Schuld abgetragen, die sich im *morphogenetischen Feld* gegen sie manifestiert habe.[390]

Auch heute noch könnten große Katastrophen den „niederen Seelen“ zur Erleuchtung verhelfen. Rainer Langhans beschreibt diese Lernmöglichkeit in einem Gespräch über die katastrophalen Lebensverhältnisse in Russland nach Auflösung der Sowjetunion: „Und wenn es dort, wie überall, zu Mord und Totschlag und schlimmen Dingen kommt, bin ich gar nicht so traurig darüber oder verzweifelt, weil ich jedesmal, wenn ich mir die Situation genau anschaue, ich sie als welche erkennen kann, dic notwendig sind [sic!], um die trägen Bewusstseine, die anders nicht lernen können, zum Lernen und Handeln zu zwingen. Ich greife nicht ein.“[391]

Besonderer Beliebtheit erfreut sich unter New Age-Anhängern die Möglichkeit einer nuklearen Katastrophe. Nicht nur George Trevelyan,

---

[388] Zit. nach: Goldner, Colin: *Die Psycho-Szene*, S. 21.

[389] Die meisten der 30 dort tätigen „Therapeuten“ waren ohne jegliche psychologische oder klinische Ausbildung, viele stammten aus dem Umfeld des Bhagwan-Kultes. Nachdem ein ehemaliger Mitarbeiter des Instituts von wiederholten sexuellen Übergriffen dort tätiger „Therapeuten“ auf Patientinnen berichtete, klagte Freitag – und verlor. Schließlich gab er seine Praxis auf. Viele ehemalige Mitarbeiter gründeten eigene Heilpraxen und esoterische Institute. (Vgl. Goldner, Colin: *Die Psycho-Szene*, S. 370ff.)

[390] Vgl. Goldner, Colin: *Die Psycho-Szene*, S. 22.

[391] Langhans im Interview mit Mathias Bröckers, in: *tageszeitung taz* vom 12.4.1989, S. 11-12, zit. aus der Veröffentlichung des Interviews unter http://www.partisan.net/archive/trend/trend97/fo069713.html.

ehemaliges Mitglied des esoterischen Zentrums Findhorn (vgl. Kapitel III.2) in Schottland, das in der Nähe einer Atomraketenstellung errichtet wurde, äußerte sich in diese Richtung. Auch Freitag bedauert, dass bei dem Unfall im Atomkraftwerk Tschernobyl nicht Schlimmeres geschah: „Ich hätte gerne gehabt, wenn es eine Million Tote gegeben hätte.“[392]

Thorwald Dethlefsens Schüler Josef Neumayer sieht gleichfalls positive Möglichkeiten durch radioaktive Verstrahlung: „Es ist jetzt ein wichtiger Bestandteil des Lebens der Russen, dass sie verstrahlt sind! Unser Karma abzutragen – da bietet uns die Kernkraft eine Gelegenheit dafür. Und ein Mensch, der geistige Reife hat, den kann die Radioaktivität nicht treffen.“[393] Und auch Peter Michel meint: „In einer waffentechnisch dramatisch veränderten Welt kann vielleicht sogar (...) die Atombombe zu einem Segen werden, indem sie den einzelnen Soldaten vor der unmenschlichen Auseinandersetzung des Schlachtfelds bewahrt. So ist vielleicht auch die Atombombe, ein Teil von jener Kraft, die stets das Böse will und doch das Gute schafft.“[394]

Der Widerspruch zwischen romantizistischer Gesellschaftkritik, der Abkehr von der industriell-technischen Lebensweise einerseits und der Vorliebe für modernste technische Errungenschaften andererseits ist typisch für die esoterische Bewegung. Wie in den 1920er Jahren wird auch heute die Hochtechnologie als Möglichkeit gesehen, schneller eine höhere Bewusstseinsstufe zu erreichen bzw. den „rassisch“ wertvollen Menschen zu schaffen.

---

[392] Zit. in: Goldner, Colin: *Die Psycho-Szene*, S. 22.

[393] Michel, Karl Markus / Spengler, Tilman (Hrsg.): *Kursbuch 86: Esoterik oder die Macht des Schicksals*, S. 10.

[394] Michel, Peter: *Botschafter II*, S. 238, zit. in: Gugenberger, Eduard / Schweidlenka, Roman: *Mutter Erde, Magie und Politik*, S. 145.

IV. Handfeste Gründe für geistreiche Zustände

Zeitenwende – von der leitkulturellen Tauglichkeit der Esoterik

Die eingangs aufgezählten Kriterien, nach denen der irrationale Gehalt esoterischer Lehren gemessen wurde, konnten als Grunddeterminanten durchweg aller untersuchten esoterischer Theorien gefunden werden:

- Herabsetzung von Verstand und Vernunft
- elitär-aristokratische Erkenntnistheorie
- Ablehnung des gesellschaftlich-geschichtlichen Fortschritts
- Schaffung von Mythen

prägen esoterisches Gedankengut seit Beginn seiner breiten öffentlichen Rezeption Ende des 19. Jahrhunderts. Dabei lässt sich in der Mythenbildung als Besonderheit das Fortwirken der völkischen Komponente feststellen.

Die Elemente, die der Faschismus aus seinen esoterischen Wegbereitern übernommen hat und die er als Stütze für seine Ideologie verwendete (vgl. II.4), finden sich seit den 1990er Jahren als grundsätzliche Argumentationslinie im New Age: Ausgehend von einer romantizistischen Gesellschaftskritik wird die Lösung in der Re-Spiritualisierung im Geiste der vorchristlichen Ahnen angestrebt. Völkische Konstrukte und antisemitische Haltungen reichern die Denkweise an. Das ganzheitlich-organische Weltbild soll ein kausales Denken, in dem das Individuum frei und zur selbstständigen Ursachensetzung fähig ist, ersetzen.

Esoterik kann als relativ homogene Glaubensrichtung eingeschätzt werden; die unterschiedlichen esoterischen Richtungen schöpfen aus einem gemeinsamen Repertoire von Grundanschauungen.

Mit dem Begriff der „organischen Gemeinschaft" meint Capra noch die Eingebundenheit der gesamten Menschheit in ein lebendiges ökologisches Weltsystem, wobei er eine relative Egalität walten lässt, indem er allen Menschen gleichermaßen die Möglichkeit zugesteht, die organisch-ganzheitlichen Gesetze zu erkennen und sich dem kosmischen Geist unterzuordnen. Die westliche Zivilisation schlechthin, nationalitätsunabhängig, gilt bei Capra als verdorben und dem Zerfall geweiht. Bahro hingegen legt Wert auf die Unterschiedlichkeit der Völker. Er betont eine Zugehörigkeit der Menschen zu Stammesgemeinschaften und konstituiert nationale Besonderheiten. Die Deutschen nehmen in Bahros Konzept eine herausragende Stellung ein: Sie hätten bessere Chancen zur spirituellen Höherentwicklung als alle anderen Völker. Bei Hellinger offenbart der Weltengeist weniger die Zugehörigkeit zu einer allumfassenden menschlich-kosmischen Gemeinschaft, als vielmehr die Zugehörigkeit zur eigenen Sippe.

In ihrer gesellschaftlichen Verbreitung hat sich die esoterische Bewegung als abhängig von der sozio-politischen Situation gezeigt. Besondere Relevanz erhalten irrationale Heilslehren in Zeiten politischen Umbruchs. In der Esoterik werden diffuse Ängste und Sehnsüchte der Menschen aufgenommen und die subjektive Flucht aus der realen Welt ermöglicht. Die Esoterik bietet die individuelle Möglichkeit, sich von der Masse der Menschen abzusetzen, sich selbst als „Wissenden" zu erhöhen, sich aber gleichzeitig der persönlichen Verantwortung zu entledigen. Ihre Anhänger werden dazu angehalten, alle Ereignisse der Welt, insbesondere soziale Ungerechtigkeiten und Rassismus, als richtig zu akzeptieren. In dieser Weise wirkt der esoterische Irrationalismus systemstützend. Esoterik ist Religion; sie kann als geistiges Konstrukt zur umfassenden Erklärung für das eigene gesellschaftliche Sein dienen, insofern ist sie als Ideologie zu bezeichnen.

Die Geschichte hat bewiesen, wie gut das Zusammenspiel esoterischer Lehren mit politischen reaktionären Bestrebungen funktioniert. Als Ideologie, die die Interessen einer ausbeuterischen Minderheit in ein weithin annehmbares Gewand kleidet, hat die Esoterik bereits während des Faschismus ihre Tauglichkeit als Religion der Unterdrücker gezeigt. Heute wird mit Esoterik der Abbau von Sozialstaatlichkeit, Demokratie und friedenspolitischem Engagement ideologisch flankiert. Antidemokratische Menschenbilder, soziale Ungleichheit, das Postulat von unveränderlichen Lebensbedingungen sind mit esoterischen Lehren auf dem Vormarsch. Dem Ruf nach der deutschen Volksgemeinschaft, der hinter der Forderung der Leitkultur steckt, kommt das organizistische Gesellschaftsverständnis des New Age entgegen. Nicht mehr divergierende Interessen sollen ausgefochten, sondern alle zu einem einigenden Bewusstsein geführt werden. Das Wort Leitkultur intendiert, dass es nicht genügt, nach nationalem bürgerlichem Recht zu diesem Land zu gehören, denselben Pass zu besitzen, die selben Rechte und Pflichten wahrzunehmen, sondern dass nach wie vor die völkische Komponente die deutsche Zugehörigkeit festlegt. Esoterik erfüllt diese Anforderung munter. In ihrer Rechtfertigung von Rassismus, Antisemitismus, dem neuen deutschen Großmachtsanspruch, der Beschwörung eines völkischen Nationalismus ist die Esoterik Zubringer für den beschrittenen deutschen leitkulturellen Trampelpfad. Die esoterische Bewegung hat Positionen, welche bis vor zehn Jahren als rechtsaußen galten, zu breiter Akzeptanz verholfen. Insbesondere in der Verharmlosung der Verbrechen des deutschen Faschismus ist ihr eine Vorreiterrolle zuzurechnen.

Auch die Äußerungen exponierter Esoteriker zu den Attentaten in den USA vom 11. September lassen sich nicht mehr von rechts-nationalistischen Standpunkten unterscheiden.[395] Gemäß der alten Weltverschwö-

---

[395] Bereits vor dem 11. September gaben Esoteriker bei einem anderen „Bewältigungskraftakt" der deutschen Geschichte Schützenhilfe. Die im Schatten der *Schlussstrichdebatte* geführten Verhandlungen zur Entschädigung der NS-Zwangsarbeiter ließen antisemitische Hetze wie die „vom geldgierigen Juden" hochkochen. Seit 1998 ist die Schwedin Barbro Karlén in rechts-anthroposophischen Kreisen mit der Behauptung zugange, sie sei die Reinkarnation von Anne Frank. Nach einem geplatzten Auftritt auf den Baseler *PSI-Tagen* erklärte Karlén: „Damals verfolgte man uns, weil wir Juden waren, jetzt, weil wir von unseren Erinnerungen an den Holocaust erzählen." In der Zeitschrift *Der Europäer* des anthroposophischen *Perseus-Verlages*, der auch die Phantasien Karléns veröffentlichte, wurde daraufhin die These aufgestellt, einflussreiche jüdische Kreise verhinderten aus Profitgier den Auftritt Karléns, denn: Würde sich die Meinung durchsetzten, Opfer des Holocaust würden „zum Teil bereits wieder leben (...), dann kann man nicht so reibungslos auf ihren (letzten) Tod pochen und bestimmte Teile der Menschheit für ihn moralisch und vor allem wirtschaftlich bezahlen lassen".

Wieder ein – wenn auch höchst abstruses – Argument, um die deutsche Wirtschaft vor Entschädigungen zu schützen und das deutsche Gewissen moralisch rein zu waschen, da es sich einmal mehr lediglich gegen hinterlistige jüdische Habgier zur Wehr setze. Leider ist kein Argument zu abstrus, um nicht eine Anhängerschaft in der Esoterik-Szene zu finden.

rungstheorie wird die Weltherrschaft eines „Monoimperialismus“ mit Zentrum an der „Ostküste“ der USA visioniert. Die „Ostküste“ ist hierbei antisemitische Chiffre für die vermeintliche Macht des jüdischen Kapitals, das von der Wallstreet aus die Völker der Welt unterjoche.[396] Das Mittel zur Rettung vor diesem „Ultraimperialisten“ könne aus den Volkskräften erwachsen; der alte deutsche Traum vom völkischen Weltrettungsauftrag lebt wieder auf.

Für Diether Duhm, Führungsfigur der ZEGG-Sekte (siehe Kapitel III.2) ist die USA eine allesbeherrschende „falsche Macht“, die die Anschläge auf ihre Symbole geschwächt habe, was einem „Fundamentalismus des Friedens“ diene.[397] Jan Udo Holey beschwört den Aufbruch der Deutschen zur Befreiung gegen die „jüdische Weltherrschaft“ mit dem Sitz in den USA. Auch Hellinger findet, dass der 11. September „in den vielen Seelen eine Veränderung zum besseren bewirkt hat“. Unvergessen, dass der Anschlag ein ehemaliges Mitglied der Anti-Hitler-Koalition ins Mark traf, verbindet Hellinger Mitleidsbekundungen mit der frechen revanchistischen Forderung, es solle gleichzeitig der durch die Bombardierung der Alliierten „auf unmenschliche und unnötige Weise“ zu Tode gekommenen Menschen Dresdens und anderer Städte des „sicheren Hinterlandes“ Nazi-Deutschlands gedacht werden. Bekanntermaßen dient dieser Hinweis auf die auf deutscher Seite im Krieg gestorbenen Zivilisten dazu, die Verantwortung der fanatischen deutschen Mittäterschaft an den Gräueln und dem Barbarentum, das die Deutschen über die halbe Welt verbreiteten, zu relativieren.

In den antiamerikanische Ressentiments deutscher Irrationalisten lebt die Ablehnung des Kapitalismus, als dessen Prototyp das System der USA definiert wird. Auch die extreme Rechte hängt dem Gedanken eines „wiedererwachten“ Europas an, das auf geeinten heidnischen, indogermanischen Volksstämmen aufgebaut sein soll. Dieses Europa soll der transatlantischen Konkurrenz USA Paroli bieten. So stellt das *Thule-Seminar* die „Wiedergeburt Europas“ in den Mittelpunkt seines Programmes. „Das *Thule-Seminar* versteht sich deshalb als geistig-geschichtliche Ideen-

---

Der Europäer, Jg. 4, Nr. 11 (September 2000), S. 18, zit. nach: Dietzsch, Martin / Schobert, Alfred (Hrsg.): *Ein „jüdischer David Irving“? Norman G. Finkelstein im Diskurs der Rechten*, S. 105.

396 Mahler, Horst: *Independence day live*, 12.9.2001.

397 Duhm, Dieter: *Terror und Liebe. Nachbesinnung zu dem Anschlag auf die USA*, vom 22.9.2001, unter: http://www.tamera.org/german/index.html

schmiede für eine künftige europäische Neuordnung aller europäischen Völker unter besonderer Berücksichtigung ihres biokulturellen und heidnisch-religiösen Erbes.“ [398]

Der Neubeginn, *Plakat des Thule-Seminars: Europa unter einem heraufdämmernden Runenzeichen.*

Der seit 1990 wieder laut geäußerte deutsche Großmachtsanspruch findet in der Esoterik einen Juniorpartner. Den außenpolitischen Bestrebungen, ein geeintes Europa unter deutscher Führung als wirtschaftlichen, militärischen und politischen Machtblock zu schmieden, kommt eine völkisch-antiamerikanische Bewegung zupass. Durch die unsägliche Verknüpfung einer – von ihrer Struktur her antisemitischen – Weltverschwörungstheorie mit dem völkischen Rettungsauftrag entsteht eine gelungene Mischung für deutsch-nationalistische Mobilmachung. Diese explizite radikale Wendung ins Politische vollzieht nur ein Teil der Esoterikszene. Die Grundlagen esoterischen Denkens jedoch, das sollte deutlich geworden sein, leiten bruchlos in diese Weltsicht.

Anregung zur Entzauberung der Geisterwelt

Sind Menschen erst einmal von der Existenz von Geistern, Engeln, „feinstofflichen Ebenen“, Qui oder Chakren überzeugt, so haben sie sich bereits von logisch-kausalem Denken abgewendet und sind an rationalen Gesprächen über ihren Glauben meist desinteressiert. Man hat an die Existenz der metaphysischen Behauptungen einfach subjektiv zu glauben, man hat sie zu fühlen; oder man lässt es bleiben und gilt fortan als wenig spiri-

[398] http://www.thule-seminar.org

tuell begabt. Eigentümlicherweise nimmt proportional zur Abstrusität der behaupteten übernatürlichen Erscheinungen die Zähigkeit und Unerschütterlichkeit des Glaubens daran zu. Je unlogischer und unglaubwürdiger die paranormale Verkündung, desto bedingungsloser und fragloser wird diese durch die Esoterik-Gemeinde verteidigt.

Zahlreiche esoterische Lehren insistieren zwar auf die Realität der behaupteten Vorgänge, weigern sich jedoch, diese anhand objektiver Kriterien nachzuweisen. Sie berufen sich auf die – lediglich für besonders begabte Menschen – subjektive Erfahrbarkeit der übersinnlichen Erscheinungen und schließen damit die Beweisbarkeit zugunsten einer elitären Glaubenslehre aus. So viel an unserem heutigen Wissenschaftsbetrieb auszusetzen ist, so hat er dennoch wesentliche Erkenntnisse und Errungenschaften hervorgebracht, die es zu verteidigen lohnt. Um nicht Lügnern und Scharlatanen den Weg zu ebnen, sollten die grundsätzlichen wissenschaftlichen Maßstäbe gelten:

- Ein behauptetes Phänomen muss kausal (Verknüpfung von Ursache und Wirkung) und logisch begründet sein, d.h. es müssen Aussagen über den zu erwarteten Verlauf eines Experiments gemacht werden können.
- Theorien müssen nach der möglichst einfachsten Erklärung suchen, in sich widerspruchsfrei sein und bereits erkannte Gesetzmäßigkeiten sinnvoll berücksichtigen.
- Experiment und Ergebnis müssen durch unabhängige Dritte reproduzierbar sein. (Intersubjektivität)
- Insbesondere medizinische Neuerungen müssen durch Tests mit Kontrollgruppen und durch doppelblindes Verfahren abgesichert sein.
  (Kontrollgruppe: Eine Gruppe der Versuchspersonen wird, ohne es zu wissen, von der wirksamen Behandlung ausgeschlossen; stellen sich bei ihr die selben Effekte ein wie bei der tatsächlich behandelten Gruppe, ist auf eine Placebowirkung zu schließen. Veränderungen können dann nicht den zu testenden Mitteln zugerechnet werden.
  Doppelblindes Verfahren: Versuch, bei welchem weder die Testperson noch der Versuchsleiter vom zu erwartenden Ergebnis informiert ist, um einer möglichen Placebowirkung vorzubeugen.)
- Die Beweislast liegt beim Behauptenden. Es ist nicht Aufgabe der Wissenschaft, jegliche abstruse Behauptung zu prüfen.

Dazu sind prinzipielle Existenzaussagen („Zu Vollmond flog eine rosa Kuh um die Kirchturmspitze“, „UFOs existieren“, „Außerirdische ziehen Kornkreise“) schwer bis gar nicht widerlegbar. Es lässt sich nicht die Nicht-Existenz von außerirdischen Mähdrescherfahrern oder fliegenden Kühen beweisen. Umgekehrt genügte schon die Verifikation eines einzigen UFOs (Unbekannten Flugobjekts), um die prinzipielle Existenz derartiger Flugobjekte zu belegen.

Einen hilfreichen Leitfaden zur Überprüfung außergewöhnlicher Behauptungen stellt Christoph Bördlein in seinem Buch *Das sockenfressende Monster in der Waschmaschine. Eine Einführung ins skeptische Denken* vor. Mit dieser praktisch anwendbaren Handreichung zur strukturierten Analyse angeblicher übersinnlicher Phänomene gelingt es leichter, Tricks und argumentative Schummeleien in alltäglichen Begegnungen mit Wundergläubigen zu erkennen.

In Seminaren und Schulen kann es die kritische Auseinandersetzung mit dem Thema Esoterik befördern, wenn einigen ihrer allgemeinsten Erscheinungsweisen wie Astrologie oder Pendeln gemeinsam praktisch auf den Grund gegangen wird. Das Verlesen eines allgemein gehaltenen Horoskopes, in dem sich jeder Zuhörer durch die eine oder andere Formulierung angesprochen fühlen wird („sie wünschen sich einen liebevollen Partner, mit dem Sie eine Beziehung von gegenseitigem Respekt und Vertrauen verbindet“, „in nächster Zeit werden Sie sich mit den Themen Geld, Arbeit, Freundschaft und Sexualität auseinanderzusetzen haben“, „Sie verfügen über ungenutzte Fähigkeiten, die Sie nicht zu ihrem Vorteil ausleben“ usw.) lässt den unverbindlichen Charakter solcher Persönlichkeitsbeschreibungen erkennen, die lediglich durch die selektive Wahrnehmung individuell besonders zutreffender Passagen dem Einzelnen wahrhaft und weissagend anmuten.

Ebenso kann beim gemeinsamen Pendeln die Willkürlichkeit des Ausschlages deutlich gemacht werden. Je nach der erwarteten Bewegung des Pendels wird diese sich einstellen – hervorgerufen durch kleinste nichtkontrollierbare motorische Bewegungen, mit denen im Kopf imaginierte Bewegungen von den Muskeln unbewusst nachvollzogen werden. Der äußerst instabile Gleichgewichtszustand des Pendels lässt es durch geringste Einwirkung aus der Ruhe kommen; einmal in Schwung geraten schaukelt es sich, den physikalischen Resonanzgesetzen entsprechend, in die gegebene Richtung auf.

Anregungen für solcherlei praktische Aufklärungsarbeit können mit etwas Phantasie in den örtlichen Zauberläden gefunden werden. Ausgearbeitete Vorschläge zur Entzauberung der Geisterwelt finden sich zum Beispiel

> bei der *Gesellschaft zur wissenschaftlichen Untersuchung von Parawissenschaften e.V.*, im Internet unter http://gwup.org oder
> in den Veröffentlichungen von Wolfgang Hund wie z.B. in *Falsche Geister – echte Schwindler? Esoterik und Okkultismus praktisch befragt*, Echter, Würzburg 2000

Ein umfangreiches Nachschlagewerk, das Informationen über Anbieter und Praktiken auf dem facettenreichen Esoterikmarkt bereithält, ist:

> Goldner, Colin: *Die Psycho-Szene*, Alibri, Aschaffenburg 2000

Trotz aller Aufklärungsversuche über den Unsinn, an höhere Mächte zu glauben, bleibt doch das Grundproblem bestehen: eine Gesellschaft, die ihr nach einer irrationalen Rationalität funktionierendes System tagtäglich mit Waffen und Gebeten verteidigt. Ein entfremdetes Dasein, das an sozialer Kälte und Isolation, Vermitteltheit, individueller Machtlosigkeit leidet, dem so sehr die Erklärungsmöglichkeit und die Vorstellung der Überwindung dieser Misere fehlt, dass nach jedem Betäubungsmittel gegriffen wird, um die empfundenen Leere für eine Weile zu kompensieren.

Einst fand man sich auf der Suche nach Sinn, Gefühl, Gemeinschaft und Authentizität in Wandervogel und Freilandkommunen zusammen. Man glaubte an das Heranbrechen eines neuen Zeitalters jenseits von Kapitalismus und Sozialismus, herbeigeführt durch innerliche Bekehrung zu einer Jahrtausende alten ario-germanischen Gemeinschaft.

Heute wird in esoterischen Wochenendseminaren das gefügige Erdulden von Macht- und Orientierungslosigkeit als karmische Prüfungsaufgabe präsentiert. Für erfolgreiche Gleichmütigkeit gegenüber gesellschaftlichen Mißständen wird das spirituelle Gütesiegel vergeben, während gleichzeitig die besonders tiefe eigene Empfindsamkeit und Seelentiefe zur Schau gestellt wird. Doch sind diese Abhilfen nur Narkose, private Abkapselungsversuche vom gesellschaftlichen Prozess, die nicht auf Dauer und nicht für alle gelingen können.

Die esoterischen Gedanken, die auch die Techno-Szene durchdringen, veranlassten eine Münchner Jugendgruppe zu einer modifizierten Neuauflage des alten Spottlieds der Arbeiterjugendbewegung auf die Wandervögel: *Die Edellatscher* (vgl. Kapitel II.3). Unter dem Titel *Die Edelsülzer* benannten sie die antisoziale, egoistische und reaktionäre Lebens- und Gesellschaftsauffassung der esoterischen Raver, die oft hinter der Fassade des gefühlsbetonten, freiheitsliebenden Individualismus steckt. Mit der öffentlichen Aufführung dieses Liedes ist auch ein Schritt gegen den grassierenden irrationalen Geist getan.

Die Edelsülzer

1. Der Frühling braust, wir ziehn fürbass, und zupfen unsre Geigen.
Wir hüpfen froh ins nasse Gras, und tanzen unsre Reigen.
Der Techno dröhnt auf Schritt und Tritt, die Pillendöschen klappern mit.
Die Welt ist voll Akustik, wir sind so schrecklich lustig.

2. Und ist man plötzlich irritiert, dann wird in blau und rosa,
das Seelenleben diskutiert, teils lyrisch, teils in Prosa.
Die schnöde Welt, wir hassen sie, nur ganzheitliche Psychologie,
ist unsre Seelenspeise, wir sind so schrecklich weise.

3. Wir fühlen uns nicht bürgerlich und auch nicht proletarisch.
Zahlen tut das „Ich an sich", wir sind individu-arisch.
Hoch in die Wolken flieht der Blick, wir ziehn uns aus der Welt zurück
Und während wir Erfüllung suchen: Friede, Freude, Eierkuchen.[399]

4. Pfui, Klassenkampf, wie ordinär! Wir kennen nicht Tarife.
Der Reichtum kommt von innen her aus unsrer Seelentiefe.
Wer bei Partys auf die Pauke haut, und sich von innen her beschaut,
zieht kampflos durch das Lande, das ist doch keine Schande!

Solange eine Wissenschaft existiert, die mit elend- und todbringenden Erfindungen die Zukunft schon heute als zerstört einkalkuliert, solange werden rückwärtsbezogene Zivilisationskritik, Endzeitpropheten und Flucht in ewig-gültige andere Welten bestehen. Solange kein Gesellschaftskonzept vorstellbar ist, das der individualistischen Einsamkeit, der Entsolidarisierung des Menschen vom Menschen, das dem rassistischen Treiben und der sozialen Verarmung Einhalt zu gebieten vermag, solange

[399] *Friede, Freude Eierkuchen* lautete das Motto der ersten – als politischer Demonstrationszug deklarierten – Love-Parade in Berlin 1989.

dieses Elend als das einzig mögliche gilt, so lange wird der Mensch Theorien bedürfen, mit denen er sich betäuben und die Zustände annehmen kann.

Im Wissen um die Herstellbarkeit einer Gesellschaft, die für alle Menschen Nahrung, Wohnung, Kleidung und freie Entfaltung der Persönlichkeit ermöglicht, in der der Mensch dem Menschen kein Wolf mehr ist, liegt die Möglichkeit zur Überwindung der irrationalen religiösen Bedürftigkeit. Nur der gemeinsame politische Kampf für diese andere Gesellschaft kann der dumpfen Regression und selbstbezogenen Nabelschau der esoterischen Romantiker beikommen.

Literaturverzeichnis

Adorno, Theodor W.: *Erziehung zur Mündigkeit*, Suhrkamp Verlag, Frankfurt/M. 1971

Adorno, Theodor W.: *Minima Moralia: Reflexionen aus dem beschädigten Leben*, Gesammelte Schriften Bd. 4, Suhrkamp Verlag, Frankfurt/M. 1980

Alt, Franz: *Frieden ist möglich*, Piper, 27. Auflage, München 1991 (Erstausgabe 1983)

Awadalla, El: *Heimliches Wissen – Unheimliche Macht: Sekten, Kulte, Esoterik und der rechte Rand*, Folio, Wien 1997

Bahro, Rudolf: *Logik der Rettung*, Edition Weitbrecht im K. Thienemanns Verlag, Stuttgart und Wien 1987

Baumhauer, Otto: *Tibet und Zentralasien. Dokumente zur Entdeckungsgeschichte*, Deutscher Bücherbund, Stuttgart/Hamburg o.J.

Beckmannshagen, Fritz: *Rudolf Steiner und die Waldorfschulen*, Paul-Hans Sievers Verlagsgesellschaft, Wuppertal 1984

Bellmund, Klaus / Siniveer, Kaarel: *Kulte, Führer, Lichtgestalten, Esoterik als Mittel rechtsradikaler Propaganda*, Knaur Verlag, München 1997

Bennhold, Martin: *Was heißt „Vernichtung des Nazismus mit seinen Wurzeln"?: Zu den völkischen Grundlagen des deutschen Faschismus*, Vereinigung der Verfolgten des Naziregimes – Bund der Antifaschistinnen und Antifaschisten, Hannover 1996

Bierl, Peter: *Wurzelrussen, Erzengel und Volksgeister – Die Antroposophie Rudolf Steiners und die Waldorfpädagogik*, Konkret Literatur Verlag, Hamburg 1999

Bischofberger, Otto / Hölzle, Peter / von Schnurbein, Stefanie (Hrsg.): *Das neue Heidentum: Rückkehr zu den alten Göttern oder neue Heilsbotschaft?*, Weltanschauung im Gespräch Band 14, Paulusverlag, Freiburg (Schweiz) 1996

Bitzan, Renate (Hrsg.): *Rechte Frauen – Skingirls, Walküren und feine Damen*, Elefanten Press Verlag, Berlin 1997

Blavatsky, Helena Petrowna: *Die Geheimlehre*, hrsg. von Elizabeth Preston und Christmas Humphreys, gekürzte Ausgabe in einem Band, 1. Auflage, The Theosophical Publishing House LTD, Adyar-Verlag, Graz/London 1975 (Erstausgabe 1888)

Bloch, Ernst: *Erbschaft dieser Zeit*, Suhrkamp Verlag, Frankfurt/M. 1973 (Erstausgabe Zürich 1935)

Bock, Wolfgang: *Astrologie und Aufklärung: Über modernen Aberglauben* (Diss.), Bremen 1993

Bördlein, Christoph: *Das sockenfressende Monster in der Waschmaschine. Eine Einführung ins skeptische Denken*, Alibri, Aschaffenburg 2002

Breuer, Hans: *Der Zupfgeigenhansel*, Leipzig 1913, Reprint der Ausgabe: VEB Friedrich Hofmeister Musikverlag, Leipzig 1982

Brumlik, Micha: *Der Anti-Alt. Wider die furchtbare Friedfertigkeit*, Eichborn, Frankfurt/M. 1991

Campbell, June: *Göttinnen, Dakinis und ganz normale Frauen: weibliche Identität im tibetischen Tantra*, Theseus Verlag, Berlin 1997

Capra, Fritjof: *Das neue Denken. Die Entstehung eines ganzheitlichen Weltbildes im Spannungsfeld zwischen Naturwissenschaft und Mystik*, Knaur Verlag, München 1990

Capra, Fritjof: *Das Tao der Physik: Die Konvergenz von westlicher Wissenschaft und östlicher Philosophie*, Scherz Verlag, Bern/München/Wien 1984 (Erstausgabe 1975)

Capra, Fritjof: *Wendezeit. Bausteine für ein neues Weltbild*, Deutscher Bücherbund, Stuttgart/München 1987 (Erstausgabe 1982)

Chamberlain, Houston Stewart: *Die Grundlagen des 19. Jahrhunderts*, Band 1+2, F. Bruckmann, München o. J.

Chamberlain, Houston Stewart: *Mensch und Gott*, F. Bruckmann, München 1933 (Erstausgabe 1921)

Dethlefsen, Thorwald / Dahlke, Rüdiger: *Krankheit als Weg*, Goldmann Verlag, München 1990

Dethlefsen, Thorwald: *Schicksal als Chance*, Bertelsmann Verlag, München 1987

Dietzsch, Martin / Schobert, Alfred (Hrsg.): *Ein „jüdischer David Irving"? Norman G. Finkelstein im Diskurs der Rechten – Erinnerungsabwehr und Antizionismus*, DISS, Duisburg 2001

Ditfurth, Jutta: *Entspannt in die Barbarei, Esoterik, (Öko-)Faschismus und Biozentrismus*, Konkret Literatur Verlag, Hamburg 1996

Ditfurth, Jutta: *Feuer in die Herzen. Gegen die Entwertung des Menschen*, Konkret Literatur Verlag, Hamburg 1997

Ebermann, Thomas / Trampert, Rainer: *Die Offenbarung der Propheten. Über die Sanierung des Kapitalismus, die Verwandlung linker Theorie in Esoterik, Bocksgesänge und Zivilgesellschaft*, Konkret Literatur Verlag, 2. Auflage, Hamburg 1996

Eco, Umberto: *Über Spiegel und andere Phänomene*, Deutscher Taschenbuch Verlag, München 1990

Engels, Friedrich: *Dialektik der Natur*, Dietz Verlag, Berlin 1951

Estés, Clarissa Pinkola: *Die Wolfsfrau: Die Kraft der weiblichen Urinstinkte*, Heyne, 24. Auflage, München 1993

Fantifa Marburg (Hrsg.): *Kameradinnen: Frauen stricken am braunen Netz*, 2. Auflage, Unrast, Münster 1996

Ferguson, Marilyn: *Die sanfte Verschwörung: Persönliche und gesellschaftliche Transformation im Zeitalter des Wassermanns*, Knaur, 1982 (engl. Erstausgabe: 1980)

Flensburger Hefte 32: *Anthroposophen und Nationalsozialismus*, Flensburger Hefte Verlag, Flensburg 1991

Frecot, Janos / Geist, Johann Friedrich / Kerbs, Diethart: *Fidus 1868-1948. Zur ästhetischen Praxis bürgerlicher Fluchtbewegungen*, Neuauflage (Erstausgabe 1972), Rogner & Bernhard bei Zweitausendeins, Hamburg 1997

Geden, Oliver: *Rechte Ökologie. Umweltschutz zwischen Emanzipation und Faschismus*, Elefanten Press Verlag, Berlin 1996

Gertler, Andreas / Mattig, Wolfgang: *Stimmen aus den Jenseits – Parapsychologie und Wissenschaft*, Verlag Neues Leben, Berlin 1984

Gilbhard, Hermann: *Die Thule Gesellschaft – Vom okkulten Mummenschanz zum Hakenkreuz*, Kiessling Verlag, München 1994

Goldner, Colin: *Dalai Lama – Fall eines Gottkönigs*, Alibri, Aschaffenburg 1999

Goldner, Colin: *Psycho: Therapien zwischen Seriosität und Scharlatanerie*, Pattloch Verlag, Augsburg 1997

Goldner, Colin: *Die Psycho-Szene*, Alibri, Aschaffenburg 2000

Grandt, Guido und Michael: *Waldorf Connection – Rudolf Steiner und die Anthroposophen*, Alibri, Aschaffenburg 1998

Gugenberger, Eduard / Petri, Franko / Schweidlenka, Roman (Hrsg.): *Weltverschwörungstheorien. Die neue Gefahr von rechts*, Franz Deuticke Verlagsgesellschaft, Wien/München 1998

Gugenberger, Eduard / Schweidlenka, Roman (Hrsg.): *Missbrauchte Sehnsüchte? Esoterische Wege zum Heil – Kritik und Alternativen*, Aufrisse-Buch 18, Verlag für Gesellschaftskritik, Wien 1992

Gugenberger, Eduard / Schweidlenka, Roman (Hrsg.): *Mutter Erde, Magie und Politik: zwischen Faschismus und neuer Gesellschaft*, Verlag für Gesellschaftskritik, Wien 1987

Gugenberger, Eduard / Schweidlenka, Roman: *Die Fäden der Nornen: die Macht der Mythen in politischen Bewegungen*, Verlag für Gesellschaftskritik, Wien 1993

Haas, Michaela: *Buddhas heilige Killer*, in: Süddeutsche Zeitung Magazin vom 8.10.1999

Hahn, Reinhard / Horn, Hans-Werner: *Eine neue rechte Jugend? Studie zu politischen Orientierungen von Arbeitnehmerjugendlichen*, hrsg. vom IG Metall Vorstand, Abt. Jugend, 2. Auflage, Frankfurt/M. 1997

Hamann, Brigitte: *Hitlers Wien. Lehrjahre eines Diktators*, Piper, München 1996

Hamann, Richard / Hermand, Jost: *Stilkunst um 1900*, Nymphenburger Verlagshandlung, Müchen 1973

Hauth, Rüdiger: *Hexen, Gurus, Seelenfänger*, Brockhaus Verlag, Wuppertal/Zürich 1994

Haverbeck, Werner Georg: *Rudolf Steiner – Anwalt für Deutschland*, Verlag Langen / Müller, München 1989

Heller, Friedrich Paul / Maegerle, Anton: *Die Sprache des Hasses. Rechtsextremismus und völkische Esoterik – Jan van Helsing, Horst Mahler...*, Schmetterling Verlag, Stuttgart 2001

Heller, Friedrich Paul / Maegerle, Anton: *Thule. Vom völkischen Okkultismus bis zur Neuen Rechten*, Schmetterling Verlag, Stuttgart 1998

Hellinger, Bert / ten Hövel, Gabriele: *Anerkennen, was ist*, Kösel Verlag, München 1996

Hellinger, Bert: *Die Mitte fühlt sich leicht an*, Kösel Verlag, München 1996

Hellinger, Bert im Interview mit Herpell, Gabriela und Gillmann, Ingolf: *„Ein Sioux sagt nie danke"*, in: Süddeutsche Zeitung Magazin vom 21.11.1997

Hellinger, Bert: *Ordnungen der Liebe*, Carl-Auer-Systeme Verlag, 6. Auflage, Heidelberg 2000

Helsper, Werner: *Okkultismus – Die neue Jugendreligion?: Die Symbolik des Todes und des Bösen in der Jugendkultur*, Verlag Leske + Budrich, Opladen 1992

Hereinger, Richard / Stein, Hannes: *Endzeit-Propheten oder Die Offensive der Antiwestler*, Rowohlt Verlag, Reinbek bei Hamburg 1995

Hermand, Jost: *Der Schein des schönen Lebens. Studien zur Jahrhundertwende*, Athenäum Verlag, Frankfurt/M. 1972

Hessische Landeszentrale für politische Bildung (Hrsg.): *Esoterik und New Age: Herausforderungen an die Jugend- und Erwachsenenbildung*, Schriftenreihe Polis, Heft 20, Wiesbaden 1996

Howe, Ellic: *Uranias Kinder: Die seltsame Welt der Astrologen und das Dritte Reich.*, Beltz Athenäum Verlag, Weinheim 1995

Hundseder, Franziska: *Wotans Jünger: Neuheidnische Gruppen zwischen Esoterik und Rechtsradikalismus*, Heyne, München 1998

Jacob, Sybille-Christin / Drewes, Detlef: *Aus der Waldorfschule geplaudert. Warum die Steiner-Pädagogik keine Alternative ist*, Alibri, Aschaffenburg 2001

Jörns, Klaus-Peter: *Die neuen Gesichter Gottes: Was die Menschen heute wirklich glauben*, Beck Verlag, München 1997

Kayser, Martina / Wagemann, Paul-Albert: *Wie frei ist die Waldorfschule?*, Christoph Links Verlag, Berlin 1991

Kerbs, Diethard / Reulecke, Jürgen (Hrsg.): *Handbuch der deutschen Reformbewegungen 1880-1933*, Peter Hammer Verlag, Wuppertal 1998

Kern, Gerhard / Traynor, Lee (Hrsg.): *Die esoterische Verführung: Angriffe auf Vernunft und Freiheit*, Alibri Verlag, Aschaffenburg 1995

Kindermann, Heinz: *Irrationalismus, Band. 6: Von deutscher Art und Kunst*, Verlag Philipp Reclam jun., Leipzig 1935

Klaus, Georg / Buhr, Manfred (Hrsg.): *Philosophisches Wörterbuch*, Bd. 1 + 2, Verlag das europäische Buch, Westberlin 1975

Kratz, Peter: *Die Götter des New Age: Im Schnittpunkt von „Neuem Denken", Faschismus und Romantik*, Elefanten Press Verlag, Berlin 1994

Kühnl, Reinhard: *Deutschland seit der Französischen Revolution. Untersuchungen zum deutschen Sonderweg*, Distel Verlag, Heilbronn 1996

Langbehn, Julius: *Rembrandt als Erzieher. Von einem Deutschen*, Verlag C.L. Hirschfeld, Leipzig 1922 (Erstausgabe 1891)

Lanz-Liebenfels, Jörg: *Der Weltfriede als Werk und Sieg der Blonden*, in: Ostara Nr. 4, Wien 1928

Lanz-Liebenfels, Jörg: *Rassenmetaphysik der Krieges 1914/16*, in: Ostara Nr. 81, Wien 1915

Laqueur, Walter Z.: *Die Deutsche Jugendbewegung. Eine historische Studie*, Verlag Wissenschaft und Politik, Köln 1962

Lechner, Martin / Schmid, Franz (Hrsg.): *Religion und Jugend in der Shell-Studie „Jugend + Erwachsene '85"*, Don Bosco Verlag, München 1987

Lehnert, Herbert: *Geschichte der deutschen Literatur vom Jugendstil zum Expressionismus, (Geschichte der deutschen Literatur von den Anfängen bis zur Gegenwart Bd. 5),* Reclam, Stuttgart 1978

Lewkowicz, Marina (Hrsg.): *Neues Denken in der Sozialen Arbeit: Mehr Ökologie – mehr Markt – mehr Management*, Lambertus, Freiburg im Breisgau 1991

Lichtenfels, Sabine: *Weiche Macht. Perspektiven eines neuen Frauenbewusstseins und einer neuen Liebe zu den Männern*, Verlag Berghoff and friends, Belzig 1996

Linse, Ulrich (Hrsg.): *Zurück, o Mensch, zu Mutter Erde. Landkommunen in Deutschland 1890-1933,* dtv, München 1983

Lukács, Georg: *Die Zerstörung der Vernunft. Der Weg des Irrationalismus von Schelling zu Hitler*, G. Lukács Werke Bd. 9, Luchterhand Verlag, Berlin-Spandau 1962

Marx, Karl / Engels, Friedrich: *Die heilige Familie oder Kritik der kritischen Kritik*, Dietz Verlag Berlin, Berlin 1973 (Erstausgabe 1845)

Marx, Karl / Engels, Friedrich: *Über Religion*, Dietz Verlag Berlin, Berlin 1958

Meyrink, Gustav: *Das grüne Gesicht*, Langen Müller Verlag, München 1995

Michel, Karl Markus / Spengler, Tilman (Hrsg.): *Kursbuch 86: Esoterik oder die Macht des Schicksals*, Kursbuch Verlag, Berlin 1986

Miers, Horst E.: *Lexikon des Geheimwissens*, Goldmann Verlag, München 1993

Müller, Ulrich / Mucha, Ralf-D. (Hrsg.): *Okkultismus: Ein Gesellschaftliches Problem?*, Almanach Verlag, Düsseldorf 1989

Müller, Ulrich: *Ergebnisse einer Umfrage unter bayerischen Schülern und Schülerinnen zu Okkultismus und Spiritismus*, Roderer Verlag, Regensburg 1989

Opitz, Reinhard: *Faschismus und Neofaschismus*, Pahl-Rugenstein Verlag, Bonn 1996

Randow, Gero von (Hrsg.): *Mein paranormales Fahrrad und andere Anlässe zur Skepsis, entdeckt im 'Skeptical Inquirer'*, Rowohlt Taschenbuch Verlag, Reinbek bei Hamburg 1993

Rosenberg, Alfred: *An die Dunkelmänner unserer Zeit. Eine Antwort auf die Angriffe gegen den „Mythus des 20. Jahrhunderts"*, Hoheneichen Verlag, München 1935

Rosenberg, Alfred: *Der Mythus des 20. Jahrhunderts: Eine Wertung der seelisch-geistigen Gestaltskämpfe unserer Zeit*, Hoheneichen Verlag, München 1941

Rudolf-Steiner-Nachlaßverwaltung (Hrsg.): *Rudolf Steiner. Ausgewählte Texte. Einführung in die Anthroposophie*, Rudolf Steiner Verlag, Dornach 1988

Rudolph, Charlotte: *Waldorf-Erziehung: Wege zur Versteinerung*, Luchterhand, Darmstadt 1987

Schatz, Holger / Woeldike, Andrea: *Freiheit und Wahn deutscher Arbeit. Zur historischen Aktualität einer folgenreichen antisemitischen Projektion*, Unrast, Münster 2001

Scheich, Günter: *Positives Denken macht krank: Vom Schwindel mit gefährlichen Erfolgsversprechen*, Eichborn, Frankfurt/M. 1997

Scheinost, Peter: *Überlegungen zu Herkunft und Bedeutung der Irrationalismus-Epidemie*, in: Verein zur Förderung der wissenschaftlichen Weltanschauung e.V. (Hrsg.): *Streitbarer Materialismus, Nr. 12*, Stephan Eggerdinger Verlag, München 1992

Schrupp, Antje: *Die Neuheiden*, Forum Streifzüge durch die Welt der Religionen, Heft 11, Verlag Gemeinschaftswerk der Evangelischen Publizistik e.V., Frankfurt/M. 1997

Schweidlenka, Roman: *Altes blüht aus den Ruinen: New Age und Neues Bewusstsein*, Verlag für Gesellschaftskritik, Wien 1989

Senanayake, Ratne Deshapriya: *Inside Story of Tibet* (dt. Übersetzung 1972), Verlag das Freie Buch, 2. Auflage, München 1993 (Erstausgabe 1967)

Spengler, Oswald: *Der Untergang des Abendlandes*, Deutscher Bücherbund, Stuttgart/Hamburg/München o. J.

Spengler, Oswald: *Jahre der Entscheidung (erster Teil: Deutschland und die Weltgeschichtliche Entwicklung)*, Beck'sche Verlagsbuchhandlung, München 1933

Spengler, Oswald: *Reden und Aufsätze*, Beck'sche Verlagsbuchhandlung, München 1937

Steiner, Rudolf: *Aus der Akasha-Chronik*, Rudolf Steiner Verlag, Dornach 1995

Steiner, Rudolf: *Entsprechungen zwischen Mikrokosmos und Makrokosmos: Der Mensch – eine Hieroglyphe des Weltalls (Vorträge)*, Verlag der Rudolf Steiner-Nachlassverwaltung, Dornach 1958

Studentischer Sprecherrat der Universität München (Hrsg.): *Ganzheitlich und ohne Sorgen in die Republik von Morgen: Dokumentation zum Kongress gegen Irrationalismus, Esoterik und Antisemitismus*, Alibri, Aschaffenburg 2001

Sünner, Rüdiger: *Schwarze Sonne. Entfesselung und Missbrauch der Mythen in Nationalsozialismus und rechter Esoterik*, Herder, Freiburg im Breisgau 1999

Taube, Kathrin: *Ertötung aller Selbstheit. Das anthroposophische Dorf als Lebensgemeinschaft mit geistig Behinderten*, AG SPAK-Bücher, München 1994

Thorsson, Edred: *Handbuch der Runen-Magie*, Urania Verlag, 3. Auflage, Neuhausen (Schweiz) 1998

Trimondi, Victor und Victoria: *Hitler – Buddha – Krishna. Eine unheilige Allianz vom Dritten Reich bis heute.* Ueberreuter Verlag, Wien 2002

Trimondi, Victor und Victoria: *Der Schatten des Dalai Lama: Sexualität, Magie und Politik im tibetischen Buddhismus*, Patmos Verlag, Düsseldorf 1999

Ullrich, Heiner: *Waldorfpädagogik und okkulte Weltanschauung*, 3. Auflage, Juventa Verlag, Weinheim 1991

van Helsing, Jan: *Buch 3. Der Dritte Weltkrieg*, Ewertverlag S.L. GmbH, Gran Canaria / Lathen (Ems) 1996

van Helsing, Jan: *Geheimgesellschaften 2*, Ewertverlag, o.J.

van Helsing, Jan: *Geheimgesellschaften und ihre Macht im 20. Jahrhundert oder Wie man die Welt nicht regiert*, Ewertverlag, Meppen 1993

Vowinckel, Sigrid: *Bert Hellinger unter der Lupe: Was bedeutet sein Ansatz für Frauen*, Fetz: Frauenberatungs- und Therapiezentrum Stuttgart e.V., Stuttgart 1999

Weber, Gunthard (Hrsg.): *Zweierlei Glück. Die systemische Psychotherapie Bert Hellingers*, Carll-Auer-Systeme Verlag, 14. Auflage, Heidelberg 2001

Weißmann, Karlheinz: *Druiden, Goden, Weise Frauen*, Herder, Freiburg im Breisgau 1991

Werner, Uwe: *Anthroposophen in der Zeit des Nationalsozialismus (1933-1945)*, Oldenbourg Verlag, München 1999

Wiebus, Hans-Otto: *Lexikon Jugendkulte*, Carlsen Verlag, Hamburg 1995

Wiesendanger, Harald: *In Teufels Küche. Jugendokkultismus: Gründe, Folgen, Hilfen*, Fischer Taschenbuch Verlag, Frankfurt/M. 1995

Wölflingseder, Maria: *Gesellschaftliche Veränderung: von oben – von unten*, edition sandkorn, Linz 1992

Woelk, Volkmar: *Natur und Mythos: Ökologiekozeption der „neuen" Rechten im Spannungsfeld zwischen Blut und Boden und New Age*, (DISS-Text Nr.21), Duisburger Institut für Sprach- und Sozialforschung, Duisburg 1992

Zelger, Franz: *Arnold Böcklin, Die Toteninsel. Selbstheroisierung und Abgesang der abendländischen Kultur*, Fischer, Frankfurt/M. 1991

Zimmermann, Werner: *Lichtwärts. Ein Buch erlösender Erziehung*, Bergverlag, 2. Auflage, Bern 1922

Abbildungsverzeichnis

Seite 29: Helena Petrowna Blavatsky: *Die Geheimlehre. Die Synthese von Wissenschaft, Religion und Philosophie*. Grafing 1999; Seite 34: *MIZ* 1/93; Seite 50: List, Guido: *Gesammelte Werke*, Zweite Reihe: *Forschungsergebnisse*, 3. Band: *Bilderschrift der Ariogermanen*. Verlag der Guido-von-List-Gesellschaft. Wien 1910; Seite 52: Lanz-Liebenfels, Jörg: *Die Theosophie und die assyrischen „Menschentiere"*. Groß-Lichterfelde o. J.; Seite 57: Kerbs, Diethard / Reulecke, Jürgen (Hrsg.): *Handbuch der deutschen Reformbewegungen 1880-1933*, Peter Hammer Verlag, Wuppertal 1998, S. 187; Seite 59: Bemmann, Helga (Hrsg.): Erich Weinert: *Der Frühling braust, wir ziehn fürbaß*, Henschelverlag, Berlin 1969, S. 148f.; Seite 63: Frecot, Janos / Geist, Johann Friedrich / Kerbs, Diethart: *Fidus 1868-1948. Zur ästhetischen Praxis bürgerlicher Fluchtbewegungen*, Rogner & Bernhard bei Zweitausendeins, Hamburg 1997, S. 2; Seite 64: Hermand, Jost: *Der Schein des schönen Lebens. Studien zur Jahrhundertwende*, Athenäum Verlag, Frankfurt/M. 1972, S. 60; Seite 65: Schrupp, Antje: *Die Neuheiden*, Forum Streifzüge durch die Welt der Religionen, Heft 11, Verlag Gemeinschaftswerk der Evangelischen Publizistik e.V., Frankfurt/M. 1997; Seite 72: Frecot, Janos / Geist, Johann Friedrich / Kerbs, Diethart: *Fidus 1868-1948. Zur ästhetischen Praxis bürgerlicher Fluchtbewegungen*, Rogner & Bernhard bei Zweitausendeins, Hamburg 1997, S. 473; Seite 75 und 76: Zelger, Franz: Arnold Böcklin: *Die Toteninsel. Selbstheroisierung und Abgesang der abendländischen Kultur*, Fischer, Frankfurt/M. 1991, S. 10; Seite 77: Friedrich Paul Heller / Anton Maegerle: *Die Sprache des Hasses. Rechtsextremismus und völkische Esoterik*. Schmetterling Verlag, Stuttgart 2001, S. 77; Seite 88: Graswurzelrevolution 247, S. 9; Seite 105: Capra, Fritjof: *Wendezeit. Bausteine für ein neues Weltbild*, Deutscher Bücherbund, Stuttgart/München 1987, S. 22; Seite 163 und 193: http://www.thule-seminar.org/HTML/RAHMEN/rahmen-start.htm

Politisches Sachbuch

Christoph Bördlein

Das sockenfressende Monster in der Waschmaschine.

Eine Einführung ins skeptische Denken

199 Seiten, kartoniert, ISBN 3-932710-34-7, Euro 14.-

Christoph Bördlein führt uns anhand vieler Beispiele aus Wissenschaft und Alltag ins skeptische, wissenschaftliche Denken ein. Allgemeinverständlich und unterhaltsam erklärt er, wie Wissenschaft als Methode, Thesen zu überprüfen, funktioniert. Ausführlich werden Möglichkeiten, sich zu täuschen, vorgestellt und Strategien, nicht in solche Fallen zu tappen, aufgezeigt. Auch die (relativistische) Kritik an Wissenschaft wird erörtert; letztlich plädiert der Autor jedoch für skeptisches Denken als brauchbare Grundlage, um richtige Entscheidungen zu treffen.

Colin Goldner

Die Psycho-Szene

642 Seiten, gebunden, ISBN 3-932710-25-8, Euro 32.-

Die Psycho-Szene kann als Einführung in den esoterischen Psycho-Markt gelesen und zugleich als Nachschlagewerk für unseriöse und gefährliche Angebote genutzt werden. Das Buch vermittelt einen Überblick über das Geschäft mit Heil & Heilung, zeigt Querverbindungen auf und stellt den ideologischen Hintergrund dar. In 150 Abschnitten werden jetzt über 2000 Verfahren, Begriffe und Namen vorgestellt und kritisch untersucht. Der Autor wählt dabei die Perspektive der hilfesuchenden Betroffenen, reflektiert die Folgen der Psycho-Angebote und fordert einen besseren Schutz der VerbraucherInnen.

Guido und Michael Grandt

Waldorf Connection. Rudolf Steiner und die Anthroposophen

3. Auflage, 365 Seiten, kartoniert, ISBN 3-932710-40-1, Euro 18,50

Die Autoren vergleichen Anspruch und Wirklichkeit der „Waldorf Connection". Sie dokumentieren die okkulten und rassistischen Anteile an der Weltanschauung Steiners, setzen sich ausführlich mit seinem pädagogischen Konzept und dem Unterricht der Waldorfschulen auseinander und erörtern den Einfluss der Anschauungen des „Meisters".

Clara und Paul Reinsdorf

Drahtzieher Gottes. Die Kirchen auf dem Marsch ins 21. Jahrhundert

200 Seiten, kartoniert, ISBN 3-9804386-2-7, • 14,50

Alibri Verlag, Postfach 100 361, 63703 Aschaffenburg, Fon/Fax 06021 – 581 734